Dan Borge

Wenn sich der Löwe mit dem Lamm zum Schlafen legt

Dan Borge war Geschäftsführer und Partner bei Bankers Trust Company. Dort hat er das erste Risikomanagement-System, das in einem Unternehmen eingesetzt wurde, RAROC, mitkonzipiert. Er ist Ingenieur und hat Finanzwesen an der Harvard Business School studiert.

Dan Borge

Wenn sich der Löwe mit dem Lamm zum Schlafen legt

Was Entscheider über
Risikomanagement wissen müssen

Deutsch von Carsten Roth

WILEY

Die englische Originalausgabe erschien 2001 bei
John Wiley & Sons, New York. All rights reserved.
Authorized translation from the English language
edition published by John Wiley & Sons, Inc.
© 2001 by Dan Borge

1. Auflage 2002

Die Deutsche Bibliothek – CIP-Einheitsaufnahme
Ein Titeldatensatz für diese Publikation ist bei
Der Deutschen Bibliothek erhältlich.

© Wiley-VCH Verlag GmbH, Weinheim, 2002

Gedruckt auf säurefreiem Papier.

Printed in the Federal Republic of Germany

Lektorat   Dr. Ute Gräber-Seißinger,
Lektoratsbüro Satzreif, Bad Vilbel
Satz   M-O-P-S, Kirsten Pfaff, Hennef
Druck   Strauss Offsetdruck, Mörlenbach
Bindung   Großbuchbinderei
J. Schäffer GmbH & Co. KG, Grünstadt
Umschlaggestaltung   Init, Bielefeld

ISBN 3-527-50028-6

Inhalt

Vorwort   *XI*

Kapitel 1
Was ist Risikomanagement und was haben Sie damit zu tun?   *1*

Die Zukunft ist zwar ungewiss, jedoch nicht unvorstellbar   *3*

Was bedeutet Risiko?   *5*

Ein idealistischer Ansatz zum Risikomanagement   *8*

Kapitel 2
Überzeugungen und Präferenzen   *21*

Ihre Überzeugungen   *22*

Präferenzen   *26*

Kapitel 3
Die Kombination aus Kunst und Wissenschaft   *31*

Volatilität und Korrelation   *31*

Volatilität   *34*

Korrelation   *39*

Kapitel 4
Fundamentale Strategien des Risikomanagements   45

Identifizieren Sie die Risiken, denen Sie ausgesetzt sind   46

Quantifizieren Sie die Risiken   47

Risiken vermeiden   48

Risiken schaffen   48

Risiken kaufen oder verkaufen   49

Risiken diversifizieren   49

Risiken konzentrieren   53

Sich gegen Risiken absichern   54

Das Risiko hebeln   55

Risiken versichern   58

Kapitel 5
Der Feind in uns   61

Übermäßiges Selbstvertrauen   62

Optimismus   63

Die Betrachtung im Nachhinein   63

Die Suche nach Mustern   64

Überkompensieren   65

Kurzsichtigkeit   65

Trägheit   66

Selbstzufriedenheit   67

Fanatismus   69

Kapitel 6
Die Ausbildung zum Vorstandschef   *73*

Das Grundgerüst des Risikomanagements für Ihre finanziellen
Entscheidungen   *75*

Zusammenfassung   *93*

Kapitel 7
Der Blick aus dem Chefsessel   *95*

Das Portfolio der Risiken Ihres Unternehmens   *98*

Ein einfaches Beispiel: Schatzanweisungen oder Staatsanleihen?   *104*

Beispiel 2: Ein kleiner Hebel   *112*

Beispiel 3: Ein starker Euro ist okay   *116*

Beispiel 4: Die Ergebnisse sind da   *131*

Kapitel 8
Sie bestimmen über Ihr Leben – Was werden Sie tun?   *133*

Beispiel: der Heiratsantrag   *135*

Beispiel: Fett oder mager?   *140*

Eine Portfolio-Sicht Ihrer Risiken   *142*

Beispiel: Gebäudeversicherung   *149*

Beispiel: Nehmen Sie zwei Tabletten und rufen Sie mich morgen an   *156*

Kapitel 9
Risiken und Chancen   *159*

Die Zukunft   *167*

Register   *169*

Meiner Tochter Caroline Borge

Vorwort

Dies ist kein Lehrbuch über Risikomanagement. Ein Lehrbuch würde mehr Exaktheit und Einzelheiten erfordern, als Sie und ich verkraften könnten. Es gibt bereits hervorragende Quellen zum Thema Risikomanagement, die diese Bedürfnisse befriedigen. Es ist auch kein Buch, das den Anspruch erhebt, Sie in zehn einfachen Schritten zum Erfolg mit Risikomanagement zu führen. Ich bin nicht der Meinung, dass man Risikomanagement oder Erfolg auf einfache Regeln oder Rezepte reduzieren kann, die dann auch jeder versteht. Allerdings bin ich davon überzeugt, dass es im Risikomanagement Grundregeln gibt, und dass man, wenn man diese kennt, in der Entscheidungsfindung einen gewissen Startvorsprung hat.

Ich habe versucht, hier einige Gedanken und Beispiele zu Papier zu bringen, die Ihr Interesse am Risikomanagement wecken sollen, selbst wenn Sie glauben, dass Sie davon keine Ahnung haben und Ihnen dies auch nicht das Geringste ausmacht. Schenken Sie mir ein paar Seiten lang Ihr Vertrauen, und Sie werden es vielleicht für ein Thema halten, über das es sich nachzudenken und zu diskutieren lohnt, nicht nur als intellektuelle Übung, sondern weil es für Ihr privates und berufliches Leben einen praktischen Nutzen hat.

Ich möchte Sie auf dem Fahrersitz Platz nehmen lassen. Sie werden der Entscheidungsträger sein, wenn wir verschiedene Möglichkeiten erforschen, wie Risiken angegangen und gesteuert werden können. Risikomanagement ist etwas für Entscheidungsträger. Wenn Sie Risikomanagement aus dieser Perspektive betrachten, dann haben Sie bessere Möglichkeiten, die darin liegende Kraft zu würdigen. Ich werde Ihr Führer sein, Ihr Berater und Ihr Coach.

Machen wir uns auf den Weg.

Dan Borge
Clinton Corners, New York
März 2001

Kapitel 1
Was ist Risikomanagement und was haben Sie damit zu tun?

Der Begriff Risikomanagement ist mit Vorstellungen wie Vorsicht und Ängstlichkeit behaftet, weckt unangenehme Erinnerungen an öde Besprechungen mit Versicherungsvertretern und an wütende Gardinenpredigten von Eltern über die Gefahren eines allzu lockeren Lebens. Menschen, die an Risikomanagement denken, halten es bestenfalls für eine trostlose Notwendigkeit.

Aus einer anderen Sicht jedoch ist Risikomanagement höchst spannend, denn es ist eine Möglichkeit, Macht über Ereignisse zu gewinnen, die ein Leben bestimmen können. Risikomanagement kann Ihnen helfen, Chancen zu entdecken und nicht nur Gefahren zu vermeiden. Weil gutes Risikomanagement über Wohlstand und Armut, Erfolg und Versagen, Leben und Tod entscheiden kann, ist es durchaus sinnvoll, ihm Ihre Aufmerksamkeit zu schenken.

Risikomanagement entwickelt sich nun zu einem eigenständigen Berufsbild. Leute, die ansonsten Rechtsanwälte, Ärzte oder Ingenieure geworden wären, sind heute in der Position eines Risikomanagers, und die besten von ihnen verdienen ganz gut dabei. Risikomanager werden heute regelmäßig zu den Vorstandssitzungen großer Unternehmen und Banken eingeladen. Es gibt Fachzeitschriften für professionelle Risikomanager, und in Florida gibt es Risikomanagement-Kongresse. Dass es professionelle Risikomanager gibt, ist unter dem Strich eine gute Sache, auch wenn Sie nicht davon ausgehen sollten, dass die Mitwirkung dieser Experten Sie von der Verantwortung entbindet. Die Experten können Ihnen zwar helfen, doch können Sie Ihrer Verantwortung nicht entkommen, in Ihrem Leben der Chef-Risikomanager zu sein. Nur Sie wissen, was Sie wirklich wollen und woran Sie wirklich glauben. Sie sind nämlich auch derjenige, der wegen falscher oder schlechter Entscheidungen in eigener Sache am härtesten leiden muss.

Mit der Entwicklung des Risikomanagements zu einem eigenständigen Berufsbild sind eine Menge obskurer Fachbegriffe aufgetaucht, die Nichteingeweihte verwirren und frustrieren. Es ist ganz normal, dass die Experten ihre zahlenden Kunden davor abschrecken wollen, allzu viel selbst zu erledigen. Eine Taktik ist, ganz normalen Begriffen ungewohnte Namen zu geben, in etwa so, wie ein Arzt von einem »präorbitalen Hämatom« spricht, wenn er bei Ihnen ein »Veilchen« oder »blaues Auge« feststellt.

Glücklicherweise sind die Grundregeln des Risikomanagements wirklich sehr einfach:

– Risiko bedeutet, dass die Möglichkeit eines negativen Resultats besteht.
– Risikomanagement bedeutet, ganz bewusst etwas zu tun, um die Gewinnchancen zu Ihren Gunsten zu verändern – also die Chancen auf ein positives Resultat zu verbessern und die Möglichkeiten eines negativen Resultats zu vermindern.

Die Kunst des Risikomanagements ist es, diese Grundregeln jeweils anzupassen und auf Situationen anzuwenden, denen Sie im Alltag ausgesetzt sind – gleich, ob Sie berufliche oder persönliche Entscheidungen treffen.

Es geht nicht darum, Risikomanager zu werden, sondern ein besserer Risikomanager, da wir alle schon Risikomanager sind. Alltäglich treffen wir Entscheidungen, die mit Risiken verbunden sind, oft, ohne uns dessen überhaupt bewusst zu sein. Haben Sie heute morgen Ihr Bett verlassen, dann haben Sie schon eine solche Entscheidung getroffen. Zünden Sie sich eine Zigarette an, dann haben Sie die nächste getroffen. Legen Sie Geld an der Börse an, dann ist das schon die dritte. Steigen Sie in ein Flugzeug nach Philadelphia, haben Sie eine weitere Risikoentscheidung getroffen (vielleicht sogar zwei).

Das soll nicht heißen, dass Sie bei jeder kleinen Entscheidung, die Sie treffen müssen, gleich in Panik verfallen sollen, doch bin ich der Meinung, dass Sie die Entscheidungen, die wichtige Konsequenzen für Sie haben, sorgfältiger überdenken sollten. Es könnte sein, dass Sie, ohne es zu wissen, unnötige oder zu hohe Risiken eingehen. Sie könnten zu ängstlich sein, um vernünftige Risiken einzugehen, die gute Ergebnisse bringen können. Es könnte auch sein, dass Sie sich gar nicht aller verfügbaren Wahlmöglichkeiten bewusst sind, die das Risikomanagement Ihnen aber anbietet.

Für ein Risikomanagement gibt es zahllose denkbare Anwendungsbereiche. Heute ist die Finanzwelt das Zentrum des Risikomanagements, weil

Finanzinstitutionen gegenüber überraschenden Katastrophen sehr anfällig sind, von denen im Nachhinein betrachtet viele durch ein besseres Risikomanagement hätten vermieden werden können. Finanzielle Risiken sind zudem einfacher zu quantifizieren als andere Risikoarten. Die besser geführten Finanzinstitutionen können *täglich* abschätzen, welchen Risiken aufgrund von Veränderungen an den Finanzmärkten sie ausgesetzt sind.

Außerhalb der Finanzmärkte wird Risikomanagement in der einen oder anderen Form in der Medizin, in der Technik, der Meteorologie, der Seismologie und in vielen anderen Bereichen eingesetzt, in denen die Folgen unsicherer Ereignisse extrem weit reichen können. Die US-amerikanische FDA (Food and Drug Administration) wägt die Häufigkeit und die Schwere der Nebenwirkungen eines Medikaments gegen die Effektivität bei der Bekämpfung einer Krankheit ab. Versicherungsgesellschaften orientieren sich bei der Festlegung der Tarife zur Versicherung gegen Wirbelstürme an Schätzungen zu Wahrscheinlichkeit und möglichem Schadensumfang eines Wirbelsturms der Kategorie fünf, der auf Miami trifft, und bei Versicherungen gegen Erdbeben legen sie als Maßstab ein Beben der Stärke 8 auf der nach oben offenen Richterskala in Los Angeles zugrunde.

Diese Berechnungen werden mit der Entwicklung des Risikomanagements immer relevanter und nützlicher, doch ist Risikomanagement keine magische Formel, die Ihnen immer die richtige Antwort gibt, und wird es auch niemals sein. Es ist eine Denkweise, die Ihnen bessere Antworten auf bessere Fragen gibt. Damit kann das Risikomanagement Ihnen helfen, in Ihrem »Spiel des Lebens« die Umstände zu Ihren Gunsten zu wenden.

Die Zukunft ist zwar ungewiss, jedoch nicht unvorstellbar

Zweck des Risikomanagements ist es, *die Zukunft zu verbessern und nicht, die Vergangenheit zu erklären*. Das scheint allen klar zu sein, außer den Risikomanagement-Experten, die geradezu besessen davon sind, historische Daten in analytisch geeignete theoretische Modelle einzubringen, wobei sie nicht zur Kenntnis nehmen, dass die Umstände, die in der Vergangenheit bestimmte Ereignisse verursacht haben, möglicherweise nicht für die Zukunft zugrunde gelegt werden können. Das größte Problem mit der Zukunft ist natürlich, dass niemand genau weiß, was sie bringen wird. Das Leben ist ungewiss.

Auf ein Leben voller Überraschungen reagieren die Menschen unterschiedlich. Fatalisten nehmen die Haltung ein, dass kommt, was kommen wird – und reagieren dann ganz einfach auf die Ereignisse, wenn sie stattfinden. Sie lassen sich treiben. Fanatiker leugnen Ungewissheit, glauben voller Leidenschaft an ihre bevorzugte Vision der Zukunft und ignorieren alle anderen Möglichkeiten. Sie sind sich sicher, zu wissen, was sich ereignen wird, und handeln entsprechend.

Andere wiederum nehmen gegenüber der Ungewissheit eine konstruktivere Haltung ein. Wissenschaftler glauben beispielsweise, dass viel von der Unsicherheit im Leben auf Unwissenheit zurückzuführen ist, die durch die *Gewinnung neuer Erkenntnisse* abgebaut werden kann. Ein moderner Geologe macht sich keine Sorgen über die unvorhersehbaren Aktionen böser Geister, die in den Felsen leben, sondern er sorgt sich eher darum, dass ein nahe liegender Vulkan ausbrechen könnte.

Wissenschaftler gehen gegen die Unwissenheit an, indem sie die wissenschaftliche Methodik anwenden. Diese gründet auf Logik, Beobachtbarkeit und wiederholbarer Beweisführung und schließlich darauf, dass ein Urteil erst dann gefällt wird, wenn die Beweise schlüssig sind. Wissenschaftler streben nach *Objektivität*, das heißt, sie entwickeln ihre Theorien und interpretieren die Beweise ohne persönliche Befangenheit. Ein Wissenschaftler mit einem persönlichen Interesse an einer Theorie ist nicht dagegen gefeit, Beweise zu übersehen oder zu vernachlässigen, die eine konkurrierende Theorie unterstützen würden. Die Idealvorstellung ist, dass jeder Wissenschaftler aus den selben Fakten die gleichen Schlüsse zieht. Weil eine persönliche Sicht die Suche nach der Wahrheit untergraben kann, *müssen Wissenschaftler unvoreingenommen sein*. Unvoreingenommenheit schützt nicht nur vor einer Verzerrung der Wahrheit, sie unterscheidet auch nicht danach, ob eine bestimmte Entdeckung nützlich oder wertvoll ist. In der Wissenschaft sind Werturteile und persönliche Überzeugungen nicht zulässig, wenn Beweise abgewogen werden.

Natürlich entspricht die heutige Wissenschaft nicht genau diesem Ideal, weil Wissenschaftler Menschen und als solche fehlbar sind. Die Geschichte der Wissenschaft ist ebenso bunt wie die gesamte Geschichte der Menschheit – eine Prozession von Eitelkeit, Neid, Vorurteilen, Unehrlichkeit, Sturheit und anderen Arten menschlicher Schwächen. Berücksichtigt man die Launen und Extravaganzen der menschlichen Natur, dann ist es schon erstaunlich, dass die Wissenschaft so viel erreicht hat. Vielleicht liegt der Grund darin, dass die wissenschaftliche Methodik der kreativen Intuition echter Wissenschaftler zu wenig Vertrauen schenkt. Auf jeden Fall nehmen Wissenschaftler der Ungewissheit gegenüber eine besondere Haltung ein, die durch eine unvoreingenommene und geduldige Suche nach belegbarer Wahrheit gekennzeichnet ist.

4

Was ist Risiko-
management
und was haben Sie
damit zu tun?

Anders als die Fatalisten, die passiv bleiben, anders als die Fanatiker, die sich blindem Glauben verschrieben haben, und anders als die Wissenschaftler, für die Unvoreingenommenheit charakteristisch ist, nimmt der Risikomanager der Ungewissheit gegenüber eine pragmatische Haltung ein: *Die Zukunft ist zwar ungewiss, aber nicht unvorhersehbar – und was ich mache, kann die Chancen zu meinen Gunsten verändern.*

Anders als der Wissenschaftler, versucht der Risikomanager nicht, objektiv zu sein. Er muss eine Bresche schlagen – entweder für sich oder für andere. Man muss entsprechend seiner Werte und Überzeugungen handeln und darf sie nicht vernachlässigen. Die größte Sorge des Risikomanagers ist, nützliche Ergebnisse zu erzielen; hingegen liegt ihm nichts daran, ein klareres Bild der Wahrheit um ihrer selbst willen zu gewinnen. Wie wir noch sehen werden, kann ein Risikomanager von einigen Wahrheiten mehr profitieren als von anderen, was seine Begeisterung für die Suche nach den Wahrheiten, die ihm keine Entscheidungshilfe bieten, deutlich dämpft.

Anders als der Wissenschaftler, wartet der Risikomanager nicht für unbestimmte Zeit auf zusätzliche Beweise, um Ungewissheit zu beseitigen. Er weiß, dass sich die Chance zu handeln vielleicht in absehbarer Zeit nicht mehr bietet, und deshalb muss er jetzt handeln, selbst wenn die richtige Antwort noch lange nicht erkennbar ist.

Mit dem Wissenschaftler teilt der Risikomanager die *Absicht, rational zu sein*, und das unterscheidet beide von Fatalisten und Fanatikern. Doch dieser gemeinsame Wunsch nach Rationalität führt den Risikomanager und den Wissenschaftler unter gleichen Umständen nicht notwendigerweise zu den gleichen Schlüssen, weil sich ihre Annahmen und Motive oft deutlich unterscheiden. Der Wissenschaftler benutzt Fakten und Logik, um die Welt genauer beschreiben zu können. Der Risikomanager benutzt Fakten und Logik so weit wie möglich, um zu entscheiden, was er tun sollte, um seine Interessen zu fördern.

Was bedeutet Risiko?

Bisher haben wir gesagt, Risiko sei die Möglichkeit, dass man ein negatives Resultat hinnehmen müsse. Um einen Schritt weiter zu kommen, müssen wir nun entscheiden, was wir unter einem negativen Resultat verstehen. Man kann nicht genug betonen, wie wichtig es ist, sich größt mögliche Klarheit über die Bedeutung dieses Begriffs zu verschaffen. Wie sagt man doch so schön: »Wenn man nicht weiß, wohin man will, dann ist jeder Weg richtig.«

Lassen wir etwa den Tod außer Acht, so gibt es keine allgemein gültige Definition von »negatives Resultat«. Die Definition hängt von den Besonderheiten der Situation ab, in der Sie sich befinden. Wenn Sie entscheiden, welchen Film Sie sich ansehen wollen, könnte ein negatives Resultat Langeweile sein. Wenn Sie entscheiden, ob Sie Ihren Regenmantel anziehen oder nicht, dann könnte eine Erkältung ein negatives Resultat sein. Wenn Sie entscheiden, eine zweite Hypothek aufzunehmen, um Warentermingeschäfte zu finanzieren, dann könnte Zahlungsunfähigkeit ein negatives Resultat sein. Um die Sache noch zu verschlimmern: Es kann in einer bestimmten Situation mehr als ein negatives Resultat geben. Sie müssen beispielsweise die Schmerzen einer Erkältung gegen das ungute Gefühl abwägen, mit dem Regenmantel vom letzten Jahr altmodisch auszusehen.

Die Notwendigkeit, das Risiko ganz genau zu beschreiben, wird deutlich, wenn Sie sich vorzustellen, dass Ihre Entscheidung der nächste Zug in einem Spiel ist. Bevor Sie entscheiden, was Sie tun, müssen Sie wissen, welches Spiel Sie eigentlich spielen, und wie gezählt wird. Die Konsequenzen unklarer Ziele können verheerend sein.

Wenn Sie nicht ohnehin der Vorstandsvorsitzende eines großen Unternehmens sind, dann stellen Sie sich bitte vor, Sie wären in einer solchen Position. Sie wollen nun darüber entscheiden, ob Sie eine neue und teure Fabrik errichten lassen, die auf einer noch nicht getesteten, jedoch viel versprechenden Technologie basiert. Um Ihnen zu helfen, über die Risiken nachzudenken, die hierbei eine Rolle spielen, möchte ich Sie bitten, das »negative Resultat« zu definieren, das Sie unbedingt vermeiden wollen, wenn Sie Ihre Entscheidung treffen.

Sie sagen: »Ganz klar, ich möchte kein Geld verlieren.«

Ich frage: »Das Geld des Unternehmens oder Ihren Bonus?«

Sie sagen: »Das Geld des Unternehmens.«

Diese Antwort möchte ich nicht kommentieren. Nun frage ich: »Glauben Sie, wenn Sie das Geld des Unternehmens verlieren, dass Sie damit in diesem Jahr entweder beim Jahresgewinn oder dem Aktienkurs einen Rückschlag erleben werden?«

Da Sie an der Uni Finanzwirtschaft studiert haben, antworten Sie: »Der Aktienkurs.«

Das lasse ich ebenfalls durchgehen. Nun frage ich: »Der aktuelle Kurs oder der in drei Monaten oder in drei Jahren, wenn die Fabrik in Betrieb ist?«

Weil Sie sich in Finanzwirtschaft gut auskennen, kennen Sie auch den aktuellen Wert und sagen: »Der Kurs dieses Jahres enthält alles.«

»Vielleicht«, sage ich. »Doch was ist, wenn die Börse das wahre Potenzial Ihrer neuen Technologie nicht erkennt und Ihre Aktie drei Jahre lang unfair bewertet, so lange eben, bis die Fabrik fertig gestellt ist und arbeitet?«

Jetzt sind Sie meine Fragerei leid und lassen mich durch die Sicherheitskräfte aus dem eindrucksvollen Hauptquartier bringen.

Ich behaupte, dass keine Ihrer Antworten als Unternehmenschef klar und deutlich war (obwohl einige politisch korrekter waren als andere). Diese unterschiedlichen Bedeutungen eines »negativen Resultats« hätten zu sehr unterschiedlichen Entscheidungen und sehr unterschiedlichen Ergebnissen führen können.

Einige Fragen tauchen immer wieder auf, wenn Sie entscheiden, was Risiko in Ihrer speziellen Situation bedeutet:

- *Wie messen Sie die Ergebnisse?* Wird das Ergebnis in Geld, in der Anzahl der bestiegenen Berge oder der Anzahl geretteter Leben gemessen?
- *Wo ist die Startlinie, von der aus die Ergebnisse zu messen sind?* Wenn Ihr Spiel »Geld« heißt, dann müssen Sie genügend Geld verdienen, um mit 55 Jahren in den Ruhestand gehen und Ihren derzeitigen Lebensstandard aufrecht erhalten zu können. Oder aber Sie wollen mehr Geld verdienen als Ihr unausstehlicher Schwager Harald?
- *Wann ist das Spiel beendet?* Machen Sie sich mehr Gedanken um die dem nächst zu erwartenden oder um die langfristigen Ergebnisse? Wenn Sie Maßnahmen treffen, die, wie Sie hoffen, die Chancen verbessern, dass Ihr jetzt fünfjähriges Kind später einmal Harvard besuchen kann, dann endet Ihr Spiel in dreizehn Jahren. Wenn Sie aber darauf setzen, dass die nächste Roulettekugel auf das rote Feld mit der Zahl 23 fällt, kann das Spiel schon in fünfzehn Sekunden vorbei sein.

Es gibt weitere Fragen, die aufkommen werden, wenn Sie versuchen, die Bedeutung von Risiko in Ihrer speziellen Situation genauer zu beschreiben, doch diese Fragen heben wir uns für später auf. Hier wollen wir lediglich feststellen, dass Ihre Chancen, eine gute Entscheidung zu treffen, um so besser sein werden, je genauer Sie beschreiben, was Sie vermeiden oder was Sie erreichen wollen.

7

Was ist Risiko-
management
und was haben Sie
damit zu tun?

Ein idealistischer Ansatz zum Risikomanagement

Der heilige Gral des Risikomanagements ist es, die bestmögliche Entscheidung zu treffen, wenn man mit Ungewissheit oder Unsicherheit konfrontiert ist. Normalerweise freuen wir uns, wenn wir eine einigermaßen gute Entscheidung finden, doch es gibt einen eleganten und logischen Weg, um aus allen denkbaren Entscheidungen die beste herauszufinden. Dies mag zu schön klingen, um wahr zu sein, doch normalerweise ist es so. Ich habe meine Aussage, es gebe im Risikomanagement keine Zauberformel, nicht vergessen. Doch sollten wir für einen Augenblick die Unordnung des täglichen Lebens vergessen und einen idealen Entscheidungsprozess betrachten. Wir wissen, dass der ideale Ansatz uns helfen wird, zu erkennen, was wir wirklich tun, wenn wir eine Risikoentscheidung treffen; darüber hinaus wird er uns helfen, die Stärken und Schwächen der eher praktischen Methoden zu beurteilen, die wir bei unserer tatsächlichen Entscheidungsfindung verwenden.

Nehmen wir an, ich würde Ihnen die folgende Chance bieten: Ich werde eine Karte aus einem ganz normalen Kartenspiel ziehen. Wenn die Karte ein Pik ist, dann zahle ich Ihnen 100 Euro. Ist es das Pik-As, dann zahle ich Ihnen 1 000 Euro. Ist die Karte kein Pik, dann zahle ich Ihnen nichts. Sie müssen nun entscheiden, wie viel Sie mir zahlen wollen, damit ich mich auf dieses Spiel mit Ihnen einlasse. Die richtige Antwort auf diese Frage liegt nicht auf der Hand, obwohl das Spiel selbst ganz einfach ist. Sie könnten auch bezweifeln, dass es nur eine einzige richtige Antwort gibt. In unserer idealen Welt gibt es jedoch nur eine einzige richtige Antwort, und diese ist dann auch die beste Entscheidung, die Sie unter den gegebenen Umständen treffen können – auch wenn die Antwort nur für Sie selbst gilt und nicht für Ihren Schwager Harald. Seine Überzeugungen und Präferenzen unterscheiden sich von den Ihrigen. Soll Harald doch seine eigenen Probleme lösen.

Auch wenn wir die richtige Antwort noch nicht kennen, können wir ohne große Schwierigkeiten schon einige Möglichkeiten eliminieren. Wenn Sie kein Masochist sind, dann werden Sie für dieses Spiel keinesfalls mehr als 1 000 Dollar zahlen, denn dann würde Ihnen keine Gewinnchance bleiben, ganz gleich, wie das Spiel auch immer ausgehen mag. Auch wenn Sie mir nichts zahlen wollen und sich weigern zu spielen: Bei Licht besehen sollten Sie bereit sein, mir wenigstens einen kleinen Betrag zu zahlen, denn immerhin lässt Ihnen dieses Spiel eine gute Chance, 100 Euro zu gewinnen und eine Chance, 1 000 Euro zu gewinnen. Das Schlimmste, was Ihnen passieren kann, ist, dass Sie Ihren Einsatz verlieren. Ich bin sicher, Sie würden

8

Was ist Risiko-
management
und was haben Sie
damit zu tun?

wenigstens zehn Cent zahlen, um mitspielen zu können. Wie wäre es mit einem Euro? Oder 50 Euro? Die einzig wichtige Frage ist, für welchen Betrag Sie nicht mehr spielen würden. Doch zu irgend einem Preis sollten Sie mitspielen. Welches ist die richtige Entscheidung: 2 Euro oder 10 Euro oder 80 Euro? An diesem Punkt setzt unsere idealisierte Entscheidungsmethode ein. Das Spiel finden Sie in der Abbildung 1.1 dargestellt, wobei davon ausgegangen wird, dass Sie bereit sind, für einen Einsatz von 20 Euro zu spielen.

Das Diagramm, das Sie in der Abbildung 1.1 finden, ist ein Beispiel für einen *Entscheidungsbaum*, der wiederum die Grundlage für das Risikomanagement darstellt. Theoretisch kann jedes Risikoproblem als Entscheidungsbaum dargestellt werden, auch wenn einige Entscheidungsbäume viel zu groß und zu komplex sind, als dass selbst der schnellste Computer damit zurecht käme.

Der Entscheidungsbaum für unser Kartenspiel enthält ein *ungewisses Ereignis* (das Ziehen einer Karte). Es gibt drei mögliche (relevante) *Resultate* aufgrund dieses Ereignisses: Pik-As und Pik auf der einen Seite, nicht Pik-As und kein Pik auf der anderen. Zu jedem Resultat gehört auch eine *Auszahlung*: 980 Euro, 80 Euro oder minus 20 Euro. Sie brauchen nur eine Entscheidung zu treffen: Spielen oder nicht spielen.

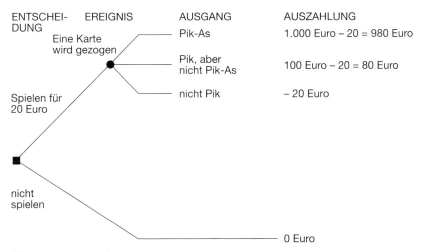

Abb. 1.1 Kartenspiel

Doch sind wir mit der Darstellung des Problems noch nicht fertig. Wir brauchen von Ihnen noch eine wichtige Information, um den Entscheidungsbaum fertig stellen zu können.

Zuerst benötigen wir Ihre *Überzeugungen* zur *Wahrscheinlichkeit* eines jeden möglichen Resultats – die Chance, dass Sie das Pik-As ziehen, die Chancen, Pik, aber nicht Pik-As zu ziehen, und die Chancen, kein Pik zu ziehen.

Wir können unseren gesunden Menschenverstand nutzen, um die Chancen auszurechnen. Das Kartenspiel hat 52 Karten, und jede Karte hat die selbe Chance, gezogen zu werden. Also gibt es nur eine von 52 Möglichkeiten, eine bestimmte Karte zu ziehen, beispielsweise das Pik-As. Also ist die Wahrscheinlichkeit das Pik-As zu ziehen 1 : 52 oder 1,9 Prozent. Im Kartenspiel gibt es einschließlich des Pik-As dreizehn Mal die Farbe Pik. Somit gibt es bei 52 Karten zwölf mal die Chance, Pik zu ziehen, aber nicht Pik-As, und wir erhalten die Wahrscheinlichkeit 12 : 52 oder 23,1 Prozent. Es gibt 39 Karten, die nicht Pik sind, und deshalb beträgt die Wahrscheinlichkeit, eine dieser Karten zu ziehen, 75 Prozent (39 : 52). Weil keine weiteren Resultate möglich sind, muss die Summe der Wahrscheinlichkeiten hundert Prozent ergeben, und so ist es auch (1,9 + 23,1 + 75 = 100).

Bei Ihren Überlegungen zur Wahrscheinlichkeit sollten Sie voraussetzen, dass ich kein Falschspieler bin und dass das Kartenspiel völlig unversehrt ist (es gibt keine doppelten oder fehlenden Karten). Sie dürfen davon ausgehen, dass das Kartenspiel nicht gegen Sie gezinkt ist. Würde in dem Spiel beispielsweise das Pik-As fehlen, so hätten Sie überhaupt keine Chance, die in Aussicht gestellten 1 000 Euro zu gewinnen. Dieses Vertrauen gibt es in einem gewissen Umfang immer, wenn Sie eine Entscheidung bei Ungewissheit treffen, denn Sie, Sie allein müssen entscheiden. Sie können sich dabei auf keine externe Quelle und auf keinen Experten vollständig verlassen. Schließlich sind Ihre eigenen Überzeugungen die einzigen, die wirklich zählen. Deshalb nannten wir Ihre Einschätzung der Wahrscheinlichkeit Ihre *Überzeugung* – um daran zu erinnern, dass Überzeugungen eine sehr persönliche und subjektive Angelegenheit sind. Damit es nicht zu schwierig wird, wollen wir daran festhalten, dass Sie von einem fairen Spiel ausgehen.

Nebenbei gesagt, könnte ein rigoroser Wissenschaftler das, was Sie eben gemacht haben, als sehr verschwommen ansehen. Immerhin hat noch niemand gut kontrollierte Experimente mit diesem speziellen Mitspieler oder genau diesem Kartenspiel durchgeführt. Er würde Ihre Annahme eines fairen Spiels nicht ohne Beweise akzeptieren. Weil er nicht über Daten verfügt, würde er sich weigern, irgendwelche Chancen zu nennen, würde sich weigern zu spielen und würde die Chance, 1 000 Euro gewinnen zu können, nicht wahrnehmen.

Zuletzt benötigen wir noch Ihre *Präferenzen* im Hinblick auf die verschiedenen möglichen Ergebnisse, das heißt wir benötigen Angaben darüber, wieviel Sie gern gewinnen würden. Wie sehr würden Sie sich über einen Gewinn von 980 Euro oder 80 Euro freuen, und wie sehr würde Sie, wenn Sie nichts gewinnen, ein Verlust von 20 Euro schmerzen? Vage Beschreibungen Ihrer Stimmung reichen hier nicht aus, Sie müssen vielmehr Ihre Wünsche mit Zahlen bewerten. Ist ein Gewinn von 980 Euro doppelt so erfreulich wie ein Gewinn von 490 Euro? Wahrscheinlich nicht, aber sind 980 Euro 1,8 mal oder 1,6 mal so erfreulich? Wann immer Sie eine Risikoentscheidung treffen, bewerten Sie das Wunschresultat mit Zahlen. Ich möchte Sie bitten, Ihre Wünsche sehr bewusst und klar zu auszudrücken.

Aber wie kann man das machen? Es ist ziemlich leicht, zu sagen, dass man Orangen lieber mag als Äpfel. Aber um wieviel lieber, das ist sehr schwierig und möglicherweise auch irrelevant. In der Tat fällt die Antwort schwer, doch sie ist beileibe nicht irrelevant, denn immer, wenn wir etwas erreichen wollen, das Opfer erfordert, dann beinhaltet dies auch eine zahlenmäßige Bewertung, die aussagt, wie intensiv man sich das eine im Vergleich zum anderen Ergebnis wünscht. Eine der wichtigsten Behauptungen des Risikomanagements ist, dass es besser ist seine Vorstellungen klar und deutlich zu benennen, denn so kann die Logik ihre Kraft entfalten und zu besseren Entscheidungen führen als ein Verfahren, das nur mit vage beschriebenen Vorstellungen operiert. Zugegeben: Wenn Sie im Gemüseladen Ihr Obst auswählen, dann wird es Ihr Leben wohl kaum sehr verbessern, wenn sie zuvor Ihre Präferenzen ordnen und beziffern. Haben Sie jedoch klare Vorstellungen, wenn Sie den Finanzierungsplan für Ihren Ruhestand entwerfen, dann kann dies Ihre Lebensführung enorm verbessern.

Weil Ihre Entscheidungen aber immer auch Ihre Präferenzen widerspiegeln, gibt es die Möglichkeit, diese genau zu erfassen, denn Sie können sich fragen, was Sie unter einfacheren Umständen tun würden, und aus Ihrer Antwort Ihre Wunschvorstellungen ableiten. Dieses Vorgehen ermöglicht es uns im nächsten Schritt, Ihre offen gelegten Präferenzen für komplexere Entscheidungen heranzuziehen.

Um Ihre finanziellen Präferenzen deutlich zu machen, möchte ich Ihnen zuerst die folgende Frage stellen:

Sie haben ein Los, das Ihnen eine fünfzigprozentige Chance einräumt, 5 000 Euro zu gewinnen, aber auch eine fünfzigprozentige Chance, nichts zu gewinnen. Zu welchem Preis würden Sie dieses Los verkaufen?
Sie denken gründlich nach und sagen: »Ich würde dieses Los für nicht weniger als 1 500 Euro verkaufen.«

Und dann werde ich Ihnen diese Frage immer wieder stellen, indem ich jedes Mal andere Geldbeträge verwende. Ich notiere Ihre Antworten auf diese Fragen und rechne ein wenig, um Ihre genauen finanziellen Vorstellungen oder Ihre Vorstellungen über den Wert von Geld abzuleiten. In der Abbildung 1.2 finden Sie dies grafisch dargestellt.

Anmerkung: Wenn Sie die Nutzenkurve lesen, sollten Sie nicht auf die Maßstäbe achten, sondern nur auf die Form der Kurve, die von den Zahlen beschrieben wird. Ein Nutzwert von 6 908, der mit einem Betrag von 0 Euro korrespondiert, könnte auch ein Nutzwert von 0 sein, und ein Nutzwert von 7 601, der mit einem Betrag von 1 000 Euro korrespondiert, könnte ebenso gut ein Nutzwert von 1 sein. Signifikant ist jedoch, *dass alle anderen Zahlen zwischen 0 und 1 ihre relative Beziehung behalten und so die Form der Nutzenkurve bewahren.* Nicht die absolute Höhe des Nutzens zählt, sondern ausschließlich der relative Nutzen der verschiedenen Geldbeträge, die miteinander verglichen werden.

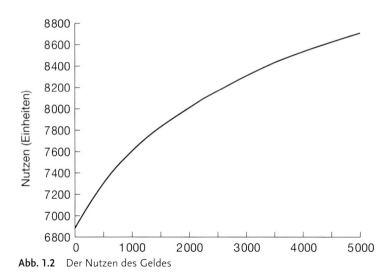

Abb. 1.2 Der Nutzen des Geldes

In der Abbildung 1.2 können Sie erkennen, dass unsere Nutzenkurve flacher wird, wenn der Gewinn zunimmt. Geht man von 500 Euro auf 1 000 Euro, dann ist dies nicht so befriedigend als ginge man von 0 auf 500 Euro. Der nächste Euro trägt also weniger zur Befriedigung bei als der vorhergehende. Das zehnte Plätzchen ist weniger befriedigend als das erste Plätzchen. Der schwindende Zuwachs an Befriedigung, wenn man immer mehr Geld bekommt, ist eine sehr verbreitete Charakteristik der Präferenzen der Menschen, und wenn dies der Fall ist, sind sie bereit etwas aufzugeben, um ihr Risiko (ihre Empfindlichkeit gegenüber der Möglichkeit eines nachteiligen Ergebnisses) zu vermindern. Die Experten bezeichnen dieses Verhalten als *risikoscheu.*

Ebenso wie Ihre Überzeugungen sind nur Ihre Präferenzen für diese Entscheidung von Bedeutung. *Sie* sind der Entscheidungsträger, und deshalb sollten Ihre Handlungen mit *Ihren* Präferenzen und *Ihren* Überzeugungen vereinbar sein.

Nun haben wir fast alles, was wir benötigen, um den Entscheidungsbaum zu vervollständigen und für *Sie* die beste Entscheidung zu finden. Fügen wir Ihre Überzeugungen und Präferenzen hinzu, dann sieht der Entscheidungsbaum aus, wie in Abbildung 1.3 dargestellt, vorausgesetzt, Sie sind bereit, für 20 Euro in dieses Spiel einzusteigen.

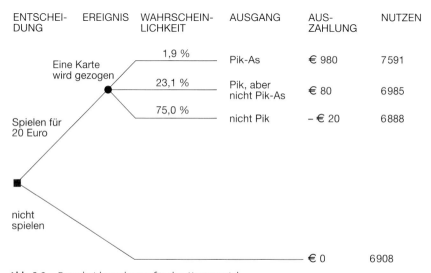

Abb. 1.3 Entscheidungsbaum für das Kartenspiel

Bezahlen Sie die 20 Euro, um mitzuspielen, und das Pik-As wird gezogen, dann gewinnen Sie 980 Euro und erleben eine Zufriedenheit von 7 591 Nutzeneinheiten (diesen Wert können Sie aus der Nutzenkurve in Abbildung 1.3 ablesen, in der 980 Euro 7 591 Nutzeneinheiten entsprechen. Nutzeneinheiten sind hier willkürlich gewählt). Wird Pik, jedoch nicht das As gezogen, gewinnen Sie 80 Euro und erfahren eine Zufriedenheit von 6 985 Nutzeneinheiten. Wird überhaupt kein Pik gezogen, verlieren Sie 20 Dollar und erleben eine Zufriedenheit von 6 888 Nutzeneinheiten. Spielen Sie

Was ist Risikomanagement
und was haben Sie
damit zu tun?

nicht mit, so gewinnen und verlieren Sie nichts und erleben eine Zufriedenheit von 6 908 Nutzeneinheiten.

Dies zu wissen, mag zwar sehr interessant sein, doch Sie haben immer noch keine Vorstellung davon, was Sie tun sollen. Wie wägen Sie die Vorteile, für 20 Euro zu spielen, gegen die Vorteile, nicht zu spielen? Für 20 Euro zu spielen, beinhaltet ein Risiko (die Möglichkeit eines schlechten oder unerwünschten Resultats), bietet allerdings auch die Chance eines Gewinns. Wenn Sie nicht spielen, dann vermeiden Sie das Risiko, haben aber auch keine Chance, einen Gewinn zu erzielen. Sie wissen aber nicht im Voraus, was sich ereignen wird. Wie also sollen Sie sich entscheiden? Wie wägen Sie die mit einem Risiko behaftete Entscheidung gegen die Entscheidung ab, die zu einem sicheren Resultat führt? Wir werden nun eine der wichtigsten Erkenntnisse in der Entwicklung des modernen Risikomanagements anwenden.

John Savage, ein Pionier der Entscheidungstheorie, ist logisch konsequent, wenn er den *erwarteten Nutzen* einer riskanten Entscheidung mit dem *Nutzen* einer risikolosen Entscheidung vergleicht. Ist der erwartete Nutzen einer mit Risiko verbundenen Entscheidung höher als der Nutzen einer risikolosen Entscheidung, dann ist es logisch, sich für das Risiko zu entscheiden. Wir können zwei oder mehr riskante Entscheidungen gegeneinander abwägen, indem wir die erwarteten Nutzenwerte vergleichen. Die beste Wahl ist diejenige mit dem höchsten erwarteten Nutzen.

Aber was, so werden Sie fragen, ist der erwartete Nutzen? Dazu kommen wir gleich, doch zuerst müssen wir die Bühne bereiten, indem wir klären, was wir unter logischer Konsequenz verstehen.

Letztlich wollen wir eine Entscheidung finden, die logisch konsistent Ihren Überzeugungen (über die Wahrscheinlichkeit aller möglichen Ergebnisse) und Ihren Präferenzen (dem Umfang Ihrer Zufriedenheit, den Sie aus jedem möglichen Ergebnis erfahren würden) folgt. Sie sind der Entscheidungsträger, und wir wollen Ihre Interessen betrachten und respektieren. Außerdem werden wir keine offensichtlich unlogische Entscheidung treffen, verglichen mit anderen Entscheidungen, die Sie in ähnlichen Situationen treffen würden – wie im Fall der einfachen Glücksspiele, die wir verwendet haben, um Ihre Nutzenkurve zu erstellen. Wenn Sie es vermeiden können, dann werden Sie nicht unlogisch handeln. Es gibt mehrere Bedingungen für Konsistenz. Wenn Sie beispielsweise A gegenüber B bevorzugen und B gegenüber C, dann fordert die logische Konsistenz, dass Sie A auch gegenüber C bevorzugen. Können Sie sich nicht zwischen A und B und nicht zwischen B und C entscheiden, dann können Sie sich auch nicht zwischen A und C entscheiden. Bevorzugen Sie A gegenüber B und können

Was ist Risiko-
management
und was haben Sie
damit zu tun?

sich nicht zwischen B und C entscheiden, so müssen Sie A gegenüber C bevorzugen. Diese Wahlmöglichkeiten sind nichts anderes als gesunder Menschenverstand, doch kann Konsistenz zuweilen überraschend schwierig zu erreichen sein, sobald Entscheidungen zu treffen sind, die mit Risiko verbunden sind.

Glücklicherweise können wir diese und andere logische Fehler vermeiden, wenn wir den Erkenntnissen von John Savage über den erwarteten Nutzen folgen. Wir werden nun den *erwarteten Nutzen* jeder alternativen Entscheidung berechnen und die Entscheidung auswählen, die den höchsten erwarteten Nutzen hat. Dann sind wir fertig. Dann werden wir die bestmögliche Entscheidung getroffen haben, die mit Ihren Überzeugungen, Ihren Präferenzen und den Fakten dieser speziellen Situation vereinbar ist.

Nun, was ist der erwartete Nutzen? Erwarteter Nutzen ist der gewichtete Durchschnitt der Nutzenwerte aller möglichen Resultate, die sich aus einer bestimmten Entscheidung ergeben können, wobei bei der Berechnung Resultate mit einer höheren Wahrscheinlichkeit mehr zählen als Resultate mit geringerer Wahrscheinlichkeit. Wenn Sie beispielsweise bei einer bestimmten Entscheidung eine achtzigprozentige Chance haben, eine Zufriedenheit von 1 000 Nutzeneinheiten zu erzielen und eine zwanzigprozentige Chance besteht, eine Zufriedenheit von –200 zu erfahren, dann ist der erwartete Nutzen aus dieser Entscheidung:

$$0,80 \text{ x } 1\,000 + 0,20 \text{ x } (-200) = 760 \text{ erwartete Nutzeneinheiten}$$

Diese Rechnung ist vernünftig, denn unter im Übrigen gleichen Bedingungen ist ein mit achtzigprozentiger Wahrscheinlichkeit eintretendes Resultat für Ihre zu erwartende Zufriedenheit wesentlich wichtiger als ein Resultat, das nur mit zwanzigprozentiger Wahrscheinlichkeit eintreten wird. Die Entscheidung mit dem höchsten erwarteten Nutzen, das heißt mit dem höchsten Durchschnittswert aus allen möglichen Ergebnissen, wird wahrscheinlich eine höhere Zufriedenheit bewirken als irgend eine andere Entscheidung. Mit anderen Worten: Jede alternative Entscheidung bringt Sie auf einen anderen Weg in die Zukunft, und die *beste* Entscheidung bringt Sie auf den Weg, der Ihnen durchschnittlich die höchste Zufriedenheit bringt, wenn man alle möglichen Resultate in Betracht zieht.

Die Anwendung des erwarteten Nutzens zur Identifizierung der besten Entscheidung ist sinnvoll, doch man benötigt etwas Mathematik, um zu zeigen, dass es wirklich am besten ist, den erwarteten Nutzen zu maximieren (über die Feinheiten dieses Prinzips gibt es unter den Experten lebhafte Diskussionen).

15

Was ist Risiko-
management
und was haben Sie
damit zu tun?

Endlich haben wir alles, was wir benötigen, um die für Sie beste Entscheidung zu bestimmen. Wir kennen die Entscheidung, die Sie treffen müssen (ob Sie für 20 Euro spielen oder nicht). Wir kennen das ungewisse Ereignis (das Ziehen der Karte), alle möglichen Resultate (Pik-As, Pik, aber nicht Pik-As, nicht Pik) und den Gewinn eines jeden Resultats (980 Euro, 80 Euro oder –20 Euro). Wir haben Ihre Überzeugungen hinsichtlich der Wahrscheinlichkeit der einzelnen Resultate festgehalten, ebenso Ihre Präferenzen bezüglich der Gewinne aus jedem Resultat (ausgedrückt in Einheiten des Nutzens). Schließlich haben wir Ihr Ziel bestimmt (die Entscheidung zu finden, die Ihnen den höchsten erwarteten Nutzen bringt).

Nun berechnen wir den erwarteten Nutzen jeder Entscheidung, die Sie treffen können. Zahlen Sie 20 Euro um mitspielen zu dürfen, so besteht eine Wahrscheinlichkeit von 1,9 Prozent auf 7 591 Nutzeneinheiten, eine Wahrscheinlichkeit von 23,1 Prozent auf 6 985 Nutzeneinheiten und 75 Prozent Wahrscheinlichkeit auf 6 888 Nutzeneinheiten. Der erwartete Nutzen aus einer Teilnahme am Spiel ist:

$$(0,019 \times 7\,591) + (0,231 \times 6\,985) + (0,75 \times 6\,888) = 6\,924$$

Nehmen Sie an diesem Spiel nicht teil, dann besteht eine hundertprozentige Wahrscheinlichkeit, 6.908 Nutzeneinheiten zu bekommen. Der erwartete Nutzen aus einer Nichtteilnahme ist:

$$1,0 \times 6\,908 = 6\,908$$

Weil der erwartete Nutzen höher ist, wenn Sie 20 Euro zahlen und am Spiel teilnehmen (6 924 Nutzeneinheiten) als bei einer Nichtteilnahme (6 908 Nutzeneinheiten), sollten Sie zumindest bereit sein, 20 Euro für die Teilnahme zu bezahlen. Tatsächlich allerdings sollten Sie bereit sein, auch mehr als 20 Euro zu bezahlen.

Um den höchsten Betrag herauszufinden, für den Sie an dem Spiel noch teilnehmen sollten, ermitteln wir den Preis, der den gleichen erwarteten Nutzen bringt wie die Nichtteilnahme, nämlich 6 908 Nutzen. Zu diesem Preis ist es gleichgültig, ob Sie mitspielen oder nicht.

Berechnet man den erwarteten Nutzen für verschiedene Teilnahmepreise, dann sehen wir in der folgenden Liste, dass ein Preis von 35 Euro den gleichen erwarteten Nutzwert bringt wie die Nichtteilnahme:

16

Was ist Risiko-
management
und was haben Sie
damit zu tun?

Preis für die Teilnahme	erwarteter Nutzen
20 Euro	6.924
25 Euro	6.918
30 Euro	6.913
35 Euro	6.908
40 Euro	6.903

Nun wissen Sie genau, was Sie tun sollen. So lange ich weniger als 35 Euro von Ihnen verlange, sollten Sie spielen. Wenn ich allerdings versuche, Ihnen mehr als 35 Euro abzunehmen, sollten Sie nicht mitspielen.

Dies ist für Sie die bestmögliche Entscheidung, wenn Sie logisch konsequent Ihren Präferenzen und Überzeugungen folgen, die Sie eben ausgedrückt haben. Das sollten Sie tun, wenn Sie in diese Situation kommen. Vergessen Sie nicht, dass wir nicht wissenschaftlich vorgehen und die Wahrheit suchen wollen, sondern wir wollen versuchen, Ihnen einen Vorteil zu verschaffen. Ein akademischer Psychologe könnte dieses Problem völlig anders definieren und versuchen vorherzusagen, was die Menschen im Allgemeinen in einer solchen Situation *tatsächlich tun* würden. Einige könnten unlogisch vorgehen und nicht spielen. Andere könnten für die Teilnahme am Spiel zu viel bezahlen. Der Psychologe gibt keine Ratschläge, sondern er ist ein neutraler Beobachter, der versucht, im Verhalten der Menschen Muster zu entdecken. Es ist nicht seine Aufgabe, Ihnen zu sagen, was Sie in dieser speziellen Situation tun sollten. Er beschreibt etwas und wir schreiben etwas vor. Er ist unvoreingenommen, doch wir haben eine Tagesordnung.

Was tun Sie aber, wenn Sie wissen, was Sie tun sollten, die Entscheidung jedoch falsch zu sein scheint? Haben Sie kein gutes Gefühl bei einer Entscheidung, die der Logik folgt, dann sollten Sie Ihre Aussagen zu Ihren Überzeugungen bezüglich der Wahrscheinlichkeiten und zu Ihren Präferenzen noch einmal überdenken. Manchmal ergibt sich daraus ein genaueres Bild. Achten Sie aber darauf, dass Sie Ihre Analyse nicht beeinflussen, indem Sie ein bestimmtes Ergebnis erzwingen, das einen irrationalen Reiz auf Sie ausübt. Die beste Entscheidung ist nicht immer die, zu der Sie sich instinktiv hingezogen fühlen.

Weiter vorn im Buch sprachen wir schon über die Bedeutung einer genauen Definition dessen, was wir unter Risiko verstehen. In diesem Beispiel haben wir genau das getan. Zunächst entschieden wir, die Zufriedenheit zu quantifizieren, die Sie empfinden, wenn Sie Geld gewinnen oder verlieren (unsere Nutzenkurve). Dann legten wir fest, dass wir keine weiteren Maßstäbe anlegen wollten, beispielsweise auch nicht das entgangene Vergnügen, dieses Spiel in meiner Gesellschaft zu spielen, falls Sie die Teilnahme ablehnten. Drittens entschieden wir, dass das Spiel mit dem Ziehen der Karte beendet ist, und wir ließen völlig außer Acht, was nach dem Spiel geschehen könnte, beispielsweise, dass Sie Ihren Gewinn nächste Woche beim Poker wieder verlieren könnten.

Das Risiko in diesem Spiel ist sehr genau umschrieben. Wenn Sie teilnehmen, nehmen Sie ein Risiko in der Größenordnung von 75 Prozent in Kauf, dass Sie ein negatives Resultat erzielen (Sie verlieren Ihren Einsatz). Sie sind bereit, dieses Risiko bis zu einem Einsatz von 35 Euro einzugehen, weil Sie das Gefühl haben, dieses Risiko werde durch die Chance von 1,9 Prozent, 1000 Euro oder die Chance von 23,1 Prozent, 100 Euro zu gewinnen, wieder wett gemacht.

Wir haben dieses Beispiel durchgearbeitet, um eine idealisierte Methode des Risikomanagements zu demonstrieren, auch wenn viele Alltagsprobleme zu komplex sind, um sie in dieser knappen und präzisen Weise zu lösen. Ich betone noch einmal: Im wirklichen Leben gibt es keine Zauberformeln. Allerdings umfasst unsere idealisierte Methode des Risikomanagements tatsächlich jede Form realer Risikoprobleme, und es lehrt uns, *wie wir Risikoprobleme lösen sollten* (wenn wir es denn können). Diese Methode zeigt unsere Philosophie des Risikomanagements, die entsprechend *Ihren* Überzeugungen und *Ihren* Präferenzen *Ihre* Zukunft verbessern will, weil *Sie* bessere Risikoentscheidungen treffen. Wir führen hier kein wissenschaftliches Experiment durch, um eine neue Wahrheit zu entdecken, die die Welt noch genauer beschreibt. Wir sind nicht unvoreingenommen und wir sind nicht objektiv.

Unser Kartenspiel ist ein einfacher Entscheidungsbaum. Um schwierigere Probleme anzugehen, fügen wir weitere Entscheidungen, Ereignisse, Resultate, komplexere Überzeugungen und Präferenzen hinzu. Wenn wir genau feststellen können, in welcher Beziehung diese zusätzlichen Elemente zueinander stehen, können wir einen Entscheidungsbaum konstruieren, der prinzipiell den Weg zur bestmöglichen Entscheidung aufzeigen kann – wenn wir Computer zur Verfügung haben, deren Prozessoren schnell genug sind und die mit ausreichend großem Arbeitsspeicher bestückt sind. Ein großer Entscheidungsbaum kann aufgelöst werden, wenn seine buschigen Äste in einfache Äste umgewandelt werden, die einfache Risiken enthalten.

Anfänger, die mit Entscheidungsbäumen umgehen, haben sehr oft Schwierigkeiten mit der Theorie des Nutzens. Der Begriff »Utilitarismus« liegt sehr nahe, und deshalb hat sie einen unangenehmen Beigeschmack. Ein »Utilitarist« ist ein Mensch, der kalt lächelnd seine Großmutter zu Suppenfleisch verarbeiten würde, vorausgesetzt, die Schmerzen der Großmutter wären geringer als das Vergnügen, das der Verzehr der Suppe den Speisenden bereitet. Sie können beruhigt sein, wir werden solche Vorschläge hier nicht unterbreiten. Abgesehen von dem Gebot logischer Konsistenz, schreiben wir Ihnen nicht vor, wie Ihre Präferenzen aussehen sollten. Wenn Sie wollen, dürfen Sie Ihre Großmutter über alles in der Welt schätzen. Wir bestehen lediglich darauf, dass Sie Präferenzen haben. Diese beeinflussen tagtäglich Ihr Verhalten, ob Sie sich dessen bewusst sind oder nicht. Teilweise tun Sie eine Sache lieber als eine andere, weil Sie bis zu einem gewissen Grad eine Sache lieber mögen als eine andere. Wir behaupten, dass Sie in der Regel Vorteile haben, wenn Sie Ihre Präferenzen klar ausdrücken können und entsprechend rational handeln. Wir sagen allerdings nicht, dass dies immer einfach und schmerzlos ist.

Auf einer eher technischen Ebene gibt es Schwierigkeiten mit Entscheidungsbäumen, weil sie sehr schnell sehr hoch wachsen können. Sie wachsen exponentiell, wenn weitere Entscheidungen, Ereignisse und mögliche Resultate hinzukommen. Bei einem Baum mit zehn alternativen Entscheidungen, zehn Ereignissen bei jeder Entscheidung und zehn möglichen Resultaten für jedes Ereignis müssen letztlich 1 000 Ergebnisse bewertet werden (10 x 10 x 10). Ersetzen Sie die Zehn durch eine Zwanzig, dann müssen Sie sich schon mit 8 000 Ergebnissen herumschlagen.

Konsequenterweise müssen die meisten Probleme aus dem wirklichen Leben vereinfacht werden, damit man sie lösen kann. Die besten Risikomanager können Probleme vereinfachen, ohne die wirklich wichtigen Details zu vernachlässigen. Ein großer Teil dieses Buchs handelt von den Fortschritten, die wir dabei machen.

Wenn wir unsere idealisierte Methode des Risikomanagements zum Maßstab nehmen, können wir das Wesentliche besser erfassen und auch das, was wir auslassen, wenn wir Abkürzungen nehmen oder vereinfachende Annahmen treffen. Wenn wir uns am Idealfall messen, dann zwingt uns das, klarer über unser Problem nachzudenken: Wir trennen die Spreu vom Weizen; wir zerlegen unser Problem in kleinere, leichter zu bewältigende Stücke; wir vermeiden unnötige Irrtümer in der Logik und wir verwenden die Ergebnisse intelligenter.

Was ist Risiko-
management
und was haben Sie
damit zu tun?

Kapitel 2
Überzeugungen und Präferenzen

Unser einfaches Beispiel mit dem Kartenspiel stellte alle wichtigen Elemente eines jeden Problems im Risikomanagement vor. Wir haben einen *Entscheidungsbaum* errichtet, der alle *alternativen Entscheidungen* mit den *ungewissen Ereignissen* verbindet, die aus dieser Entscheidung resultieren können. Wir haben alle möglichen *Ergebnisse* eines jeden ungewissen Ereignisses identifiziert und jedem möglichen Ergebnis eine *Wahrscheinlichkeit*, einen *Gewinn* und den Nutzen des Gewinns zugeordnet. Weil Sie derjenige waren, der die Entscheidungen fällte, haben wir *Ihre Überzeugungen* verwendet, um den Ergebnissen Wahrscheinlichkeiten und *Ihre Präferenzen*, um den Gewinnen den jeweiligen Nutzen zuzuordnen. Um Ihre Überzeugungen und Präferenzen logisch konsistent umzusetzen, haben wir als bestmögliche Entscheidung diejenige ausgewählt, die den *höchsten erwarteten Nutzen* bot.

Und so steuern wir in unserer idealen Welt die Risiken, indem wir eine spezielle Logik auf unsere Überzeugungen und Präferenzen anwenden, um die bestmögliche Entscheidung zu finden, die Sie treffen können. Überzeugungen und Präferenzen sind unbestreitbar das Herz des Risikomanagements. Manche Risikomanager haben echte Probleme, weil sie stillschweigende Überzeugungen und Präferenzen, die Ihrem Tun unterliegen, aus dem Blick verlieren. Beispielsweise verloren 1994 viele Banken viel Geld, als die Zinsen unerwartet und deutlich anstiegen. Die Verluste waren teilweise der Überzeugung zuzuschreiben, Zinsen könnten sich niemals so schnell und so drastisch ändern, was offensichtlich auf den Erfahrungen der jüngsten Vergangenheit beruhte, aber nicht neu überprüft wurde, als sich die Bedingungen veränderten.

Ihre Überzeugungen

Als Entscheidungsträger müssen Sie Ihren Überzeugungen entsprechend handeln. Was aber ist, wenn Sie überhaupt keine Ahnung von den Wahrscheinlichkeiten der möglichen Resultate haben? Das macht nichts – Sie können nicht mehr aussteigen. Sie müssen eine Entscheidung treffen, denn selbst wenn Sie nicht handeln, beeinflussen Sie den Gang der Dinge. Nicht zu handeln hat ebenso Konsequenzen, wie jede andere Entscheidung Konsequenzen nach sich zieht. Nicht zu handeln kann bedeuten, dass Sie wertvolle Chancen versäumen oder es zulassen, dass Bedrohungen Realität werden. Nicht zu handeln kann allerdings auch bedeuten, dass Sie Ihre Optionen offen halten und neue Informationen sammeln. Ganz gleich, was Sie entscheiden zu tun, Sie werden eine Entscheidung treffen. Und völlig unabhängig davon, welche Entscheidung Sie treffen, handeln Sie immer entsprechend Ihren Wahrscheinlichkeitsurteilen, selbst wenn Sie nicht wissen, welche dies eigentlich sind. Allerdings ist es immer besser, seine Überzeugungen zu kennen.

Wenn Sie heute morgen mit dem Auto an Ihren Arbeitsplatz gefahren sind, dann behaupte ich, dass Sie davon überzeugt waren, die Wahrscheinlichkeit, bei einem Unfall ums Leben zu kommen, sei geringer als zehn Prozent. Der Tod wird normalerweise als äußerst negatives Resultat eines Ereignisses betrachtet, und wenn überhaupt eine Wahrscheinlichkeit bestünde, würde dies sehr leicht die Vorfreude auf einen schönen Arbeitstag verderben. Wenn Sie nicht gerade selbstmörderische Absichten haben, würde eine Wahrscheinlichkeit von zehn Prozent oder mehr zu sterben, Sie davon abhalten, zur Arbeit zu fahren. Somit haben Sie stillschweigend der Möglichkeit, heute in einem Autounfall zu sterben, eine Wahrscheinlichkeit von weniger als zehn Prozent zugeordnet.

Gelingt es Ihnen, die Wahrscheinlichkeiten besser einzuschätzen, werden Sie bessere Risikoentscheidungen treffen. Wie kommen Sie jedoch an begründete und vernünftige Überzeugungen zur Wahrscheinlichkeit wenn Sie nicht gerade Statistiker sind und auch nicht vorhaben, ein solcher zu werden? Für einige Arten von Entscheidungen ist der gesunde Menschenverstand durchaus ausreichend, entweder weil der Unterschied zwischen richtig und falsch nicht zu groß ist, oder weil Ihre Vermutung ebenso gut ist wie die irgend eines anderen (selbst die eines Statistikers).

In unserem Kartenspiel, in dem das Ziehen der Karte das unsichere Ereignis war, brauchten Sie meine Hilfe nicht, um die Chancen der drei möglichen Resultate bestimmen zu können. Es war Ihr gesunder Men-

Überzeugungen
und Präferenzen

schenverstand, solange Sie nicht davon ausgingen, ich sei ein Falschspieler und das Spiel sei manipuliert. Hätten Sie einen Statistiker engagiert, hätte Ihnen das auch nicht weitergeholfen. Sie benötigen auch keine Hilfe, um bei einem Münzwurf die Chancen für Wappen oder Zahl zu bestimmen oder um festzustellen, dass die Chancen, eine Drei zu würfeln, 1 : 6 sind. In beiden Fällen können alle möglichen Resultate leicht identifiziert werden und alle Resultate sind gleichermaßen wahrscheinlich. Und so ist es einfach, die Chancen zu berechnen, und alle vernünftigen Menschen kommen zum gleichen Urteil.

Wahrscheinlichkeiten zu bestimmen wird schwieriger, wenn die Wahrscheinlichkeit eines Resultats davon beeinflusst wird, ob ein anderes Resultat eingetreten ist. Die Wahrscheinlichkeit, bei einem zweiten Ziehen aus einem Kartenspiel ein Pik zu ziehen, hängt davon ab, welche Karte zuerst gezogen wurde (wobei wir davon ausgehen, dass die erste Karte nicht wieder ins Spiel gebracht wurde). War die erste Karte kein Pik, dann verbleiben 13 Pik-Karten im Spiel mit nur noch 51 Karten und die Wahrscheinlichkeit, Pik zu ziehen, ist nun 13 : 51. War die erste Karte ein Pik, dann verbleiben 12 Pik-Karten im Spiel und die Wahrscheinlichkeit, Pik zu ziehen, beträgt 12 : 51. Diese wechselseitige Abhängigkeit der Wahrscheinlichkeiten verschiedener Resultate ist ein sehr verbreitetes Risikoproblem. Zieht man es nicht in Betracht, könnte es zu einer Entscheidung verleiten, die ernsthaft ihr Ziel verfehlt.

Bisher haben wir vorausgesetzt, dass alle möglichen Resultate klar identifiziert werden können und dass ihre relativen Wahrscheinlichkeiten berechnet werden können, wenn man logisch vorgeht. Es gibt keinen Grund, an den Resultaten und deren Wahrscheinlichkeit zu zweifeln oder darüber zu diskutieren. Natürlich besteht immer noch ein Risiko, weil die Resultate unsicher sind, aber über die Chancen selbst besteht keine Unsicherheit.

Roulette in einem seriös betriebenen Kasino in Las Vegas ist ein perfektes Beispiel dieser Art der Unsicherheit. Alle möglichen Resultate sind eindeutig definiert (beispielsweise 23 ist rot), und die Chancen eines jeden Spielausgangs können durch einfache Rechnungen bestimmt werden. Jeder, der richtig rechnet, wird zu denselben Werten gelangen.

Doch welchen Risiken sind Sie ausgesetzt, die nicht so sauber zu lösen sind? Was ist, wenn Sie sich nicht sicher sind, alle möglichen Resultate sowie ihre Beziehungen untereinander zu kennen? Was ist, wenn es keine offensichtlich richtige Methode gibt, Resultaten Wahrscheinlichkeiten in zuzuordnen?

Meteorologen befinden sich tagtäglich in dieser Situation. Auch wenn es Unmengen aktueller und historischer Wetterdaten gibt, ist es bisher noch

Überzeugungen
und Präferenzen

niemandem gelungen, einen Roulettekessel für das Wetter zu bauen. Es gibt keine einzige Sammlung von möglichen Wetterlagen und Wahrscheinlichkeiten, auf die sich alle Experten einigen können, weil die Anzahl der möglichen Resultate enorm groß ist und der Mechanismus, der die Resultate bestimmt, zu komplex und noch nicht ganz erforscht ist. Selbst die Definition für das Resultat einer Wetterlage ist nur sehr schwierig aufzustellen. Was ist ein sonniger Tag? Keine Wolken vom Sonnenaufgang bis zum Sonnenuntergang? Überwiegend sonnig? Nicht mehr als zehn Prozent Bewölkung für mindestens achtzig Prozent der Zeit zwischen Sonnenaufgang und Sonnenuntergang? Es gibt keine einzig richtige Antwort. Wenn Sie einen schönen Tag für Ihr Picknick haben wollen, dann wird die Definition eines Sonnentags sich von der eines Landwirts unterscheiden, dessen Einkommen von der Sonnenscheindauer während der Wachstumszeit abhängt.

Manche Menschen unterscheiden strikt zwischen den beiden Arten von Unsicherheit, über die wir gerade sprachen. Sie beziehen sich auf die Art des Roulettekessels, wenn sie von Risiko reden, und benutzen den Begriff Unsicherheit (oder Ungewissheit), wenn sie über die Ungewissheit des Wetters sprechen. An dieser Art der Beschreibung der beiden Situationen, die so unterschiedlich zu sein scheinen, ist nichts falsch. Die riskante Situation ist klar definiert, die unsichere (ungewisse) Situation ist es nicht. Für den Risikomanager jedoch ist diese Unterscheidung ohne Belang und sollte letztlich die Entscheidung, die getroffen wird, nicht beeinflussen. Wie kann das sein?

Nehmen Sie an, man bietet Ihnen an, an ein oder zwei verschiedenen Spielen teilzunehmen. Das erste Spiel bietet Ihnen die Chance, 1 000 Euro zu gewinnen, wenn eine Münze nach einem Wurf das Wappen zeigt. Das zweite Spiel bietet einen Gewinn von 1 000 Euro, wenn es gelingt, aus einer Urne, die mit 100 weißen und schwarzen Marmorkugeln gefüllt ist, eine weiße Kugel zu ziehen, wobei *nicht bekannt* ist, wie viele Kugeln weiß und wie viele schwarz sind. Die Kugeln wurden von einem Prüfer von Price Waterhouse mit verbundenen Augen in einem abgeschirmten Raum in die Urne gelegt. Der Prüfer hat kein Interesse am Resultat und weiß auch nicht, welches Spiel gespielt wird. Niemand weiß, welche Kugeln in der Urne liegen, nicht einmal der Prüfer selbst.

Das Spiel mit der Münze hat genau definierte Resultate und Wahrscheinlichkeiten – es gibt wirklich eine Chance von 50 : 50, in diesem Spiel zu gewinnen. Weil die Chancen bekannt sind, würden manche sagen, dass dieses Spiel ein Risiko birgt, jedoch keine Unsicherheit.

Das Spiel mit der Urne ist eine ganz andere Geschichte. Sie wissen nicht, wie viele weiße Kugeln tatsächlich in der Urne liegen, die vor Ihnen steht. Enthält die Urne 20 weiße und 80 schwarze Kugeln, liegt die Chance auf einen Gewinn bei 20 Prozent. Enthält die Urne hingegen 60 weiße und 40 schwarze Kugeln, liegt die Chance zu gewinnen, bei 60 Prozent. Wenn Sie nichts über den Inhalt der Urne wissen, wie können Sie dann die Wahrscheinlichkeit eines Gewinns feststellen? Weil die Chancen absolut unbekannt sind, würden manche sagen, dieses Spiel enthalte eher Unsicherheit als Risiko. Sie wissen mehr über das Spiel mit der Münze, und so wäre es nur normal, unter sonst gleichen Umständen lieber das Münzenspiel als das Urnenspiel zu spielen – lieber ein Risikospiel als ein Spiel mit Unsicherheit.

Doch denken wir noch einmal über das Urnenspiel nach. Habe ich Ihnen Grund zur Vermutung gegeben, die Urne vor Ihnen enthielte mehr schwarze als weiße Kugeln? Oder mehr weiße als schwarze Kugeln? Nein, habe ich nicht. Alle Möglichkeiten des Inhalts der Urne sollten Ihnen gleich wahrscheinlich erscheinen. Wenn das so ist, dann haben Sie keinen Grund zu der Annahme, dass die Wette auf eine weiße Kugel aus der Urne riskanter sei als die Wette auf eine schwarze Kugel. Aus Ihrer Sicht liegen die Chancen, eine weiße Kugel zu greifen bei 50 Prozent, ebenso bei 50 Prozent, eine schwarze Kugel zu ziehen. Mit anderen Worten: Sie halten die Wahrscheinlichkeit, im Urnenspiel zu gewinnen, für ebenso hoch wie die, im Münzenspiel zu gewinnen.

Um noch einen Schritt weiter zu gehen, sage ich, es kann bewiesen werden, dass es keinen rationalen Grund dafür gibt (in unserer idealisierten Welt), das Münzenspiel dem Urnenspiel vorzuziehen oder umgekehrt. Im Hinblick auf die Entscheidungsfindung sind die beiden Spiele gleich.

Deshalb ist es für Sie, den Entscheidungsträger, irrelevant, ob Sie die echten Chancen, das Münzenspiel zu gewinnen, kennen, nicht aber die Chancen, das Urnenspiel zu gewinnen. Nehmen wir an, ein allwissender Beobachter kenne die Wahrheit. Er wisse, dass die Urne vor Ihnen tatsächlich 90 weiße und 10 schwarze Kugeln enthält und deshalb die wirklichen Gewinnchancen bei 90 Prozent liegen. Wissen Sie das nicht und können es auch nicht herausfinden, dann können Sie auf dieser Basis ganz offensichtlich auch nicht agieren. Am Punkt der Entscheidung müssen Sie auf der Grundlage dessen agieren, was Sie glauben, und in diesem Beispiel haben Sie keinen Grund zu der Annahme, dass die Gewinnchancen im Urnenspiel *nicht* bei 50 Prozent liegen.

Nebenbei gesagt, ist das Urnenspiel aus der Sicht des Wissenschaftlers ein Spiel, bei dem sich der Spieler in einem Zustand völliger Unwissenheit befindet. Es gibt für dieses Spiel keine Daten aus Experimenten in ähnlichen Situationen, die Hinweise darauf geben könnten, wie viele schwarze und weiße Kugeln tatsächlich in der Urne vor Ihnen sind. Es gibt keine Theorie, aufgrund derer sich bestimmen ließe, wie viele weiße Kugeln sich in der Urne befinden sollten. Deshalb würde der Wissenschaftler argumentieren, dass das wirkliche Verhältnis zwischen weißen und schwarzen Kugeln unbekannt ist und deshalb die Wahrscheinlichkeit, eine weiße Kugel zu ziehen, nicht bestimmt werden kann. Er wird nichts hinzufügen können, bis einige Ziehungen beobachtet werden konnten.

Es wird deutlich, dass der Wissenschaftler bei der Entscheidung, ob Sie am Urnenspiel teilnehmen sollten, keine Hilfe ist; doch das ist auch nicht seine Aufgabe. Seine Aufgabe ist es, den Vorgang des Spiels genauer zu beschreiben, nach der Wahrheit zu suchen, die in diesem Fall das tatsächliche Verhältnis der weißen zu den schwarzen Kugeln in der Urne betrifft (unser allwissender Beobachter kennt die Lösung, es sind 90 weiße und 10 schwarze Kugeln). Ob Sie sich für eine Teilnahme am Spiel entscheiden, ist für den Wissenschaftler völlig gleichgültig, selbst wenn Sie nie wieder eine Möglichkeit erhalten, dieses Spiel zu spielen und 1 000 Euro zu gewinnen. Wenn Sie mitspielen, wird er das Resultat distanziert beobachten und es als eine Beobachtung von vielen ansehen, die noch kommen werden. Hat er viele Resultate beobachtet, könnte er vielleicht etwas zum Inhalt der Urne sagen. Ist er neugierig auf die Wahrheit, könnte er über dem Problem brüten, lange nachdem das Spiel beendet ist und niemand mehr etwas zu gewinnen oder zu verlieren hat.

Anders als der beobachtende und distanzierte Wissenschaftler, müssen Sie als Entscheidungsträger sich entschließen, ob Sie beim Urnenspiel mitspielen oder nicht, und das auf der Grundlage Ihrer Überzeugungen, selbst wenn Sie beim Gedanken an die »Wahrheit« dieser Überzeugungen ein ungutes Gefühl haben. In anderen Situationen könnten Sie natürlich die Möglichkeit haben, mehr Informationen zu sammeln, bevor Sie in Aktion treten, und es ist ratsam, genau das zu tun. Doch weitere Informationen zu sammeln heißt, dass es zu Verzögerungen und zu Kosten kommt. Sie müssen dann aber immer noch entscheiden, gleichgültig, ob die zusätzlichen Informationen die Zeitverluste und die Kosten rechtfertigten. Die Forderung, auf der Grundlage Ihrer Überzeugungen zu entscheiden, ist immer gegeben.

Präferenzen

Die meisten Leute mögen in den meisten Situationen kein Risiko. Wir nannten diese Abneigung im ersten Kapitel *Risikoscheu* oder *Risikoaversion*. Jemand, der eine Aversion gegen Risiken hat, würde an keinem Spiel teilnehmen, das die gleichen Chancen bietet, 50 000 Euro zu gewinnen oder

50 000 Euro zu verlieren, weil die Freude über einen Gewinn weitaus geringer wäre als der Schmerz bei einem Verlust. Um mitzuspielen, würde dieser risikoscheue Mensch einen höheren Gewinn verlangen und/oder eine bessere Gewinnchance. In unserem Kartenspiel in Kapitel 1 wussten wir, dass Sie risikoscheu sind – das zeigte sich in Ihrer Nutzenkurve, die flacher wurde, als der Gewinn zunahm. Hätten wir eine noch höhere Risikoaversion angenommen (also eine noch flachere Kurve bei zunehmenden Gewinnen), hätte Ihre Entscheidung anders ausgesehen. Ihr maximal annehmbarer Einsatz für die Teilnahme am Spiel wäre gesunken.

Es sollte nun deutlich geworden sein, dass sich die für Sie richtige Risikoentscheidung aus Ihren Überzeugungen über Wahrscheinlichkeiten möglicher Resultate und Ihren Präferenzen für die Gewinne, die aus diesen Resultaten fließen, ergibt.

Wir sprachen eben über die notwendigerweise subjektive und persönliche Natur der Überzeugungen, auf Grund derer Sie agieren. Es ist selbstverständlich, dass Ihre Präferenzen ebenfalls subjektiv und persönlich sind. Das heißt, dass Risikoentscheidungen an sich persönlich und subjektiv sind, und deshalb sollten »Experten«, die eine Lösung anbieten, die alle Probleme beseitigt, mit Vorsicht und Skepsis betrachtet werden. Hat eine Entscheidung wichtige, aber unsichere Folgen, dann sollten Sie eine Lösung finden, die für Sie maßgeschneidert ist und nicht für einen anderen.

Ebenso, wie Sie Schwierigkeiten haben könnten, Ihre Überzeugungen als Wahrscheinlichkeiten auszudrücken, könnte es Ihnen schwer fallen, Ihre Präferenzen in einer Nutzenkurve darzustellen. Gleichwohl, im ersten Kapitel sagten wir, es könnte unter bestimmten Bedingungen möglich sein. Würde ein Experte Sie vor die Wahl zwischen einfachen Wetten stellen, so könnte er Ihre Nutzenkurve erstellen, mit der Ihre Präferenzen in komplexeren Situationen dargestellt werden könnten.

Ob eine Risikoaversion besteht oder nicht, ist bei Weitem der wichtigste Aspekt Ihrer Präferenzen und wird die Art Ihrer Entscheidungen, die Sie treffen, grundlegend beeinflussen. Tatsächlich ist das Phänomen Risikoaversion die treibende Kraft hinter dem Risikomanagement. Weil die meisten Entscheidungen von Menschen getroffen werden, bei denen eine Risikoaversion besteht, können die Risikomanager gut davon leben, dass sie Menschen dabei behilflich sind, Risiken zu vermeiden oder Risiken zu reduzieren, die keine angemessenen Gewinne versprechen.

Obwohl die Risikoaversion in der Regel sehr verbreitet ist, gibt es einige interessante Ausnahmen. Viele Menschen sind bereit, sehr unfaire Chancen zu akzeptieren, wenn sie glauben, es gibt nur wenig zu verlieren und viel zu gewinnen, selbst wenn der Gewinn höchst unwahrscheinlich ist. Chancen sind dann *unfair*, wenn das erwartete Resultat einen Verlust darstellt. Ein Beispiel für unfaire Chancenverteilung wäre ein Münzenspiel mit einer Gewinnchance von 50 : 50, bei dem man 100 Euro gewinnt, jedoch 110 Euro verliert. Das erwartete Resultat dieses Spiels wäre ein Verlust von 5 Euro. [0,50 x 100 + 0,50 x (–110) = –5]. Wenn Sie dieses Spiel tausendmal spielten, läge der durchschnittliche Verlust mit an Sicherheit grenzender Wahrscheinlichkeit nahe 5 Euro. Die meisten Menschen würden sich auf dieses Spiel nicht einlassen, kein einziges Mal, nicht tausendmal, selbst wenn ihre Risikoscheu außerordentlich gering wäre. Es scheint ganz offensichtlich zu sein, dass dieser Vorschlag wenig attraktiv ist.

Betrachten wir ein weiteres Beispiel unfairer Chancenverteilung. Vor mir steht eine Urne mit 1 000 Kugeln, von denen eine schwarz ist, und die anderen 999 Kugeln sind weiß. Wenn Sie aus der Urne eine weiße Kugel ziehen, verlieren Sie 1 Euro. Ziehen Sie jedoch die einzige schwarze Kugel, gewinnen Sie 900 Euro. Das erwartete Ergebnis aus diesem Spiel ist ein Verlust von 10 Cents [0,999 x (–1 €) + 0,001 x 900 € = – 0,10 €]. Die Chancenverteilung ist zwar unfair, doch wären Sie versucht, dieses Spiel zu spielen? Immerhin ist das Schlimmste, was Ihnen passieren kann, einen Dollar zu verlieren, Sie haben aber die Chance, 900 Dollar zu gewinnen. Wenn Sie bereit sind, sich auf dieses Spiel einzulassen, obwohl Sie genau wissen, dass die Chancen unfair verteilt sind, dann sind Sie nicht risikoscheu. In Wirklichkeit suchen Sie in dieser Situation geradezu das Risiko. Eine absolut risikoscheue Person würde eine unfaire Chancenverteilung niemals freiwillig akzeptieren.

Im Juli 1998 waren die Straßen von New York nach Connecticut mit Leuten verstopft, die versuchten, Powerball-Lotterielose zu kaufen. Die Gewinnchancen waren geradezu armselig und absolut zuungunsten der Spieler verteilt (und so machten die Sponsoren der Lotterie eine Menge Geld, ohne selbst das geringste Risiko einzugehen). Das war eindeutig ein Spiel mit unfairer Chancenverteilung. Ein risikoscheuer Mensch würde niemals ein Los kaufen, wenn das erwartete Resultat einen Verlust darstellt. Der Hauptgewinn hatte jedoch eine Höhe von 250 Millionen Dollar erreicht, und ein Los kostete lediglich einen Dollar. Für viele Menschen war allein die Chance, mit einem Los für einen Dollar 250 Millionen Dollar zu gewinnen, dermaßen überwältigend, dass sie sich über die Chancenverteilung keine Gedanken machten. Sie akzeptierten die Bedingungen, ganz gleich, wie gering ihre Chance war und wie unfair die Chancenverteilung. Waren die Käufer der Powerball-Lose irrational? Nicht die Menschen, die eindeutig risikobereit waren und die realistische Vorstellungen von den Gewinnchancen hatten. Sie gingen ein vernünftiges Risiko ein, das ihre Überzeugungen und

Präferenzen wiedergab. Diejenigen aber, die ihre Überzeugungen über die Gewinnchancen weit übertrieben oder die ihre gesamten Ersparnisse für Lotterielose ausgaben, sind schwerer zu verstehen.

Viele, wenn nicht die meisten Menschen, die das Risiko lieben und in unserem gerade geschilderten Fall Lotterielose kauften, wären in anderen Situationen, in denen die möglichen Verluste höher sind, eher risikoscheu. Wie wir schon im ersten Kapitel anmerkten, hat man nicht nur eine Nutzenkurve. Sie haben viele Nutzenkurven, und die zutreffende Kurve ist abhängig von der Situation, in der Sie stehen. Ihre Kurven müssen nicht gleichmäßig verlaufen. Sie könnten unregelmäßige Abschwünge oder Anstiege aufweisen. Sie können sich auch mit der Zeit verändern, wenn Ihr Leben sich ändert.

Weil es sehr schwierig und zeitraubend sein kann, Präferenzen genaue Zahlen zuzuordnen, wird dies beim wirklichen Risikomanagement in der Regel vernachlässigt. Statt dessen treffen wir grobe Annahmen und fahren dann fort. Die gängigste Annahme ist, dass Entscheidungsträger risikoscheu sind, und diese Annahme reicht oft aus, um uns einige wichtige Dinge darüber zu vermitteln, was wir tun sollten. Risikoscheue Menschen gehen auf eine unfaire Chancenverteilung nicht freiwillig ein. Risikoscheue Menschen geben lieber etwas Positives auf, um etwas Negatives zu vermeiden. Risikoscheue Menschen sind bereit, etwas für ein gutes Risikomanagement zu bezahlen.

Kapitel 3
Die Kombination aus Kunst und Wissenschaft

Volatilität und Korrelation

In unserer idealen Welt des Risikomanagements ist alles sehr logisch und systematisch. Wir strukturieren unsere Probleme als Entscheidungsbäume, verbinden alle unsicheren Ereignisse, alle möglichen Resultate, den Gewinn für jedes Resultat und alle alternativen Entscheidungen, die wir treffen könnten. Wir bewerten unsere Überzeugungen über Wahrscheinlichkeiten und unsere Präferenzen mit Zahlen. Wir haben das klare Ziel, den erwarteten Nutzen zu maximieren. Wir rechnen und wir finden die bestmögliche Entscheidung. Das war's.

Wäre das Leben nur so einfach! In realen Situationen gibt es so viele unsichere Ereignisse, mögliche Resultate und Entscheidungen in Erwägung zu ziehen, dass das Problem viel zu groß ist, um es in unserer idealisierten Art und Weise zu lösen. Vielleicht können wir nicht einmal alle möglichen Ereignisse, Resultate und Entscheidungen erkennen, wodurch unser Entscheidungsbaum unvollständig wird und möglicherweise auch irreführend. Es könnte sein, dass wir versuchen müssten, die Aktionen anderer vorherzusehen, wohl wissend, dass auch sie versuchen, unsere Aktionen vorherzusehen, wodurch ein Wirrwarr aus endlos vielen Möglichkeiten entstünde. Unsere Präferenzen und Überzeugungen könnten sehr schwer zu bestimmen sein. Selbst wenn wir glauben, wir könnten das Problem treffend und genau beschreiben und es auch lösen, ist es möglich, dass wir weder die Zeit noch das Geld haben, um das auch wirklich zu tun. Wir brauchen einen Weg, der die Lücke zwischen Ideal und Realität überbrückt, weil wir Entscheidungen zu treffen haben und mit den Folgen dieser Entscheidungen leben müssen.

Unverbesserliche Traditionalisten würden das Bemühen um mehr Logik und Systematik bei der Entscheidungsfindung vernachlässigen. Jedes idealisierte Modell wird die Realität ohnehin verfehlen; weshalb sollten wir dann nicht in der altmodischen Weise vorgehen – mit Intuition und aus dem Bauch heraus, auf der Basis früherer Erfahrungen? Es gibt keine Beweise dafür, dass Admiral Nelson, J.P. Morgan oder Harry Truman Entscheidungsbäume benutzten. Sie benutzten Inspiration und durch Erfahrung geschärftes Urteilsvermögen. Je mehr wir über die Vorgänge in unserem Gehirn erfahren, desto besser verstehen wir, dass sich ein erschreckend hoher Anteil seiner Aktivität außerhalb unseres Bewusstseins und unserer Kontrolle abspielt. Das Unterbewusstsein arbeitet im Hintergrund an Problemen und gibt die Ergebnisse in der Form von Inspiration und Urteil an das Bewusstsein weiter. Aus dieser Sicht erscheinen unsere Entscheidungsbäume als Kinkerlitzchen, mit denen man ganz nett spielen kann, die aber für wirkliche Arbeit nicht zu gebrauchen sind.

Unverbesserliche Idealisten sehen das völlig anders, und sie würden leicht die intuitive Entscheidungsfindung als oberflächlich, schlampig, irrational, kurzsichtig und vergangenheitsbezogen vernachlässigen. Entscheidungsträger, die in Ihrer Entwicklung stehen bleiben, sind gefährliche Relikte, die gerade gut genug sind, die letzte Schlacht noch einmal zu schlagen. Nicht klar und logisch über die verfügbaren Fakten nachzudenken, ist eine Definition für Dummheit und eine schreckliche Verschwendung der kognitiven Kraft des Gehirns. Es macht keinen Sinn, unnötige Irrtümer und Unterlassungen zu begehen.

Gesunder Menschenverstand besagt, dass gute Entscheidungen in der Regel aus einer Kombination von Kunst und Wissenschaft resultieren, aus einer Kombination von gesundem Urteilsvermögen und logischer Analyse. Als der für den Start zuständige Ingenieur auf den Knopf drückte, um Apollo 11 zum Mond zu schicken, sagte er nicht: »Ich habe ein gutes Gefühl. Wir machen es jetzt.« Er besorgte sich so viele Informationen wie nur möglich über den Zustand der Trägerrakete Saturn 5 und dachte intensiv an die vielen Katastrophenszenarien, die er mit seinem Team jahrelang visualisiert und analysiert hatte. Er war sich der Dringlichkeit zu handeln genau bewusst, denn ein Aufschub konnte bedeuten, dass die Russen den Mond zuerst erreichen würden. Nachdem er mit seinem Urteilsvermögen die Risiken gegen die Chancen abgewogen hatte – einige wurden logisch analysiert und einige nicht – drückte er den Startknopf. Es ist sehr schwer zu glauben, dass all die logischen Analysen und das Sammeln von Fakten vor dem Start umsonst waren, weil der Ingenieur letzten Endes eine Ermessensentscheidung traf. Es ist ebenso schwer zu glauben, dass ein Roboter oder ein Computer ein besserer Ingenieur gewesen wäre als ein menschliches Wesen mit einem guten Urteilsvermögen.

Oder denken Sie an die Arbeit eines Gehirnchirurgen. Die Medizin hat sich weit entwickelt, seit primitive Heiler Löcher in die Köpfe ihrer Patienten bohrten, um Kopfschmerzen zu heilen. Medizinwissenschaftler kennen die Anatomie des Gehirns in allen Einzelheiten. Sie kennen die meisten grundlegenden Funktionen der verschiedenen Gehirnregionen, was ihnen ermöglicht, die wahrscheinlichen Folgen verschiedener Gehirnverletzungen oder -erkrankungen abzusehen. Sie haben empfindliche Werkzeuge entwickelt, beispielsweise magnetische Resonanzdarstellungen, um viele Arten von Gehirnabnormitäten festzustellen und zu lokalisieren. Sie haben chirurgische Geräte entwickelt, die wesentlich präziser sind als die groben Bohrer der primitiven Heiler. Letztlich haben sie Anästhetika entwickelt, die dem hausgemachten Wein weit überlegen sind.

Trotz dieses eindrucksvollen wissenschaftlichen Fortschritts betrachten wir Gehirnchirurgie immer noch als ein sehr riskantes Unterfangen, und das aus gutem Grund. Das Gehirn ist immer noch geheimnisvoll, so dass die Wirkungen von Einschnitten sehr überraschend sein können. Ein kleiner Ausrutscher des Skalpells kann den Patienten töten oder für immer zum Behinderten machen. Ironischerweise gibt es angesichts der medizinischen Fortschritte eine verständliche Versuchung, riskantere Vorhaben anzugehen in der Hoffnung, früher unheilbare Erkrankungen zu heilen. Dieses Streben nach besseren chirurgischen Techniken ist eine Begleiterscheinung des Fortschritts, doch wenn Sie Patient sind, dann geschieht das unter Umständen auf Kosten Ihres Lebens. Sollte man Ihnen einmal den Schädel öffnen wollen, dann sollten Sie keinen Medizinwissenschaftler zu Rate ziehen, sondern den besten Gehirnchirurgen, den Sie finden können. Es sollte jemand sein, der nicht nur über das aktuelle Wissen und die aktuellen Werkzeuge verfügt, sondern auch mit dem Skalpell hervorragend umgehen kann. Außerdem sollte er sein gesundes Urteilsvermögen unter Unsicherheit und Stress bewiesen haben.

Einen guten Risikomanager können Sie mit dem für den Start einer Rakete verantwortlichen Ingenieur und dem Gehirnchirurgen vergleichen. Er benutzt Fakten und Logik, so lange ihm das weiterhilft, bis er dann aufgrund seines Ermessens zur letztlichen Entscheidung kommt. Der größte Beitrag, den die Risikoanalyse leistet, besteht darin, dieses letzte Ermessen vor der Entscheidung ein wenig ungefährlicher zu machen, als es ansonsten wäre. Weil das Risikomanagement sowohl Risikoanalyse als auch Risikoeinschätzung verlangt, ist es eine Kombination aus Kunst und Wissenschaft. Hat man heute keine analytischen Modelle, kann man wahrscheinlich kein guter Risikomanager sein. Hat man aber nur allein analytische Modelle, kann man überhaupt kein Risikomanager sein.

Die Kombination
aus Kunst und
Wissenschaft

Volatilität

In unserer idealisierten Welt des Risikomanagements haben wir die Art der Unsicherheit, die Sie analysieren könnten, keinerlei Restriktionen unterworfen. Es könnte alles sein – Finanzen, Medizin, Meteorologie, Politik, Geologie oder Metaphysik –, solange Sie alle möglichen Resultate identifizieren können, deren Wahrscheinlichkeit bestimmen und sie in einem Entscheidungsbaum zusammenfassen können. Jedes Risikoproblem ist einmalig, abgeschlossen und lösbar. Wir verfügen also über ein ungeheuer nützliches Instrumentarium, doch andererseits ist es schwierig, Lehren aus früheren Situationen auf neue, jedoch ähnliche Situationen anzuwenden. Wenn wir allerdings wiederkehrende Muster oder Tendenzen quer durch ähnliche Arten von Problemen erkennen können, dann können wir einige Verallgemeinerungen und Faustregeln entwickeln, die uns Zeit sparen und unsere Fähigkeit optimieren, bessere Risikoeinschätzungen zu treffen.

Volatilität ist eine dieser Verallgemeinerungen, die bei vielen Arten von Risiken sehr nützlich ist. Grob gesprochen, ist eine Situation mit einer weiten Spanne möglicher Resultate mit einer höheren Volatilität behaftet, vielleicht auch mit einem höheren Risiko, als eine Situation mit einer geringen Spannweite möglicher Resultate. Ein Mensch mit einer flatterhaften Persönlichkeit könnte für Ihr Wohlergehen riskanter sein als jemand mit einer stabileren Persönlichkeit. Stark schwankendes Wetter könnte mehr Risiken bergen als eine stabile Wetterlage. Volatile Aktien im Portfolio könnten riskanter sein als stabilere Aktien.

Ein einfaches Beispiel für die Anwendung der Volatilität wäre ein Münzenspiel mit einer Chance von 50 : 50 auf einen Verlust von 1 000 Euro oder einen Gewinn von 2 000 Euro. Dieses Spiel hat eine höhere Volatilität und ist sicherlich riskanter als ein ansonsten identisches Spiel, bei dem gleich große Chancen auf einen Verlust von 100 Euro oder auf einen Gewinn von 200 Euro bestehen. Wir könnten die Volatilität eines jeden Spiels als Differenz zwischen den beiden möglichen Resultaten definieren. Das Spiel mit der hohen Volatilität hätte eine Volatilität von

2 000 € – (–1 000 €) = 3 000 €.

Das Spiel mit der geringeren Volatilität hätte eine Volatilität von

200 € – (–100 €) = 300 €.

Unsere einfache Messung ist für die Volatilität relevant, weil sie den großen Unterschied im Bereich der Resultate erfasst, die jedes Spiel hervorbringen könnte. Wenn wir wissen, dass ein Wurf mit einer Chancenverteilung von 50 : 50 eine Volatilität von 3 000 Euro aufweist und ein anderer nur eine Volatilität von 300 Euro, könnte dies eine nützliche Information sein und vielleicht auch eine vernünftige Möglichkeit, die Risiken verschiedener Spiele miteinander zu vergleichen. Das volatilere Spiel eröffnet eine weit größere Bandbreite möglicher Resultate, was in diesem Fall den Schmerz bei einem Verlust enorm erhöht. Ganz intuitiv würde man sagen, das volatilere Spiel sei das riskantere Spiel (berücksichtigen Sie aber, dass dies in anderen Situationen nicht unbedingt der Fall sein muss).

So kann die Theorie der Volatilität sehr nützlich sein, um in einem ersten Schritt die Risiken unterschiedlicher Situationen grob zu beschreiben, ebenso wie das Gewicht ein nützlicher Ansatz ist, die Größe verschiedener Menschen grob zu umschreiben. Es ist jedoch noch wichtiger, dass das Nachdenken über die Volatilität Sie zu der grundlegenden Frage führt: »Die Volatilität wovon?« Was bereitet mir in dieser Situation wirklich Sorgen, und kann ich das klar und eindeutig ausdrücken? Gelingt Ihnen das, dann haben Sie einen Riesenschritt gemacht, um das Risiko quantifizieren zu können, weil statistische Größen den Kern der Volatilität erfassen – und hoffentlich auch das Risiko – in einem Paket von Zahlen ausdrücken können.

Die Quantifizierung von Risiken ist ein höchst wirkungsvoller Aspekt des modernen Risikomanagements, weil sie die Klarheit und die logische Konsequenz der Mathematik in die Analyse komplexer Unsicherheiten einbringt, die weit über die intuitive Kraft und das Urteilsvermögen eines jeden Menschen hinausgehen. Sie können ohne Mathematik einen Drachen bauen, aber keine Boeing 747. Im sechsten Kapitel werden wir sehen, wie die Quantifizierung der Volatilität das Management finanzieller Risiken revolutioniert hat.

Ob die Volatilität eine nützliche Theorie bietet, um Risiken darzustellen, ist in hohem Maß davon abhängig, ob Sie eine allgemein gültige Ebene finden, die in Ihrer besonderen Situation funktioniert. Ist Ihr Maß für Volatilität zu eng und zu speziell, könnte es sein, dass Sie wichtige Aspekte des Risikos nicht erfassen. Ist Ihr Maß für Volatilität zu breit und zu allgemein, könnten Sie wichtige Aspekte des Risikos verschleiern.

Kehren wir zu den Beispielen zurück, die wir zuvor schon erwähnt haben. Im Fall der volatilen Persönlichkeit mutet es wenig wahrscheinlich an, dass es uns sehr weit bringt, wenn wir das Maß für eine »Persönlichkeits-Volatilität« in einer Zahl zusammenfassen. Welche einzelne Zahl könnte den Kern der Vielzahl möglicher Verhaltensweisen zusammenfassen? Würde es Ihnen denn helfen, wenn Sie wüssten, Harry habe eine Volatilität von 2,6 bei einer Norm von 1,0? Ohne mehr zu wissen, hätten Sie keine Möglichkeit zu beurteilen, ob Harry ein besonders unterhaltsamer oder ein besonders gefährlicher Mensch ist. Es würde Ihnen bei der Risikoentscheidung, ob Sie mit Harry eine Campingreise unternehmen sollten, keinen Deut helfen. Von unserem Standpunkt als Risikomanager gesehen, wäre eine einzige Maßzahl der Persönlichkeits-Volatilität viel zu allgemein und würde außerdem zu viele wichtige Informationen verschleiern. Findet Harrys Spontaneität ihren Ausdruck in Humor, in seiner Stimmung oder in Gewalt? Etwas Genaueres, zum Beispiel die Volatilität von Harrys Testosteronspiegel, könnte schon eher ein nutzbares Maß für Risiko in einer speziellen Situation sein. Ein volatiler Testosteronspiegel könnte für jemanden, der mit Harry in der Wildnis zeltet, eine reale und messbare Größe für Risiko sein.

Die Volatilität des Wetters ist ein weiteres Konzept, das zu allgemein ist, um als Maßstab für Risiken nützlich sein zu können. Zu viele unterschiedliche Variablen im Wetter haben zu viele Arten von Konsequenzen, als dass eine einzige Zahl etwas bedeuten könnte. Allerdings könnte etwas Spezifisches, beispielsweise die Volatilität der Niederschläge, der Temperatur oder der Windgeschwindigkeit, durchaus einen sinnvollen Maßstab für Risiken in bestimmten Situationen ergeben. Volatile Niederschläge könnten für die Landwirtschaft ein reales und messbares Risiko darstellen. Volatile Temperaturen könnten für Bergsteiger ein reales und messbares Risiko darstellen. Volatile Windgeschwindigkeiten könnten für den Kapitän eines Fischerbootes ein reales und messbares Risiko darstellen.

Volatilität kann ein sehr nützlicher Maßstab für Risiken sein, doch gibt es hier zwei signifikante Fallen. Über eine dieser Fallen haben wir bereits gesprochen: Ein schlecht ausgewählter Maßstab für Risiken kann wichtige Dimensionen von Risiken vernachlässigen oder verschleiern, wenn die Volatilität an einem falschen Punkt gemessen wurde. Besteht die Gefahr, dass Sie erfrieren, dann macht es keinen Sinn, auf die Volatilität des Luftdrucks zu achten.

Die andere wichtige Falle ist ganz einfach, dass Volatilität nicht immer schlecht sein muss und deshalb nicht immer ein Risiko darstellt, weil wir Risiko immer mit negativen Resultaten in Verbindung bringen. Nehmen wir an, Sie hätten die Wahl zwischen zwei Münzwurfspielen. Das erste bietet eine Chance von 50 : 50 1 000 Euro zu verlieren oder 2 000 Euro zu gewinnen. Das zweite bietet eine 50 : 50-Chance 1 000 Euro zu verlieren und 5 000 Euro zu gewinnen. Entsprechend unserem Maß für Volatilität für solche Spiele ist die Volatilität des zweiten Spiels wesentlich höher als die des ersten Spiels: 6 000 Euro im Vergleich zu 3 000 Euro. Ist das zweite Spiel deswegen riskanter? Eindeutig nicht, weil die beiden Spiele identische Nachteile haben – in jedem steht die Chance, 1 000 Euro zu verlieren, bei 50 Prozent – und deshalb bergen sie das gleiche Risiko. Unser Maßstab für Volatilität führte uns vom richtigen Weg ab, weil er keine Unterscheidung machte zwischen guter Volatilität (ein größerer Bereich möglicher Gewinne) und schlechter Volatilität (ein größerer Bereich möglicher Verluste). Weil aber das zweite Spiel das gleiche Risiko birgt, jedoch höhere mögliche Gewinne bietet, ist dieses ganz offensichtlich das Spiel der Wahl. Hätten wir Ihnen lediglich das Maß der Volatilität genannt, ohne Ihnen die zugrunde liegende Struktur aufzuzeigen, hätten Sie das erste Spiel gewählt und damit die falsche Entscheidung getroffen.

Gehen wir davon aus, Sie hätten diese Fallen vermieden und eine Definition und ein Maß der Volatilität gewählt, die das Risiko, dem Sie ausgesetzt sind, gut beschreiben. Wie kommen Sie dann an die aktuellen Zahlen, mit denen Sie die Volatilität berechnen können, der Sie unter verschiedenen alternativen Bedingungen ausgesetzt sind?

Vielleicht ist es am besten, wenn wir mit einem Blick auf die Geschichte beginnen. Nehmen wir an, die Beobachtung der Resultate der letzten fünf Jahre entspreche einer Volatilität von 10 Einheiten. Haben Sie keinen Grund, anderes zu vermuten, könnten Sie vernünftigerweise annehmen, dass die Volatilität auch in der Zukunft 10 Einheiten entsprechen wird, und entsprechend könnten Sie Ihre Entscheidung fällen. Leider gibt es oft genug Gründe, anderes zu vermuten. Wie wir alle wissen, kann die Geschichte uns Wertvolles lehren, doch kann sie uns kein genaues Bild der Zukunft malen – und nur übertreffen.

Die Bedingungen könnten sich so weit verändert haben, dass die Vergangenheit uns nur wenige Anhaltspunkte zur Volatilität in der Zukunft geben kann. Betrachtet man die Volatilität ausländischer Währungen in den fünfziger Jahren, dann sagt dies überhaupt nichts über die Volatilität ausländischer Währungen im nächsten Jahr aus. In den fünfziger Jahren agierten die wichtigsten Regierungen der Welt mit einer Vereinbarung über feste Wechselkurse. Diese Übereinkunft gilt nicht mehr, und ist es möglich, dass die Wechselkurse in einer weiten Bandbreite schwanken. Die Volatilität der Wechselkurse während der fünfziger Jahre ist kein guter Indikator für die Wechselkurse der Zukunft.

Wesentlich fester glauben einige Wissenschaftler daran, dass die Temperaturen auf der Erde während der letzten 1 000 Jahre deutlich niedriger lagen als während der vorher gehenden Million Jahre, wodurch ein außergewöhnlich günstiges Umfeld für die Entwicklung der menschlichen Zivilisation gegeben war. Für den größten Teil ihrer Geschichte war die Erde großen Schwankungen ihrer Durchschnittstemperaturen ausgesetzt, wodurch alle paar tausend Jahre eine Eiszeit entstand. Extrapoliert man das in der jüngeren Geschichte relativ stabile und moderate Klima in die Zukunft, dann

Die Kombination
aus Kunst und
Wissenschaft

wäre das möglicherweise nicht gerechtfertigt. Besteht die reale Möglichkeit, dass eine neue Eiszeit längst überfällig ist, dann würden wir beispielsweise geneigt sein, andere Risikoentscheidungen zu treffen, um die globale Erwärmung zu verhindern.

In den meisten riskanten Situationen liegt die historische Volatilität irgendwo zwischen irrelevant und zwingend. Sie sind der Entscheidungsträger, und deshalb müssen Sie Ihr Urteilsvermögen nutzen, um zu entscheiden, ob und wie Sie die Lehren der Vergangenheit anwenden. Welche Faktoren haben die Volatilität in der Vergangenheit beeinflusst? Sind diese Faktoren immer noch gültig, oder wurden sie durch neue, wichtigere Faktoren ersetzt? Glauben Sie, dass weitergehende Veränderungen bevorstehen? Diese Fragen beruhen in erster Linie auf durch Informationen gestützten Überzeugungen und nicht so sehr auf Statistiken – ein weiteres Beispiel für die wichtige Unterscheidung zwischen Risikoanalyse und Risikomanagement.

Sind Sie kein professioneller Risikoexperte, dann könnte Ihnen diese Diskussion zu offensichtlich sein, um sie überhaupt zu erwähnen. Jeder weiß, dass die Vergangenheit bestenfalls ein unvollkommener Führer in die Zukunft ist. Allerdings neigen Risikoexperten, ebenso wie Experten in anderen Bereichen, dazu, sich in ihre Werkzeuge zu verlieben, und diese Liebe kann zu ernsthafter Kurzsichtigkeit führen. Experten sind oft versucht, Probleme in einer Art und Weise zu definieren, die zu ihren Werkzeugen passt, nicht aber unbedingt zur aktuellen Situation. Statistik ist eines der Lieblingswerkzeuge des Risikoexperten, und damit kann die Vergangenheit von den Experten wesentlich besser erfasst werden als die Zukunft. Nur die Vergangenheit hält die Daten bereit, nach denen die Statistik verlangt. So kommt es, dass unbedachte Experten die Bedeutung historischer Daten übertreiben, damit sie ihre Lieblingswerkzeuge einsetzen und zu einer eindeutigen Lösung gelangen können, selbst wenn es die Lösung für das falsche Problem ist.

Viele Risikomodelle gehen von zwei zweifelhaften Annahmen aus: erstens, dass historische Daten ausreichend sind, um die künftige Volatilität vorhersagen zu können, und zweitens, dass die künftige Volatilität im Zeitverlauf konstant sein wird, was in unserer sich ständig verändernden Welt nur selten der Fall ist. Risikoanalysten könnten versucht sein, auf diese zweifelhaften Annahmen einzugehen, weil sie die Mathematik wesentlich einfacher machen und weil sie den Analysten von der Verantwortung befreien, schwierige Urteile über die Zukunft zu fällen. Es gab viele Misserfolge in der Finanzwelt, die zumindest teilweise darauf zurückzuführen sind, dass man sich zu eng an statistische Modelle anlehnte, die überwiegend von historischen Daten und von nichtssagenden, veralteten Urteilen über künftige Möglichkeiten abhängig waren.

Beispielsweise begann sich nach dem Zusammenbruch des Kommunismus in Russland ein Markt für russische Wertpapiere zu entwickeln. Als immer mehr Mitspieler in diesen Markt eintraten, fassten die Trader Vertrauen, dass diese Märkte, obwohl sie immer noch sehr primitiv waren, sich mehr oder weniger wie andere, etabliertere Märkte verhalten würden. Statistiken aus etablierten Märkten wurden analog angewendet, um die Volatilität und Liquidität der russischen Märkte einzuschätzen. Die frühen Trader wussten, dass der Markt riskant war, doch sie glaubten, dass sie mit der Zeit einen Wettbewerbsvorteil erringen würden, wenn der Markt wachsen würde. Doch dann, 1998, entschied die russische Regierung, einen Teil ihrer Schulden nicht zu tilgen. Dieses Ereignis war nicht vorgesehen. Natürlich war dies nicht das erste Mal in der Geschichte, dass eine Regierung ihr Wort brach. Etliche lateinamerikanische Länder haben es mehr als einmal getan. Weshalb war diese Möglichkeit nicht berücksichtigt worden? Wie auch immer, der Markt brach zusammen, und die Volatilität ging weit über das Maß hinaus, das die ersten Trader für möglich gehalten hatten. Die Verluste waren sehr hoch und sehr ärgerlich. Ihre optimistische Sicht mussten einige Pioniere teuer bezahlen.

Trotz dieser Gefahren ist das Konzept der Volatilität als eine quantifizierbare Beschreibung von Risiken sehr oft ein guter Ausgangspunkt, um viele Arten von Risiken in den Griff zu bekommen.

Korrelation

Immer wenn Volatilität als quantifizierbarer Maßstab für Risiko angewendet wird, ist die Korrelation nicht weit entfernt. Korrelation ermöglicht uns, die kombinierte Volatilität von zwei oder mehr veränderlichen Größen zu beurteilen. Wenn Sie zwei höchst volatile Aktien besitzen, wie volatil ist der kombinierte Wert dieser beiden Aktien? In vielen Fällen werden die beiden Aktien zusammen wesentlich weniger volatil sein als jede Aktie für sich genommen. Die Korrelation kann uns sagen, um wie viel die Volatilität reduziert wird, wenn man zwei Aktien und nicht nur eine Aktie im Portfolio hat. Kombiniert man Volatilitäten, ist 2 + 2 nicht immer gleich 4. Die Korrelation erlaubt uns beispielsweise zu sagen: 2 + 2 ergeben zusammen genommen 3,2.

Obwohl es in speziellen Risikomodellen fantasievolle mathematische Definitionen gibt, ist die grundlegende Definition der Korrelation ziemlich einfach. Zwei Dinge korrelieren, wenn sie dahin tendieren, sich miteinander zu verändern.

Der Regen im Sumpf in der Nähe Ihres Eigenheims korrelliert mit der Anzahl der Mücken in Ihrem Garten. Mehr Regen bedeutet normalerweise, dass es mehr Mücken gibt. Weil die Regenmenge und die Anzahl der Mücken offenbar in die gleiche Richtung gehen – wenn der Regen zunimmt, vergrößert sich wahrscheinlich auch die Schar der Mücken – korrelieren sie möglicherweise.

Der Regen in Iowa korreliert mit dem Preis des Getreides. Mehr Regen bedeutet normalerweise größere Ähren, was normalerweise mit geringeren Getreidepreisen einhergeht. Weil der Niederschlag und die Getreidepreise sich offenbar in gegensätzliche Richtungen bewegen – nimmt der Niederschlag zu, werden die Getreidepreise wahrscheinlich abnehmen – sind sie negativ korreliert.

Es ist sehr wichtig für Sie, dass Sie Korrelation nicht mit Ursache und Wirkung verwechseln. Zwei Dinge können miteinander in Korrelation stehen, selbst wenn sie ansonsten überhaupt nichts miteinander zu tun haben. In unseren beiden Regen-Beispielen war die Korrelation eine Folge von Ursache und Wirkung. Niederschläge im Sumpf waren eine von mehreren Ursachen für die zunehmende Mückenplage. Doch nehmen wir an, dass in den letzten fünf Jahren sowohl Iowa als auch der Sumpf außerordentlich viel Regen abbekamen, so dass wir sowohl geringere Getreidepreise als auch mehr Mücken im Garten beobachten konnten. Ein Statistiker würde hier über den untersuchten Zeitraum eine negative Korrelation zwischen Getreidepreisen und Mücken beobachten. Kann man daraus aber schließen, dass geringere Getreidepreise dafür verantwortlich sind, dass es mehr Mücken gibt? Eindeutig nicht. Wenn Sie eine Korrelation sehen, dann sollten Sie nicht automatisch davon ausgehen, dass eine Sache die andere verursacht oder zur anderen Sache beiträgt. Sie sollten keine Entscheidung treffen, die auf der Annahme beruht, dass die Getreidepreise und die Mückenanzahl auch in der Zukunft negativ korrelieren.

Doch was wäre, wenn der Sumpf in Iowa läge? Obwohl geringere Getreidepreise immer noch nicht mehr Mücken verursachen, werden beide vom zugrunde liegeden Faktor, den Regenfällen auf Getreidefelder und den Sümpfen in Iowa, beeinflusst. In diesem Fall könnten Sie ganz plausibel eine Entscheidung treffen, die auf der Unterstellung beruht, dass Getreidepreise und Mücken (in Iowa) auch in der Zukunft negativ korreliert sein werden.

Was wäre, wenn der Sumpf in Louisiana läge, doch El Niño sowohl auf den Getreidefeldern Iowas als auch in den Sümpfen Louisianas mehr

Niederschläge brächte? Wiederum beeinflusst der zu Grunde liegende Faktor – El Niño – sowohl die Getreidepreise als auch die Mücken, so dass Sie eine plausible Entscheidung treffen könnten, die auf der Unterstellung beruht, dass die Getreidepreise und die Mücken (in Louisiana) auch in der Zukunft negativ korrelieren werden. In den meisten Fällen jedoch ist es besser, den zugrunde liegenden Faktor (El Niño) direkt und nicht indirekt über seine Auswirkungen auf andere Variablen (Getreidepreise und Anzahl der Mücken) zu betrachten. Manchmal kann der zugrunde liegende Faktor allerdings nicht beobachtet werden, und dann sind nur noch indirekte Korrelationen verfügbar.

Maßgeblich ist, dass Sie beobachtete Korrelationen nicht auf den ersten Blick akzeptieren. Sie müssen hier Ihr Urteilsvermögen benutzen und entscheiden, ob die Verbindung zwischen den Variablen auf normalerweise zugrunde liegende, gemeinsame Ursachen zurückzuführen ist, oder ob die Verbindung nur dem Zufall zu verdanken ist. Zufällige Korrelationen sind als Omen für künftige Korrelationen wenig verlässlich.

In Fällen, in denen die Volatilität quantifizierbar ist, kann auch die Korrelation quantifiziert werden. Wenn dies der Fall ist, dann kann die Ermittlung der Korrelation für die Qualität der Risikoentscheidung ausschlaggebend sein. Wenn zwei Größen miteinander perfekt korrelieren, dann beträgt Ihre Korrelation 1,0 und sie bewegen sich in perfektem Gleichschritt. Wenn eine Größe zunimmt, steigt die andere im gleichen Umfang an.

Wenn zwei Größen nicht korrelieren, dann ist Ihre Korrelation gleich Null und es gibt überhaupt keine Beziehung zwischen ihren jeweiligen Bewegungen. Wenn eine ansteigt, dann kann die andere ebenfalls ansteigen, sie kann aber genauso gut stagnieren oder fallen.

Die meisten Korrelationen, die in realen Problemen auftauchen, liegen irgendwo zwischen den Extremen von –1 und +1. Die Korrelation zwischen Niederschlägen im Sumpf und Mücken in Ihrem Garten könnte etwa 0,6 betragen, was bedeutet, dass es eine starke Tendenz, jedoch keine Sicherheit gibt, dass mehr Niederschläge auch mehr Mücken bedeuten. Warum? Weil die Anzahl der Mücken nicht nur vom Regen, sondern auch von anderen Faktoren beeinflusst wird, beispielsweise von der Population der Vögel im Sumpf. Selbst wenn der Regen zunimmt, könnte die Anzahl der Mücken rückläufig sein, weil es mehr Vögel im Sumpf gibt. Auch unbekannte Faktoren könnten wirksam werden, so dass weder der Niederschlag noch die Anzahl der Vögel in Betracht kommen und Sie immer noch eine unvollkommene Vorhersage über die Anzahl von Mücken treffen.

Zuvor sagten wir, dass Ihr Portfolio mit zwei volatilen Aktien wahrscheinlich weniger volatil sein wird als ein Portfolio, das aus einer der beiden

Aktien allein besteht. Wir können diesen Effekt quantifizieren, indem wir die Konzepte der Volatilität und der Korrelation anwenden. Zunächst bitten wir Sie, Ihre Überzeugungen zur Volatilität einer jeden Aktie und der Korrelation zwischen beiden zu quantifizieren. Denken Sie daran, dass Sie der Risikomanager sind, und deshalb nur Ihre Überzeugungen über die Zukunft zählen. Statistiker und Finanzexperten könnten Ihnen nützliche Informationen über die historische Volatilität und die Korrelation der Aktien geben, oder über die ökonomischen Faktoren, die die Aktien beeinflussen. Doch Sie müssen entscheiden, wie Sie diese Informationen bei der Definition Ihrer eigenen Überzeugungen nutzen. Sie könnten entscheiden, dass die historischen und wirtschaftlichen Analysen von den Ereignissen überholt wurden (beispielsweise so wie beim wirtschaftlichen Zusammenbruch Russlands), was Sie zu der Überzeugung führen könnte, dass die künftige Volatilität einer jeden Aktie und der Korrelation zwischen den Aktien höher sein wird, als die Experten oder die Vergangenheit es vermuten lassen. Nehmen Sie also Ihre Schätzungen, fügen Sie Ihr eigenes Urteil hinzu, und dann kommen Sie zu der Überzeugung, aufgrund derer Sie in Aktion treten werden.

Kommen wir nun zu unserem Beispiel zurück und nehmen an, Sie sind überzeugt, dass jede Aktie eine Volatilität von 20 habe (ignorieren Sie für den Augenblick, was das bedeutet) und dass die Korrelation zwischen den beiden Aktien bei 0,6 liegt. Eine Korrelation von 0,6 beschreibt eine starke, aber nicht vollkommene Tendenz, dass die Kurse der beiden Aktien miteinander fallen oder steigen. Nehmen wir weiter an, dass Sie entscheiden wollen, ob Sie Ihr gesamtes Geld nur auf eine Aktie oder aber zu gleichen Teilen auf beide Aktien setzen sollten. Wenden Sie die Mathematik der Volatilität und der Korrelation an, dann würden Sie errechnen, dass die Volatilität des Portfolios mit diesen beiden Aktien bei 17,9 liegt. Mit anderen Worten, ein Portfolio mit zwei Aktien und einer Volatilität von 17,9 wäre etwas weniger volatil als die Volatilität von 20, die jede Aktie für sich allein hat.

Nehmen wir nunmehr an, Sie sind davon überzeugt, dass die Werte der beiden Aktien in der Zukunft nicht miteinander in Beziehung stehen werden. Wenn ein Aktienkurs steigt, dann könnte der andere Kurs ebenso ansteigen oder auch fallen. Ihre Überzeugungen gehen von einer Korrelation von 0 für die beiden Aktien aus. Eine Korrelation von 0 bedeutet, dass das Portfolio mit zwei Aktien eine Volatilität von 14,1 hat, deutlich weniger als die Volatilität von 20 für jede einzelne Aktie.

Schließlich nehmen wir an, Sie sind davon überzeugt, dass sich die Kurse der beiden Aktien immer, ausnahmslos, im gleichen Maß in entgegengesetzte Richtungen verändern. Was für eine Aktie gut ist, ist für die andere immer schlecht. Ihre Überzeugung geht von einer Korrelation von –1,0 aus. Diese perfekte negative Korrelation bedeutet, dass dieses Portfolio mit zwei Aktien eine Volatilität von Null aufweist – da die Gewinne der einen Aktie immer durch die Verluste der anderen in gleicher Höhe ausgeglichen werden.

Dieses Beispiel zeigt die manchmal starken Auswirkungen von Korrelationen auf die Volatilität. Wenn Sie das Risiko an der Volatilität messen wollen, dann müssen Sie auch Ihre Überzeugungen zu Korrelationen festlegen.

Kapitel 4
Fundamentale Strategien
des Risikomanagements

Sie sind einer riskanten Situation ausgesetzt. Sie sind der Entscheidungsträger. Was werden Sie tun? Ganz gleich, welchem Risiko Sie ausgesetzt sind, welche Strategie Sie wählen, Sie werden, mehr oder weniger, etwas von Folgendem tun:

– identifizieren
– quantifizieren
– verhindern
– etwas schaffen
– kaufen und verkaufen
– diversifizieren
– konzentrieren
– absichern
– hebeln
– versichern.

Dies sind die fundamentalen Strategien des Risikomanagements. Jede Aktion, die Ihre Anfälligkeit gegenüber Risiken beeinflusst, betrifft eine oder mehrere dieser Strategien. Haben Sie diese im Hinterkopf, wenn Sie ein mit Risiken behaftetes Problem lösen wollen, dann wird Ihnen das Zeit ersparen und Sie davor bewahren, ein wichtiges Risiko oder eine effektive Aktion, mit der Sie das Risiko angehen können, zu übersehen.

Identifizieren Sie die Risiken, denen Sie ausgesetzt sind

Es ist sehr schwierig, ein Risiko zu steuern, wenn man überhaupt nicht weiß, dass es besteht. Weil es leichter ist, Risiken zu identifizieren, wenn Sie eine Vorstellung davon haben, wonach Sie suchen sollten, kann es von Vorteil sein, die gängigsten Risikokategorien zu kennen. Wenn Sie versuchen, seltene Vögel zu erspähen, dann müssen Sie wissen, welche Vogelarten selten sind, wie sie aussehen, und wo sie in der Regel leben. Und wenn Sie das Glück haben, einen Vogel zu finden, der noch nie zuvor gesehen wurde, dann können Sie es nicht wissen, wenn Sie die Vögel nicht kennen, die bereits identifiziert und kategorisiert wurden. Wie Spinoza schon sagte: »Das Glück gehört dem Tüchtigen.«

Doch leider ist die Kategorisierung der Risiken noch nicht so weit fortgeschritten oder noch nicht so genau wie in der Biologie, wo Millionen von Pflanzen und Tieren identifiziert und in Tausende von bestimmten Arten und Klassen eingeordnet sind, die in der Regel von allen Wissenschaftlern anerkannt sind. Eine Schwierigkeit bei der Kategorisierung von Risiken ist, dass die Definition von Risiko direkt mit der Definition eines negativen Resultats verbunden wird, das zuweilen mehrdeutig und subjektiv ist (Kapitel 1 und Kapitel 2). Eine weitere Schwierigkeit besteht ganz einfach darin, dass das Wissen über einige Arten von Risiken innerhalb verschiedener Expertenkreise gesammelt wurde, die voneinander isoliert sind. Jeder Expertenkreis hat seine eigenen Ansichten, Praktiken und Termini entwickelt, was die Kommunikation und das allgemeine Verständnis erschwert. Trotz der ihnen gemeinsamen Abhängigkeit von Statistiken hatten Versicherungsstatistiker und Risikomanager aus dem Finanzbereich bisher nur wenige professionelle Kontakte zueinander, ebenso wenig, wie Klempner und Automechaniker kaum miteinander zu tun haben, auch wenn beide Mechaniker sind. Im Falle der Klempner und Automechaniker spielt diese Trennung kaum eine Rolle. Keine von beiden Gruppen würdigt täglich die Navier-Stokes-Gleichungen, die den Flüssigkeitsdurchsatz sowohl in Autos als auch in Toiletten beschreiben. Die Versicherungsstatistiker und die Risikomanager aus dem Finanzbereich arbeiten erst kurze Zeit gemeinsam an Risikomanagement-Techniken, die die Elemente der Versicherungs- und Finanzmärkte kombinieren, beispielsweise bei Anleihen, deren Rückzahlungen vom Eintritt von Naturkatastrophen abhängig sind. Als sie schließlich anfingen, miteinander zu sprechen, gelang es, etwas Neues und Nützliches für die Welt zu schaffen.

Weil es kein universelles und umfassendes System gibt, mit dem Sie alle Risikokategorien identifizieren können, könnten Sie versuchen, Ihre spezielle Risikosituation in einen Kontext zu bringen, dem viele Entscheidungsträger schon ausgesetzt waren, und hoffen, dass Ihre Vorgänger bereits die meisten Risiken identifiziert und kategorisiert haben. Ist dies der Fall, so können Sie sofort einen Teil von deren Erfahrungen auf Ihr Problem anwenden und brauchen nicht bei Adam und Eva zu beginnen. So ist es wahrscheinlich möglich, von der Erfahrung anderer zu profitieren, wenn Ihre Risiken im Bereich der Medizin liegen (wenn Sie entscheiden, ob Sie sich operieren lassen wollen), im Bereich der Politik (wenn Sie entscheiden, ob Sie sich um ein Mandat bewerben), im Bereich der Meteorologie (wenn Sie entscheiden, ob Sie in diesem Jahr Getreide oder Sojabohnen anbauen) oder im Bereich der Geologie (wenn Sie entscheiden, ob Sie Ihr Haus in der Nähe eines Erdbebengebiets errichten). In jeder dieser Disziplinen gibt es sehr viele Informationen über mehrere Arten bereits erkannter Risiken. Obwohl wahrscheinlich keine Ihrer Situation genau entspricht, wäre es dumm, diese Informationen nicht zu beachten, und wahrscheinlich werden Sie bessere Entscheidungen treffen, wenn Sie Ihr Urteilsvermögen einsetzen, um sie zu verwerten. Indem Sie verschiedene Risikokategorien schaffen, können Sie oft einen komplexen und amorphen Block von Risiken in kleinere und einfacher zu handhabende Teile zerlegen.

In Kapitel 6 identifizieren wir die wichtigsten Risikokategorien, denen ein Wirtschaftsunternehmen ausgesetzt ist.

Quantifizieren Sie die Risiken

Über die Quantifizierung von Risiken sprachen wir bereits in den Kapiteln 1, 2 und 3, als wir Entscheidungsbäume einführten und Ihre Überzeugungen mit Zahlen über die Wahrscheinlichkeiten unsicherer Ereignisse versahen und wir auch den Grad Ihrer Zufriedenheit für den Fall bewerteten, dass die Ereignisse wirklich eintreten würden. Danach sprachen wir über Volatilität und Korrelation und den Nutzen dieser Maße, wenn es darum geht, in praktischen Situationen Risiken zu quantifizieren.

Bei dem Versuch, die Risiken zu quantifizieren, ganz gleich, wie unvollkommen Ihnen dies gelingen mag, sind Sie gezwungen, schärfer und konkreter über Ihr Risiko nachzudenken, als wenn Sie sich ausschließlich auf Ihre Intuition oder Ihre Gefühle verlassen würden. Haben Sie Ihre Risiken quantifiziert, können Sie rational kalkulierte Aktionen starten, die besser auf Ihre spezielle Situation zugeschnitten und deshalb wirksamer sind, wenn

Fundamentale Strategien des Risikomanagements

Sie sich Ihrem gewünschten Risikoprofil nähern. Sie können die Größe eines Risikos mit der Größe eines anderen Risikos vergleichen und entscheiden, wie Sie ein Risiko gegen ein anderes abwägen. Außerdem können Sie abschätzen, welches Risiko Sie insgesamt eingehen, selbst wenn Sie sich auf viele unterschiedliche Arten von Risiken einlassen.

Risiken vermeiden

Die naheliegendste Strategie des Risikomanagements ist es, unerwünschte Risiken zu verhindern oder zu vermeiden. Gehen Sie nicht gegen Mitternacht in einer Gegend spazieren, die für ihre hohe Kriminalitätsrate bekannt ist. Bauen Sie Ihr Haus nicht in einem Überschwemmungsgebiet. Gehen Sie nicht zum Klifftauchen in Acapulco. Investieren Sie nicht Ihre gesamten Ersparnisse in Perpetual Motion Inc., nur weil ein Fremder am Telefon Sie dazu drängt. Lassen Sie Ihre Bremsen überprüfen, bevor Sie mit dem Auto ins Gebirge fahren. Je besser Sie Risiken identifizieren und quantifizieren, umso besser werden Sie unerwünschte Risiken verhindern oder vermeiden können. Freiwillig sollten Sie kein Risiko eingehen, das nicht auch zu Ihrem Wohlbefinden beitragen kann.

Risiken schaffen

Ebenso wie Sie versuchen, unerwünschte Risiken zu verhindern oder zu vermeiden, könnte es durchaus sein, dass Sie wünschenswerte Risiken schaffen. Wünschenswerte Risiken sind in attraktive Chancen eingebettet, wobei Sie glauben, dass das Gewinnpotenzial die Risiken überwiegt. Natürlich wäre es ideal, könnten Sie einen Gewinn erzielen, ohne irgendein Risiko einzugehen, doch das Leben läuft in der Regel anders. Chancen sind in den allermeisten Fällen auch mit Risiken verbunden. Wie sagt man so schön: »Wer nicht wagt, der nicht gewinnt.«

Viele Menschen glauben, es sei das Ziel des Risikomanagements, Risiken auszuschalten – so vorsichtig wie nur möglich zu sein. Weit gefehlt. Das Ziel des Risikomanagements ist, die bestmögliche Balance zwischen Chancen und Risiken zu finden. Manchmal bedeutet das Erreichen dieses Gleichgewichts, dass man sich neuen Risiken aussetzt, nur um in den Genuss attraktiver Chancen zu kommen.

Risiken kaufen oder verkaufen

Können Sie ein unerwünschtes Risiko weder vermeiden noch verhindern, dann könnten Sie es vielleicht verkaufen. Können Sie ein erwünschtes Risiko nicht selbst schaffen, dann könnten Sie es vielleicht kaufen. Nehmen wir einmal an, dass Sie sich große Sorgen darüber machen, dass Ihr Haus von einer Flutwelle weggeschwemmt werden könnte. Selbst wenn Sie nicht in der Lage sind, eine Flut zu verhindern, könnten Sie vielleicht Ihr Haus an jemanden verkaufen, der vor Flutwellen keine so große Angst hat wie Sie. Der Verkaufspreis ist dann vielleicht nicht der, den Sie sich wünschen, doch können Sie sich des gesamten Risikos entledigen. Wenn Sie von der Aussicht begeistert sind, einmal den Mount Everest zu besteigen, können Sie einen Platz in einer Expedition kaufen – Sie kaufen das Risiko zu sterben, um die Chance zu erlangen, berühmt zu werden. Natürlich denken wir normalerweise nicht daran, ein Risiko zu kaufen, nur um es zu haben, sondern wir kaufen damit auch eine Chance und akzeptieren, dass mit der Chance ein Risiko verbunden ist. Da wir uns jedoch Gedanken um das Risikomanagement machen, ist es sinnvoll, diese scheinbare Umkehrung zu benutzen, um unsere Terminologie schlüssig zu halten.

Risiken diversifizieren

Sie diversifizieren Risiken, wenn Sie nicht alle Eier in einen einzigen Korb legen. Diversifikation ist eine hervorragende Möglichkeit, um Risiken zu steuern und sie wird in der einen oder anderen Form schon Jahrhunderte lang praktiziert. Die Kraft der Diversifikation besteht darin, dass sie das Risiko in vielen Fällen deutlich mindern kann, ohne den erwarteten Gewinn zu reduzieren, und somit wird Diversifikation zu einer der wenigen kostenlosen Chancen in Ihrem Leben.

Wenn beispielsweise in verschiedenen Situationen Resultate nicht sehr stark miteinander korrelieren, bietet die Diversifikation die Vorteile einer deutlichen Risikominderung. Viele glauben, dass der Aktienmarkt sehr gut zu dieser Beschreibung passt und dass deshalb eine Diversifikation der Aktien im Portfolio eine gute Idee sei. Wie wir in Kapitel 6 noch sehen werden, reduziert ein Portfolio mit 20, 30 oder mehr Aktien die Volatilität der Gewinne entscheidend, ohne dass Sie auf die erwarteten Gewinne des Portfolios verzichten müssen.

Um die Wirkung der Diversifikation besser verstehen zu können, stellen wir uns einmal das folgende Beispiel vor. Sie seien der Herrscher über ein

Kolonialreich. Sie haben in einer weit entfernten Kolonie ein großes Goldlager im Wert von 100 Millionen Euro angesammelt und müssen es nun über den Ozean nach Hause bringen. Das gesamte Gold würde auf ein einziges Schiff passen, doch Sie haben viele Schiffe zur Verfügung. Alle Schiffe werden ohnehin nach Hause fahren, ob sie nun Gold transportieren oder nicht, und deshalb gibt es keine zusätzlichen Frachtkosten, wenn man mehr als ein Schiff für den Goldtransport benutzt. Aus Erfahrung wissen Sie aber, dass zwei von zehn Schiffen auf der gefährlichen Ozeanüberquerung verloren gehen, und so ordnen Sie jedem einzelnen Schiff eine zwanzigprozentige Wahrscheinlichkeit zu, zu sinken. Nun stehen Sie vor einer Risikoentscheidung: Sollten Sie Ihr gesamtes Gold auf ein einziges Schiff bringen lassen oder es auf zwei Schiffe verteilen? Betrachten wir einmal den Entscheidungsbaum für jede Strategie, wie er in der Abbildung 4.1 zu sehen ist.

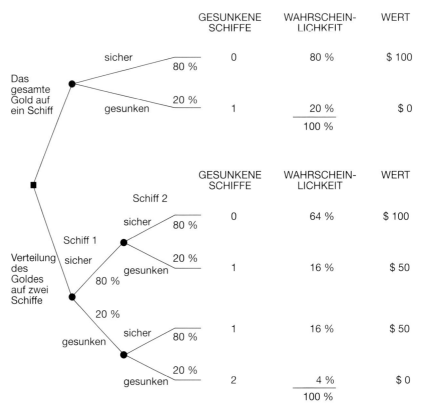

Abb. 4.1   Ein Schiff oder zwei Schiffe? Mögliche Resultate

Wir gehen davon aus, dass das Schicksal eines jeden Schiffes unabhängig vom Schicksal der anderen Schiffe ist. Geht ein Schiff verloren, wird es deshalb nicht wahrscheinlicher, dass wir auch das zweite Schiff verlieren. Sie werden beispielsweise nicht im selben Sturm untergehen. Mit anderen Worten: Die Schicksale der Schiffe korrelieren nicht miteinander. Ohne eine solche Korrelation können wir mit einer Diversifikation arbeiten.

Verfrachten Sie das gesamte Gold auf ein Schiff, besteht eine Chance von 20 Prozent, dass alles verloren geht, und eine Chance von 80 Prozent, dass das ganze Gold nach Hause gebracht wird. Verfrachten Sie Gold im Wert von 50 Millionen Euro auf jedes von zwei Schiffen, besteht eine Chance von 4 Prozent, beide Schiffe zu verlieren (einen Verlust von 100 Millionen Euro), eine Chance von 32 Prozent, ein Schiff zu verlieren und ein Schiff sicher nach Hause zu bringen (ein Verlust von 50 Millionen Euro), und eine Chance von 64 Prozent, beide Schiffe nicht zu verlieren (kein Verlust).

Welche Strategie ist Ihnen lieber? Wenn Sie diversifizieren, vermindert die Strategie mit zwei Schiffen die Chance, Gold im Wert von 100 Millionen Euro zu verlieren, dramatisch (von 20 Prozent auf 4 Prozent), mindert aber auch die Wahrscheinlichkeit, dass alles Gold sicher nach Hause gebracht wird (von 80 Prozent auf 64 Prozent). Beide Strategien erbringen den gleichen erwarteten Wert von 80 Millionen Euro in Gold, das sicher nach Hause gebracht wird, was bedeutet, dass, wenn man jede Strategie beispielsweise tausendmal wiederholen würde, im Durchschnitt bei jeder Strategie 80 Millionen Euro in Gold sicher zu Hause ankommen würden. Leider können Sie den Vorgang nicht tausend Mal wiederholen. Sie haben nur eine Gelegenheit, und das Resultat ist sehr unsicher. Sind Sie risikoscheu, dann könnte es sein, dass Sie lieber ein Desaster vermeiden wollen, als das bestmögliche Ergebnis zu erzielen.

Um zu erfahren, ob und in welchem Maß Sie risikoscheu sind, müssen wir Ihre Nutzenkurve für Wohlstand in dieser Situation erstellen. Weil wir einen ähnlichen Prozess schon in einem früheren Beispiel durchgeführt haben, wollen wir hier nicht alle Schritte wiederholen. Gehen wir davon aus, dass Sie Ihre Nutzenfunktion für Wohlstand kennen und damit Ihren Entscheidungsbaum, wie im Beispiel in der Abbildung 4.2 zu sehen ist, vervollständigen.

Nun wissen wir, dass die Strategie, die Ladung auf zwei Schiffe zu verteilen, für Sie besser ist, als es darauf ankommen zu lassen und nur mit einem Schiff zu fahren. Dies wissen wir, weil die Strategie mit zwei Schiffen Ihnen einen höheren erwarteten Nutzen bietet. Unter der Voraussetzung, dass Sie Ihre Vorstellungen über Wahrscheinlichkeiten und Ihre Präferenzen zur

Fundamentale Strategien des Risikomanagements

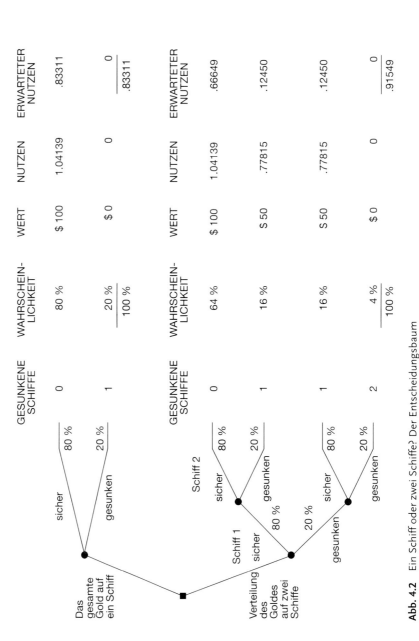

Abb. 4.2 Ein Schiff oder zwei Schiffe? Der Entscheidungsbaum

Geltung bringen, wiegt der wahrscheinliche Schmerz, alles zu verlieren, schwerer als die mögliche Freude darüber, alles zu erhalten.

Zwei Schiffe bieten schon einige Diversifikation, doch mit vier Schiffen wäre es noch besser. Die Wahrscheinlichkeit das gesamte Gold zu verlieren, wird von 4 Prozent (0,2 x 0,2) bei zwei Schiffen auf 0,16 Prozent bei vier Schiffen reduziert (0,2 x 0,2 x 0,2 x 0,2). Die Strategie mit vier Schiffen vermindert allerdings auch die Chance, das gesamte Gold sicher nach Hause zu bringen, von 64 Prozent (0,8 x 0,8) bis auf 41 Prozent (0,8 x 0,8 x 0,8 x 0,8). Selbst wenn Sie dabei eine geringere Chance als 50 Prozent haben, das gesamte Gold sicher nach Hause zu bringen: Wäre eine Strategie mit vier Schiffen für Sie die bessere Entscheidung als die Strategie mit zwei Schiffen? Ja, das wäre der Fall. Der erwartete Nutzen einer Strategie mit vier Schiffen ist höher als der erwartete Nutzen der Strategie mit zwei Schiffen. Tatsächlich würden Sie, wenn die Diversifikation völlig kostenlos wäre (wie wir hier angenommen haben), alle Schiffe, die Ihnen zur Verfügung stehen, mit Gold beladen. Im richtigen Leben jedoch ist Diversifikation nicht kostenlos, und an einem bestimmten Punkt wäre eine weitere Diversifikation die Zusatzkosten nicht mehr wert.

Risiken konzentrieren

Man konzentriert Risiken, wenn man alle Eier in einen Korb legt und nach Bernard Baruch »besser auf den Korb aufpasst«. Weshalb aber sollten Sie jemals Risiken konzentrieren wollen, wenn das diversifizierte Risiko eine so gute Sache ist? Einer dieser Fälle ist gegeben, wenn Sie lieber die Möglichkeit extrem guter Resultate erhalten wollen, anstatt die Wahrscheinlichkeit sehr schlechter Resultate zu reduzieren. Ein anderer Fall ist gegeben, wenn Sie tatsächlich die Chancenverteilung guter Resultate erhöhen können, indem Sie Ihre Aufmerksamkeit und Ihre Anstrengungen darauf konzentrieren, einige wenige Gelegenheiten zu verfolgen, anstatt sich zu vielen, mäßig erfolgversprechenden Projekten zu verzetteln. Wir gehen davon aus, dass Sie einen positiven Einfluss auf die Resultate ausüben können. Ist dies nicht der Fall, dann sollten Sie die Vorzüge der Diversifikation nicht außer Acht lassen.

Beispielsweise hat ein Großinvestor, der aktiv in das Management eines Unternehmens eingebunden ist, Einfluss auf das, was das Unternehmen tut, und darauf, wie erfolgreich es sein wird. Der Großinvestor könnte gut beraten sein, wenn er eine hohe Beteiligung an diesem Unternehmen in sein Portfolio aufnähme, um größtmöglichen Einfluss auf das Management

Fundamentale Strategien des Risikomanagements

zu nehmen. Er würde dann seine begrenzte Zeit darauf verwenden, mit dem Unternehmen zusammenzuarbeiten. Ein Kleinanleger hat keine vergleichbar starke Position und würde nichts gewinnen, legte er einen großen Teil seines Vermögens in diesem Unternehmen an.

Sich gegen Risiken absichern

Sich abzusichern ist eine weitere Möglichkeit, mit unerwünschten Risiken umzugehen. Sie sichern sich ab, wenn Sie ein neues Risiko erwerben, das das unerwünschte Risiko genau ausgleicht, und damit gehen Sie unter dem Strich kein Risiko ein. Da jedes Resultat der Absicherung genau jedes Resultat des unerwünschten Risikos wettmacht, ist das Nettoergebnis immer gleich Null. Dies nennt man eine perfekte Absicherung, und diese ist ebenso wirkungsvoll wie der Verkauf des Risikos.

Denken wir doch über ein einfaches Beispiel für eine perfekte Absicherung nach. Die Knicks spielen gegen die Celtics Basketball. Sie haben 100 Dollar darauf gesetzt, dass die Knicks gewinnen. Nun aber kommen Ihnen Zweifel, ob Sie mit der Wette richtig liegen. Sie sichern Ihre unerwünschte Wette auf die Knicks dadurch ab, dass Sie in einer weiteren Wette 100 Dollar auf einen Sieg der Celtics abschließen. Diese Strategie funktioniert deshalb, weil dann, wenn die Knicks gewinnen, die Celtics verlieren müssen, und umgekehrt. Gewinnen die Knicks, dann gewinnen Sie mit Ihrer Wette auf die Knicks 100 Dollar und verlieren mit der Wette auf die Celtics 100 Dollar, so dass das Nettoergebnis gleich Null ist. Gewinnen aber die Celtics, dann gewinnen Sie mit der Wette auf die Celtics 100 Dollar und verlieren 100 Dollar mit der Wette auf die Knicks. Wiederum ist das Nettoergebnis gleich Null. Ihre perfekt abgesicherte Wette hat den selben Effekt, als hätten Sie überhaupt nicht gewettet.

Leider ist es nicht einfach, eine kostenlose und perfekte Absicherung zu finden. Die meisten realen Absicherungen kosten etwas, das man erwerben muss, oder sichern Sie nicht genau gegen alle möglichen Resultate ab. Professionelle Risikomanager sagen oft: »Den einzigen perfekten Schutz bietet ein japanischer Garten.«

Betrachten wir ein weiteres Beispiel einer Sportwette. Die Rangers spielen gegen die Blackhawks Eishockey. Sie haben 100 Dollar auf einen Sieg der Rangers gesetzt. Doch dann kommen Ihnen Zweifel, ob es wirklich klug war, auf dieses Spiel zu wetten, und deshalb versuchen Sie, die unerwünschte Wette dadurch abzusichern, dass Sie 100 Dollar auf einen Sieg der Blackhawks setzen. Der Gewinn von 100 Dollar aus einem Sieg der Rangers wird durch den Verlust von 100 Dollar durch die Niederlage der Blackhawks wettgemacht oder umgekehrt, wenn die Blackhawks gewinnen und die Rangers verlieren. So weit so gut. Sie haben sich perfekt gegen alle Resultate abgesichert, in denen ein Team gewinnt und das andere verliert (genau wie im Beispiel Basketball). Leider hat aber Ihre Absicherung ein mögliches Resultat erbracht, bei dem Sie 200 Dollar verlieren, weil das Spiel unentschieden endet (kein Team gewinnt) und damit der Verlust ihrer ersten Wette verdoppelt wird. Eine Absicherung, die in Wirklichkeit Ihr Verlustpotenzial in einigen Szenarien *erhöhen* kann, nennt man »Texas Hedges«. Die Begründung dafür ist mir nicht ganz klar, und möglicherweise ist sie auch eine Beleidigung für Texaner.

Hedging oder Absicherung ist das zweitgefährlichste Wort im Risikomanagement (der Begriff »Hebel« liegt hier auf dem ersten Platz, doch dazu kommen wir im nächsten Abschnitt). Wie oft schon haben sich Unternehmen in falscher Sicherheit gewogen und sind unwissentlich enorme Risiken eingegangen, die sich später als katastrophal herausstellten. Wenn Sie ein Risiko vermeiden oder verkaufen, dann besteht es nicht mehr. Sichern Sie ein Risiko ab, dann kann das Risiko noch bestehen oder auch nicht. Diese potenzielle Falle der Absicherung soll nicht heißen, dass Sie Ihre Wetten nie absichern sollten – viele Absicherungen funktionieren sehr gut. Doch soll es heißen, dass Sie dabei sehr, sehr vorsichtig sein müssen, denn sonst könnte der Schuss bei einer Absicherung nach hinten losgehen.

Das Risiko hebeln

Wenn Sie ein Risiko hebeln, dann vergrößern Sie alle potenziellen Resultate, die guten wie die schlechten. Können Sie mit einem Hebel von einem Meter Länge einen Felsen von 500 Pfund anheben, dann schaffen Sie mit der gleichen Kraft einen Felsen von 1 000 Pfund, wenn Sie einen 2 Meter langen Hebel haben. Ein 2 Meter langer Hebel hat eine doppelt so große Hebelkraft wie ein Hebel von einem Meter Länge. Rutschen Sie aber vom Griff ab, dann trifft Sie der zwei Meter lange Hebel auch doppelt so hart ins Gesicht wie ein Hebel mit nur einem Meter Länge.

Zwar wird die Hebelwirkung auch in anderen Bereichen des Risikomanagements eingesetzt, doch im Finanzbereich entfaltet sie ihre wirklich große Kraft und Gefährlichkeit. Im Finanzbereich ist der einfachste Weg, einen Hebel anzusetzen, sich Geld zu leihen, um riskante Papiere zu kaufen. Nehmen wir an, Sie haben 1 Million Euro in Ihrer Brieftasche und Sie möchten eine Aktie kaufen. Eine Möglichkeit ist, einfach 1 Million Euro eigenen Geldes dafür zu verwenden, ein Aktienpaket im Wert von 1 Million Euro zu kaufen. Eine andere Möglichkeit ist, die Hebelwirkung bei Ihrem Investment einzusetzen, indem Sie 1 Million Euro eigenes Geld und eine weitere Million Euro geliehenes Geld nehmen, um ein Aktienpaket im Wert von 2 Millionen Euro zu kaufen. Um die Sache einfach zu machen, nehmen wir weiter an, dass Sie davon überzeugt sind, es gebe nur zwei mögliche Resultate für die Aktie: Sie wird Ihren Wert im Verlauf des nächsten Jahres mit einer Wahrscheinlichkeit von 70 Prozent um 50 Prozent steigern, oder sie wird mit einer Wahrscheinlichkeit von 30 Prozent 25 Prozent von ihrem Wert verlieren. Vergleichen wir die möglichen Resultate dieser Hebelstrategie mit der Strategie ohne Hebeleinsatz (siehe Tabelle 4.1).

Die Strategie mit Hebelwirkung bietet wesentlich bessere Gewinnchancen als die Strategie ohne Hebelwirkung (92 Prozent Gewinn gegenüber 50 Prozent Gewinn), allerdings auch deutlich höhere Verluste (ein Verlust von 56 Prozent gegenüber einem solchen von 25 Prozent). Die Hebelwirkung hat sowohl die Vorteile als auch die Nachteile des Investments vergrößert. Der Hebel verdoppelt die Größe Ihres Aktienportfolios und steigert deshalb auch die möglichen Gewinne und Verluste des Portfolios. Der Kreditgeber jedoch hat weder an den Gewinnen noch an den Verlusten einen Anteil – sie gehören Ihnen ganz allein. Er erhält lediglich sein Kapital zurück und zusätzlich einen vereinbarten Zinssatz, ganz gleich, was mit den Wertpapieren geschieht.

Ein Grund für die Beliebtheit des Hebels im Finanzbereich ist, dass Unternehmen, aber auch Privatanleger oft nur *begrenzte Haftung* haben, was bedeutet, dass sie nicht mehr als ihr ursprüngliches Investment verlieren können. Verwenden Sie jedoch den Hebel und Ihre begrenzte Haftung, können Sie zwar Ihre potenziellen Gewinne, *nicht* jedoch den maximalen Verlustbetrag erhöhen. Allerdings steigt die *Wahrscheinlichkeit*, dass Sie Ihren gesamten Einsatz verlieren, wenn der Hebel verstärkt wird. Die Haftungsbeschränkung wälzt einen Teil Ihres Risikos auf den Kreditgeber ab, weil Sie in einigen Situationen nicht mehr ausreichend Geld haben, um das geliehene Kapital und die Zinsen zurückzuzahlen. Selbstverständlich wissen die Kreditgeber, was es mit der Hebelwirkung auf sich hat, und sie werden versuchen, das zusätzliche Risiko durch höhere Zinsen und durch eine Begrenzung des Umfangs des Hebels zu kompensieren.

Tabelle 4.1 Kapitalanlage in Aktien unter Einsatz der Hebelwirkung

	Wertsteigerung der Aktie 50 %; Wahrscheinlichkeit 70 %	*Wertminderung der Aktie 25 %; Wahrscheinlichkeit 30%*
Strategie ohne Hebel		
Wert des Portfolios am Jahresende	1 Mio. € × 1,5 = 1,5 Mio. €	1 Mio. € × 0,75 = 0,75 Mio. €
Rückzahlung des Darlehens	0 € × 108 % = 0 Mio. €	0 € × 108 % = 0 Mio. €
Nettowert des Portfolios	1,5 Mio. € – 0 = 1,5 Mio. €	0,75 Mio. € – 0 = 0,75 Mio. €
Gewinn	(1,5 Mio. € – 1 Mio. €) : 1 Mio. € = 50 %	(0,75 Mio. € – 1 Mio. €) : 1 Mio. € = –25 %
Strategie mit Hebel		
Wert des Portfolios am Jahresende	2 Mio. € × 1,5 = 3 Mio. €	2 Mio. € × 0,75 = 1,5 Mio. €
Rückzahlung des Darlehens	1 Mio. € × 108 % = 1,08 Mio. €	1 Mio. € × 108 % = 1,08 Mio. €
Nettowert des Portfolios	3 Mio. € – 1,08 Mio € = 1,92 Mio. €	1,5 Mio. € – 1,08 Mio. € = 0,42 Mio. €
Gewinn	(1,92 Mio. € – 1 Mio. €) : 1 Mio. € = 92 %	(0,42 Mio. € – 1 Mio. €) : 1 Mio. € = –58 %

Risiken versichern

Jeder kennt sich mit Versicherungen aus. Wenn Sie ein Risiko versichern, dann zahlen Sie der Versicherungsgesellschaft eine Prämie, die Ihnen wiederum Geld bezahlt, *wenn und nur wenn* der Schadensfall eintritt. Im Schadensfall deckt die Zahlung der Versicherungsgesellschaft den gesamten Verlust oder einen Teil davon. Handelt es sich nicht um einen finanziellen Verlust, dann soll die Zahlung der Versicherung, in gewissem Umfang, Schmerzen und Leid kompensieren. Tritt der Schadensfall nicht ein, dann zahlt die Versicherungsgesellschaft nichts, und im Nachhinein könnte es den Anschein haben, als hätten Sie die Versicherungsprämie umsonst bezahlt. Doch selbstverständlich haben Sie etwas für Ihr Geld erhalten – Sie erhielten *Schutz gegen ein schlechtes Resultat*, was Ihnen möglicherweise einige Alpträume ersparte. Haben Sie eine Feuerversicherung für Ihr Haus abgeschlossen und es brennt nicht ab, dann werden Sie es wahrscheinlich dennoch nicht bedauern, die Versicherungsprämie bezahlt zu haben.

Die Anzahl und die verschiedenen Möglichkeiten bei Policen sind schon erstaunlich. Lebensversicherungen, Kfz-Versicherungen, Krankenversicherungen, Versicherungen gegen Wasserschäden – die Liste ist fast endlos. Enorm hohe Risiken werden von denen, die sie nicht wollen, zu denen transferiert, die glauben, sie könnten die Risiken selbst tragen und dabei Geld sparen.

Trotz dieses Überflusses an Versicherungen bleiben viele Risiken unversichert. Wir alle wissen aus eigener Erfahrung, dass die Versicherung nur selten alle Verluste deckt, um die wir uns Sorgen machen. Manchmal wissen wir das schon, bevor wir einen Versicherungsschutz kaufen. Manchmal finden wir das aber erst später heraus, nämlich dann, wenn es darum geht, dass die Versicherung im Schadensfall leisten soll. Ebenso, wie es nur wenige perfekte Schutzmaßnahmen gibt, gibt es nur wenige perfekte Versicherungspolicen. Wenn Versicherungsgesellschaften Verträge abschließen, müssen sie sich davon überzeugen, dass sie das Risiko identifizieren, dass es quantifizierbar und beherrschbar ist, und dass sie den Vertrag mit Gewinn verkaufen können. Die Führung einer Versicherungsgesellschaft besteht weitestgehend aus Risikomanagement und Marketing.

Weshalb können Versicherungen mit Risiken umgehen, die alle anderen los werden wollen? Vor allen Dingen deshalb, weil eine Versicherung durch *Diversifizierung* einen großen Teil der Risiken beseitigen kann. Weil Hunderte, Tausende und Millionen verschiedener Einzelrisiken in einen Topf geworfen werden, hofft die Versicherungsgesellschaft, ein höchst diversifiziertes Portfolio einzurichten. Wenn das funktioniert, ist sie in der Lage, die Verluste dieses zusammengefassten Portfolios mit einem hohen Maß an Wahrscheinlichkeit vorherzusagen und die Prämien so zu gestalten, dass damit die vorhersehbaren Schäden reguliert werden können und darüber hinaus noch ein kalkulierbarer Gewinn übrig bleibt. Tatsächlich könnte ein auf ein Hilfsmittel des Risikomanagements (Diversifikation) spezialisierter Anwender ein Hilfsmittel des Risikomanagements schaffen, das auch von anderen verwendet werden kann (Versicherung). Diese Strategie funktioniert hervorragend, so lange die Versicherung ein wirklich diversifiziertes Portfolio errichten kann. Ist dies nicht der Fall, dann könnten zu viele Schadensfälle zur gleichen Zeit eintreten, was höhere als die erwarteten Verluste zur Folge hätte.

Eine – oder auch mehrere – dieser grundlegenden Strategien des Risikomanagements (identifizieren, quantifizieren, verhindern, erzeugen, kaufen und verkaufen, diversifizieren, konzentrieren, absichern, hebeln und versichern) kann in nahezu jeder Risikosituation angewendet werden. Haben Sie ein neues Risikoproblem, das von Ihnen verlangt, in Aktion zu treten, dann könnte es Ihnen helfen, sich diese Liste vorzunehmen, um einfacher und schneller eine geeignete Strategie zu finden.

Kapitel 5
Der Feind in uns

In den bisherigen Kapiteln haben wir einen idealisierten Weg des Risikomanagements beschrieben, der Ihnen in der Theorie die Chance bietet, die bestmögliche Entscheidung zu treffen, wenn Sie einer ungewissen Situation ausgesetzt sind. Sie mussten Ihr Problem nur als Entscheidungsbaum strukturieren, Ihre Überzeugungen über die Wahrscheinlichkeit verschiedener Resultate unsicherer Ereignisse festlegen, außerdem Ihre Präferenzen für diese Resultate, und dann rechnen. Weiterhin haben wir einige Schwierigkeiten diskutiert, die entstehen, wenn man ein idealisiertes Modell auf komplexe Situationen aus dem echten Leben anwendet, und wir haben schließlich einige Beispiele für Vereinfachungen und Schätzungen angeführt, die hoffentlich zu besseren Entscheidungen führen als ein nur von Ihrem Gefühl geleitetes Vorgehen.

Vereinfachungen und Schätzungen sind jedoch nicht die einzigen Fehlerquellen bei der Risikoanalyse und im Risikomanagement. Auch wenn ich nun das Risiko eingehe, Ihr erst kürzlich erworbenes Vertrauen in die Macht der reinen Logik zu unterminieren: Wir müssen auf einige verbreitete Hürden hinweisen, die der rationalen Entscheidungsfindung entgegenstehen und die aus den Eigenheiten menschlichen Denkens resultieren. Natürlich erwarten wir nicht im entferntesten, dass wir in Lebensbereichen wie Liebe und Glaube rational sind. Wenn die Liebe mit der Logik in Konflikt gerät, dann gewinnt die Liebe, wenn die Logik mit dem Glauben in Konflikt gerät, dann gewinnt der Glaube. Doch in vielen anderen Lebensbereichen wollen wir rational sein und bemühen uns intensiv um Rationalität. Trotz dieser guten Absichten verhalten wir uns zuweilen in vorhersehbarer Weise irrational.

Seit 1970 wurden zahlreiche wissenschaftliche Abhandlungen veröffentlicht, doch Amos Tversky und Daniel Kahneman gehörten zu den ersten Wissenschaftlern, die erkannten, dass es viele Hindernisse für eine rationale Entscheidungsfindung gibt, die tief in der menschlichen Psyche wurzeln.

Nicht nur schlechte Information, Zeitmangel oder logisch fehlerhafte Berechnungen sind verantwortlich für schlechte Entscheidungen. Wäre das der Fall, dann würden bessere Informationen und schnellere Computer zu stets besseren Entscheidungen verhelfen. Leider ist hier noch etwas anderes am Werk – die menschliche Natur. In unserer Entscheidungsfindung gibt es bestimmte Verhaltensmuster, die immer wieder auftauchen – Denkgewohnheiten, die unserer Fähigkeit, rationale Risikoentscheidungen zu treffen, entgegenstehen.

Viele der psychologischen Neigungen, die in den folgenden Abschnitten beschrieben werden, wurden ursprünglich in den Arbeiten von Tversky und Kahneman beschrieben.

Übermäßiges Selbstvertrauen

Ein sehr verbreiteter Charakterzug, der zu schlechten Entscheidungen führen kann, ist *übersteigertes Selbstvertrauen oder Selbstüberschätzung*. In der Regel unterschätzen wir die Reichweite möglicher Resultate bei unsicheren Ereignissen. Wir gehen davon aus, dass die extremen Möglichkeiten, sowohl die positiven als auch die negativen, weitaus weniger wahrscheinlich seien, als es wirklich der Fall ist. Und so konzentrieren wir uns auf ein Spektrum von Möglichkeiten, das viel zu eng ist. Deshalb werden wir allzu oft von Resultaten überrascht, die nicht in den Bereich der Möglichkeiten fallen, die wir in Betracht gezogen haben, als wir die Entscheidung fällten.

Ein Freund erzählte mir von einem Experiment, das er in einem Seminar beobachtet hatte. Der Vortragende zeigte dem Publikum eine Dose mit Büroklammern und bat jeden Teilnehmer, seine höchste und seine niedrigste Schätzung der Anzahl von Büroklammern in der Dose zu notieren. Sie sollten die hohe Schätzung so vornehmen, dass eine 99-prozentige Wahrscheinlichkeit bestand, dass die angegebene Zahl auf alle Fälle größer war als die tatsächliche. Die niedrigste Schätzung sollte so bemessen werden, dass eine 99-prozentige Wahrscheinlichkeit bestand, dass die notierte Zahl kleiner war als die tatsächliche. Mit anderen Worten – es sollte nur eine Wahrscheinlichkeit von zwei Prozent geben, dass die tatsächliche Anzahl der Büroklammern außerhalb des geschätzten Bereichs lag. Nachdem alle Teilnehmer ihren geschätzten Bereich notiert hatten, gab der Vortragende die tatsächliche Anzahl der Büroklammern in der Dose bekannt und bat diejenigen die Hand zu heben, bei denen die gesuchte Zahl im geschätzten Bereich lag. Hätten die Zuhörer eine realistische Einschätzung möglicher Resultate gehabt, so hätten fast alle Teilnehmer (98 Prozent) die Hand gehoben. Tatsächlich hob nur ein Drittel von ihnen die Hand. Die meisten Teilnehmer hatten die Breite der möglichen Resultate bei Weitem unterschätzt. Der Dozent merkte an, er habe dieses Experiment schon häufig durchgeführt, doch waren die Ergebnisse immer gleich schlecht.

Die Auswirkung von Selbstüberschätzung kann sein, dass man zu hohe Risiken eingeht oder attraktive Gelegenheiten verpasst. Tatsächlich unterschätzen wir in der Regel die Risiken und nicht die Chancen, und das wegen einer anderen Eigenschaft, die uns in die Irre führen kann – Optimismus.

Optimismus

Übertriebener Optimismus bringt uns dazu, Resultate zu erwarten, die besser sind, als eine nüchterne Chancenauswertung es rechtfertigen würde. Fast jeder von uns ist der Meinung, dass er überdurchschnittlich gut Auto fährt, doch nur jeder Zweite tut es wirklich. Nicht nur das, die meisten überschätzen ihre Fähigkeit, Ereignisse kontrollieren zu können, und wir unterschätzen die Wahrscheinlichkeit negativer Resultate, die tatsächlich außerhalb unseres Einwirkungsbereichs liegen. »Andere, schlechte Autofahrer werden wahrscheinlich in Unfälle verwickelt, aber ich doch nicht.« Oder: »Die Wahrscheinlichkeit, dass ich sterbe, weil ein Asteroid die Erde trifft, liegt bei 1 : 1 Million.« Tatsächlich jedoch liegen die Chancen für einen Durchschnittsmenschen bei 1 : 10 000, was den Tod durch Asteroideneinschlag wahrscheinlicher macht, als durch einen Flugzeugabsturz ums Leben zu kommen; das sagt jedenfalls Duncan Steel, Wissenschaftler und früherer Chef der australischen Asteroidenforschung (*The Guardian*, Manchester, 16. 9. 2000). Vielleicht unterschätzen wir die Risiken, weil wir glauben, dass die NASA, solche Dinge unter Kontrolle hat. Hat sie eben nicht!

Übertriebener Optimismus kann sich dergestalt auswirken, dass man zu hohe Risiken eingeht (insbesondere in Situationen, in denen man glaubt, man habe die Sache unter Kontrolle) oder dass man Chancen mit nur geringen Aussichten auf großen Erfolg hinterher jagt.

Die Betrachtung im Nachhinein

Weshalb sind wir eigentlich so oft zu zuversichtlich und zu optimistisch? Können wir denn nicht aus Erfahrungen lernen? Sollten die allzu häufigen Überraschungen und Enttäuschungen uns nicht lehren, in der Festlegung der Wahrscheinlichkeiten realistischer zu sein? Nicht unbedingt, weil ein weiterer unserer Fehler ist, dass wir eine fehlerhafte Einsicht pflegen. Wir interpretieren frühere Ereignisse falsch. Wir können nicht genau rekonstruieren, wie wir die Wahrscheinlichkeit des Eintritts eines Ereignisses beurteilt haben, bevor dieses Ereignis eintrat. Wissen wir einmal, was geschehen ist, dann bilden wir uns wirklich ein, dem tatsächlich eingetretenen Ereignis eine wesentlich höhere Wahrscheinlichkeit zugeschrieben zu haben, als es tatsächlich der Fall war. Von Ereignissen, die wir als höchst unwahrscheinlich einschätzten oder die wir uns nicht einmal vorstellen konnten, behaupten wir nun, das hätten wir genau so kommen sehen oder das sei ja schließlich unvermeidlich gewesen. Verliert unser Fußballverein, dann haben wir es auch schon geahnt, obgleich wir vor dem Spiel noch fest der Überzeugung waren, niemand könne uns den Sieg nehmen. Wenn eine unserer Aktien plötzlich abstürzt, dann würden wir uns am liebsten selbst in den Hintern treten, weil wir nicht auf die (nicht vorhandene) Ahnung reagiert haben, dass diese Sache ein schlimmes Ende nehmen würde.

Diese Neigung, die Geschichte neu zu schreiben, um unsere Überraschungen und Enttäuschungen schönzufärben, macht es uns schwierig, die Fehler zu erkennen, die durch unsere eigene Selbstüberschätzung und durch zu optimistische Einschätzungen entstanden sind. Und so fügt sich eine Gewohnheit an die andere.

Die Suche nach Mustern

Die meisten Menschen glauben nur schwerlich daran, dass eine Serie von Ereignissen purer Zufall oder unerklärlich ist. Wir haben lieber Ordnung als Chaos und sehnen uns nach vorhersehbaren Mustern von Ursache und Wirkung. Wie Albert Einstein schon sagte: »Gott würfelt nicht mit dem Universum.« Wir sind glücklich, wenn wir Muster erkennen können, selbst dann, wenn es sie gar nicht gibt. Wir sehen den Mann im Mond und Kanäle, die von intelligenten Wesen auf dem Mars errichtet wurden. Gern weben wir Verschwörungstheorien, um unerwartete und verblüffende politische Ereignisse erklären zu können. Wenn es denn eine Verschwöung gegeben hätte, wären die Ereignisse von irgend jemandem geleitet worden und hätten verhindert werden können, wenn nur die richtigen Leute an der Macht gewesen und die richtigen Knöpfe gedrückt worden wären. Verschwörungstheoretiker lehnen instinktiv die viel näher liegende Erklärung ab, dass Ereignisse nur zufällige Resultate eines Vorgangs sind, den niemand ganz versteht oder völlig unter Kontrolle hat. Ein Beispiel aus der Finanzwelt ist der Eifer, mit dem viele Leute darauf bestehen, dass der Manager eines

Investmentfonds, der über einen Zeitraum von fünf Jahren hinweg eine überdurchschnittliche Performance erbracht hat, auch über überdurchschnittliches Talent verfügt und es deshalb auch in den nächsten fünf Jahren schaffen wird, eine überdurchschnittliche Performance zu erzielen. In Wirklichkeit sagt ein Leistungsprotokoll der letzten fünf Jahre nur sehr wenig darüber aus, wie gut er in den nächsten fünf Jahren sein wird.

Überkompensieren

Wir überkompensieren, wenn wir erfolgreich eine Art von Risiko reduzieren und dadurch verführt werden, ein Verhalten anzunehmen, mit dem wir mehr andere Risiken eingehen. Letztlich sind wir dann in einer riskanteren Situation als gewünscht. Nehmen wir an, Sie versuchen, das Risiko, bei einem Autounfall zu sterben, dadurch zu reduzieren, dass Sie ein Auto kaufen, das mit einem ABS-Bremssystem ausgerüstet ist. Dieses Anti-Blockier-System (ABS) ist eine bewährte Technologie, mit der Sie Ihr Fahrzeug schnell anhalten und auch auf rutschigen Strassen verhindern können, dass es beim Abbremsen ins Schleudern gerät. Unter sonst gleichbleibenden Bedingungen ist die Wahrscheinlichkeit, bei einem Autounfall zu sterben, geringer, wenn Sie ein ABS-Bremssystem haben, und Sie glauben, eine gute Risikoentscheidung getroffen zu haben. Was ist jedoch, wenn Ihr höheres Vertrauen in die Sicherheit Ihres Fahrzeugs Sie dazu verführt, auf rutschigen Straßen schneller zu fahren? Die Gefahr, die vom schnelleren Fahren ausgeht, könnte die durch das Bremssystem gewonnene zusätzliche Sicherheit dahinschmelzen lassen, Ihre Fahrweise könnte sogar gefährlicher sein. Sie wollten Ihr Risiko senken, in Wirklichkeit jedoch haben Sie sich womöglich in ein größeres Risiko begeben.

Kurzsichtigkeit

Kurzsichtigkeit ist eine weitere Gewohnheit, die uns dazu bringen kann, Risiken falsch einzuschätzen. Eine Form dieser Kurzsichtigkeit ist es, nur in der jüngsten Vergangenheit nach Hinweisen auf die Zukunft zu suchen. Nehmen wir an, Sie denken darüber nach, ein Haus in einem wunderschönen Tal an einem Fluss zu kaufen. Sie schauen sich um, können aber keine Anzeichen für Überschwemmungen entdecken. Der Boden ist trocken, am Haus sind keine Wasserflecken, im Vorgarten des Nachbarn sind auch keine Boote festgemacht, und es treiben keine toten Kühe den Fluss hinunter. Sie fragen ein vorbeigehendes Kind, ob es hier schon eine Überschwemmung erlebt habe. Es verneint und läuft weiter zur Schule. Aufgrund dieser Angaben glauben Sie, die Gefahr einer Überschwemmung sei sehr gering, so dass Sie sich für den Kauf des Hauses entscheiden. Schon eine Woche später müssen Sie mit ansehen, wie Ihr Lieblingsliegestuhl von einem kräftigen Strudel hinweggeschwemmt wird. Wären Sie vor Ihrer Kaufentscheidung weiter in die Vergangenheit zurück gegangen, so hätten Sie festgestellt, dass es zwar in den letzten zwanzig Jahren keine Überschwemmung gegeben hat, der Fluss aber im letzten Jahrhundert fünfmal über die Ufer getreten war. Ihre Kurzsichtigkeit bewirkte, dass Sie das Risiko, in dieser neuen Umgebung zu wohnen, nur sehr schlecht erfassten.

Eine weitere Form von Kurzsichtigkeit ist, wenn Sie sich nicht vorstellen können, was sich über die am nächsten liegende Zukunft hinaus ereignen könnte. Ein Teenager, dem die Schule zu langweilig geworden ist, verlässt die Schule, um als ungelernter Automechaniker zu arbeiten, was ihm im Augenblick mehr Zufriedenheit verschafft. Er ignoriert das sehr wahrscheinliche Szenario, dass der Verdienst in seiner Lebensarbeitszeit niedriger sein wird, weil er keine vernünftige Ausbildung hat. Das wiederum wird es ihm unmöglich machen, in der Zukunft Autos zu kaufen.

Jahrhunderte lang wimmelten die Grand Banks geradezu von scheinbar unerschöpflichen Reserven von Dorschen, und die Fischer fingen so viel Fisch, wie sie nur konnten. Als man schließlich erkannte, dass es in der Zukunft kaum noch Dorsche geben würde, war es zu spät, als dass die Fischgründe sich von der Überfischung hätten erholen können.

Nicht immer ist die fernere Vergangenheit oder Zukunft für Entscheidungen in der Gegenwart relevant; sehr oft ist dies nicht der Fall. Doch sollte es immer eine überlegte Entscheidung sein, wenn man die ferne Vergangenheit oder Zukunft ignoriert, und nicht eine unbewusste Gewohnheit.

Trägheit

Nichts zu tun ist auch eine Alternative, doch sollte man ihr nicht mehr Wert zuschreiben als sie, im Vergleich zu anderen Alternativen, verdient. Viel öfter als wir sollten, fühlen wir uns jedoch sicherer, wenn wir nichts tun, anstatt etwas zu unternehmen. Wie ein Reh, das im Dunkeln im Scheinwerferlicht erstarrt, versäumen wir es rechtzeitig zu reagieren. Vielleicht warten wir, wie der Wissenschaftler, auf weitere Informationen, um unsere Zweifel zu zerstreuen, doch dann warten wir zu lange. Vielleicht warten wir, bis sich bessere Alternativen ergeben oder das Problem sich von selbst erledigt – immerhin, wir warten zu lange.

Vielleicht ist es aber auch so, dass wir wissen, dass wir eine Handlung, die sich als negativ herausstellt, mehr bedauern werden als Untätigkeit, deren Folgen wesentlich schlimmer sein können. Sünden, die wir begehen, werden stärker bedauert (und kritisiert) als Sünden, die in Untätigkeit bestehen (Unterlassungssünden). Beispielsweise lassen viele Eltern ihre Kinder nicht impfen, wenn eine der möglichen Nebenwirkungen des Impfstoffs der Tod ist, auch, wenn die Wahrscheinlichkeit wesentlich höher ist, dass das Kind stirbt, weil es nicht geimpft wurde. Eine Handlung, die tödlich endet, also ein Kind zur Impfung zu bringen, wird wesentlich stärker bereut als die Unterlassung, ein Kind zur Impfung zu bringen, die ausschlaggebend dafür ist, dass das Kind gerade an der Krankheit verstirbt, gegen die es geimpft werden sollte. Eltern weigern sich, ein Kind impfen zu lassen, obwohl sie damit das Risiko, dass das Kind an der in Rede stehenden Krankheit stirbt, deutlich erhöhen.

Selbstzufriedenheit

Selbstzufriedenheit ist die Ursache dafür, dass wir, ohne berechtigten Grund, mit uns vertrauten Risiken sehr gut leben können. Autofahren ist eine der risikoreichsten Tätigkeiten unseres Alltags, und dennoch machen wir uns deswegen nur selten Sorgen, es sei denn, wir hatten gerade einen Unfall oder sind einem Unfall gerade noch entkommen. Doch selbst dann verblasst die Sensibilität für Risiken sehr schnell. Autofahren ist eine Tätigkeit, die so oft ausgeübt wird und uns so vertraut ist, dass wir äußerst selten über die damit verbundenen Gefahren nachdenken. (Und wenn Sie selbst der Fahrer sind und nicht nur Fahrgast, dann kommt zur Selbstzufriedenheit der übertriebene Optimismus hinzu, der damit einhergeht, dass man glaubt, als Fahrer habe man ohnehin alles unter Kontrolle.) Wenn Sie nicht gerade in einer Kleinstadt wohnen, dann berichten die Lokalzeitungen gar nicht mehr über Unfälle mit tödlichem Ausgang, es sei denn, es gibt ungewöhlich viele Opfer, berühmte Opfer oder spektakuläre Umstände, beispielsweise, wenn das Fahrzeug von einer hohen Brücke stürzte. Die meisten von uns wissen inzwischen, dass die Todesrate je Passagiermeile im zivilen Luftverkehr wesentlich niedriger liegt als beim Autofahren. Dennoch haben viel mehr Menschen Angst ein Flugzeug zu besteigen, als sich in ein Auto zu setzen, um mit Todesverachtung zum Flughafen zu fahren.

Wenn Flugreisen alltäglich werden, dann werden sie dem Menschen so vertraut, dass er über die Gefahren nicht einmal mehr nachdenkt. Doch es verbleiben noch viele Risiken, mit denen wir nicht vertraut sind und über die wir uns sorgen können. Und das tun wir – viel zu sehr.

Ein treffendes Beispiel ist die erregte Debatte über die Gefahren der synthetischen Pestizide und die Chemie in den Lebensmitteln. Von den so genannten Bio-Lebensmitteln glauben wir, sie seien gesund, während die synthetischen (von Menschen gemachten) Pestizide und Lebensmittel als Gesundheitsrisiken eingestuft werden. Biologische Lebensmittel sind uns *vertraut*, so wie die Äpfel aus Omas Obstgarten. Wenn Sie nicht gerade Chemiker sind, dann sind Ihnen synthetische Substanzen *nicht vertraut* – übrigens, was ist eigentlich Alar? Es ist eine Chemikalie, die zu den Daminoziden gehört. Sie wurde einst von Uniroyal hergestellt und sollte verhindern, dass die Äpfel zu früh von den Bäumen fallen. 1989 führte die Tatsache, dass Alar den Menschen nicht vertraut ist, zu allgemeiner Panik und einem wirtschaftlichen Destaster für den Apfelanbau. Die Medien berichteten, Alar habe in einigen Labormäusen Krebs verursacht. Eine intensive Berichterstattung, in der eine nicht vertraute Chemikalie mit Krebs in Verbindung gebracht wurde, reichte aus, um eine Panik ausbrechen zu lassen. Einige Städte verbannten Äpfel aus den Cafeterias ihrer Schulen, und Millionen von Äpfeln landeten auf dem Müll. Uniroyal nahm Alar vom Markt, und seither fallen die Äpfel vermutlich wieder etwas zu früh vom Baum.

Doch welchen Risiken setzte Alar die Menschen wirklich aus, die Äpfel aßen? Es gibt Wissenschaftler, die glauben, dass die Forschungen, die Alar mit Krebs in Verbindung brachten, in der Weise verfälscht wurden, dass die Risiken übertrieben dargestellt wurden. Ich weiß nicht, wer Recht hat, da ich weder Biochemiker bin, noch im medizinischen Bereich forsche. Die Kontroverse über die Risiken synthetischer Substanzen wütet auch heute noch, und auch wir werden diese Debatte an dieser Stelle keiner Lösung zuführen können.

Doch ist es fair zu fragen, weshalb synthetische Substanzen wie Alar einen solchen Wirbel verursachen, während dies bei Gefahren, die von natürlichen Substanzen ausgehen, selten der Fall ist. Beispielsweise enthalten Erdnüsse oft Aflatoxin, eine völlig natürliche Chemikalie, die mit Krebs und anderen Krankheiten in engen Zusammenhang gebracht wird. Aflatoxin ist das Resultat einer Pilzinfektion, die auf den Feldern oder bei der Lagerung der Erdnüsse vorkommen kann. Sorgfältiger Anbau, sorgfältige Lagerung und Tests während des Wachstums und der Lagerung können die Konzentration von Aflatoxin in den Erdnüssen deutlich reduzieren, doch scheint es praktisch unmöglich zu sein, die Konzentration völlig auf *Null* zu bringen. Die Food and Drug Association erlaubt in Nahrungsmitteln, die für den Verzehr durch Menschen bestimmt sind, Spuren von Aflatoxin bis zu einem bestimmten Grenzwert. Ich habe im Supermarkt noch nie jemanden gesehen, der verlangte, dass Erdnussbutter aus den Regalen genommen wird. Weshalb haben wir keine Grenzwerte für synthetische Toxine, während für natürliche Toxine, die ebenso gefährlich sein können, durchaus Toleranzen zulässig sind? Könnte es sein, dass wir uns bei etwas, das uns vertraut ist, in falscher Sicherheit wiegen?

Fanatismus

Zu Fanatikern oder Eiferern werden wir, wenn wir für die Zukunft nur ein mögliches Szenario gelten lassen und andere Möglichkeiten standhaft ignorieren. Wenn uns ein Szenario gefällt, dann meiden wir alle Informationen oder Meinungen, die diesem Szenario widersprechen; wir lehnen solche Informationen ab oder verfälschen sie. Fanatismus ist vielleicht gar keine eigene Kategorie, weil in diesem Begriff auch Überschätzung, Trägheit, Selbstzufriedenheit und Überkompensation enthalten sind. Doch muss Fanatismus erwähnt werden, weil er so extrem und beunruhigend weit verbreitet ist. Wir alle sind nur allzu sehr mit Fanatismus vertraut: in der Liebe, in der Politik und in der Religion. Fanatismus gibt es sogar in der vermutlich so kühlen Finanzwelt, wenn ein Trader oder ein Portfoliomanager in einem bestimmten Szenario Haus und Hof aufs Spiel setzt (sein eigenes oder das eines anderen). Ist der Einsatz einmal getätigt, vergisst der fanatische Trader alle Zweifel, die er gehabt haben könnte, bevor er sich einer Position verschrieb. Er hat nicht nur einen zu hohen Einsatz gewagt, er wird auch seine Meinung nicht ändern, wenn sich das erwartete Szenario nicht einstellt und er Verluste hinnehmen muss. Er wird sein Szenario rechtfertigen, indem er widersprechende Daten ablehnt oder verzerrt darstellt. Er weigert sich nicht nur, zu verkaufen, um damit seine Verluste zu begrenzen, im Gegenteil, er wird seinen Einsatz so lange *erhöhen*, bis es jemandem gelingt, ihn zu bremsen.

Eine weitere Variante des Fanatismus, die man an der Wall Street antrifft, finden wir, wenn ein Risikomanager sich in sein Finanzmodell verliebt und darüber die Näherungswerte und vereinfachenden Annahmen vergisst, von denen das Modell abhängig ist. Anfangs scheint das Modell zu funktionieren, vielleicht weil es sehr gut ist oder, was wahrscheinlicher ist, weil der Risikomanager damit zufällig in ruhigem Fahrwasser begonnen hat, kurz vor einer Biegung, hinter der sich Stromschnellen befinden. Er wiegt sich in einem falschen Gefühl von Sicherheit. Er lässt es zu, dass die Risiken sich anhäufen, weil sein Modell ihm sagt, er befinde sich innerhalb der Grenzen von Vernunft und Vorsicht. Doch dann kommen die Stromschnellen. Sein Modell sieht Stromschnellen nicht vor. Risiken, die nur sehr klein schienen, türmen sich übermächtig auf, und es kann nun zu spät sein, um die Risiken auf ein erträgliches Maß zurückzuführen, ohne dass es zu größeren Verlusten kommt. Es kann aber auch noch schlimmer kommen. Der Risikomanager kann an seine Position gebunden sein und seine Verluste vervielfachen sich, wenn der Markt weiterhin gegen ihn läuft. Vielleicht haben die Käufer und Verkäufer, die er braucht, um aus dieser Position herauszukommen, in Panik das Weite gesucht. Oder vielleicht sind er und seine Vorgesetzten nicht bereit, die Verluste zur Kenntnis zu nehmen, und haben ihre Trägheit zur Vernunft erhoben, wenn Sie beteuern, der Markt werde schon bald wieder zur Normalität zurückkehren, und die Verluste würden damit wieder verschwinden.

Wir haben nur einige der vielen Möglichkeiten in Betracht gezogen, wie wir bei Entscheidungen in riskanten Situationen beharrlich unlogisch sein können: selbstüberschätzend, optimistisch, im Nachhinein korrigierend, nach Mustern suchend, überkompensierend, kurzsichtig, träge, selbstzufrieden und fanatisch. Allerdings können auch die *gegenteiligen Eigenschaften* gelegentlich unser Urteilsvermögen trüben (mangelndes Selbstvertrauen, Pessimismus und so weiter).

Nun haben wir den Rundgang beendet. Zuerst haben wir eine logische Methode des Risikomanagements entwickelt, die versprach, uns zur *bestmöglichen Entscheidung* zu führen, die wir in einer riskanten Situation treffen können. Diese Entscheidung stimmte mit Ihren Überzeugungen über die Wahrscheinlichkeiten der Resultate ungewisser Ereignisse überein und auch mit Ihren Präferenzen bezüglich der möglichen Resultate. Sie haben ein Maximum an Rationalität erreicht. Adam Smith und Bertrand Russell wären stolz auf Sie. Dann folgte ein wenig die Ernüchterung, und wir mussten eingestehen, dass es oft schwierig ist, eine aktuelle Risikoentscheidung so in Ihr Idealmodell zu zwängen, dass sie realistisch, aber auch mit der verfügbaren Computerkapazität zu lösen ist. Sie mussten vereinfachen, einige Vereinfachungen vornehmen und hoffen, dass Sie das Wesentliche des Problems erfasst haben, selbst wenn Sie sich damit von der Realität ein wenig entfernt haben. Doch selbst in diesem Fall waren Sie rational. Sie machten vernünftige und überlegte Zugeständnisse, um unter diesen Umständen das Bestmögliche zu erreichen. Dann setzten wir uns mit den Finessen der menschlichen Psychologie auseinander, die daran Schuld sein könnten, dass

Sie rationale Entscheidungen, die sich schon *in Ihrer Reichweite* befinden, dennoch verpassen.

Hat uns dieser Rundgang etwas gebracht? Ich hoffe schon. Sie sollten nun eine bessere Vorstellung davon haben, wie man zu rationalen Entscheidungen kommt, Sie sollten besser gerüstet sein, Ihre noch bestehenden Unzulänglichkeiten zu erkennen, und gegen überflüssige Fehler gewappnet sein.

Wir sollten dieses Thema aber nicht verlassen, ohne eingestanden zu haben, dass wir mit dem menschlichen Gehirn besonders kritisch umgegangen sind, vielleicht sogar ein wenig unfair. Als wir über die »irrationalen« Gewohnheiten des Verstandes sprachen, gingen wir davon aus, dass wir ein sehr klares Bild davon haben, welcher Handlungsablauf am besten ist. Wir beurteilten die Situationen immer aus dem Blickwinkel des Entscheidungsträgers. Oft werden solche Beurteilungen richtig sein, beispielsweise dann, wenn jemand eine Entscheidung aufrichtig bereut und rational entschieden hätte, hätte er es denn besser gewusst. Das könnte etwa der Fall sein, wenn ein skrupelloser Mensch in der Lage wäre, seine Irrationalität auszunutzen und er dadurch benachteiligt würde. Es könnte jedoch auch andere Fälle geben, in denen unsere Definition von Rationalität zu eng gefasst ist, und der Entscheidungsträger ist tatsächlich rational, wenn man ihn an komplexeren und realistischeren Überzeugungen und Präferenzen misst. Der Entscheidungsträger wägt die Faktoren, die wir ignorieren, sorgfältig gegeneinander ab.

Wenn wir beispielsweise ein Entscheidungsproblem unter der Annahme formulieren, dass Nutzen allein durch Geld definiert wird, dann könnten wir etwas anderes nicht anerkennen, das ganz unabhängig davon Nutzen stiftet, etwa die Zeit. Die Redensart »Zeit ist Geld« mag in dem Sinn stimmen, dass vergeudete Zeit Ihren Wohlstand mindert. Umgekehrt stimmt nicht immer, dass Geld auch gleich Zeit ist. Wenn Sie auf dem Sterbelager liegen, dann können Sie zu keinem Preis der Welt Zeit kaufen. Das heißt natürlich nicht, dass ein zusätzlicher Tag in Ihrem Leben unendlich großen Nutzen hätte. Wäre dies der Fall, dann würde niemand jemals sein Leben freiwillig für irgendetwas aufs Spiel setzen. Es bedeutet aber auch nicht, dass Zeit nie gegen Geld gehandelt wird. Viele Menschen arbeiten an langweiligen Arbeitsplätzen, nur weil sie das Geld brauchen. Es bedeutet lediglich, dass der erhöhte Nutzen durch das zusätzliche Geld nicht immer die Nutzeneinbuße durch den Zeitverlust kompensieren kann. Wenn Zeit zum Nutzen unseres Entscheidungsträgers ebenso viel beiträgt wie Geld, dann wird seine insgesamt logische Entscheidung für den Außenstehenden unlogisch sein, der nur den Nutzen des Geldes sieht.

Der springende Punkt dabei ist, dass wir nur dann sagen können, jemand sei unlogisch, wenn wir seine tatsächlichen Überzeugungen und Präferenzen vollständig in Betracht gezogen haben. Haben wir das getan und der Entscheidungsträger rechnet nicht ordentlich oder hält an unmöglichen Überzeugungen fest, dann haben wir das Recht, ihn der Irrationalität zu bezichtigen. Wenn wir jedoch unsere eigenen Überzeugungen und Präferenzen auf den Entscheidungsträger projizieren, dann könnte es durchaus sein, dass wir selbst irrational sind.

Wiederum kommt es bei der Bewertung, ob eine rationale Entscheidung getroffen wurde, ausschließlich auf die Überzeugungen und Präferenzen des Entscheidungsträgers an. Hat die Wahl des Entscheidungsträgers allerdings Auswirkungen auf Sie und Sie können seinen Überzeugungen und Präferenzen nicht zustimmen, dann sollten Sie versuchen, ihn umzustimmen oder ihm die Entscheidungsbefugnis zu entziehen.

Kapitel 6
Die Ausbildung zum Vorstandschef

Inzwischen sollten Sie schon fast ausreichende Kenntnisse über das Risikomanagement haben, um die Position eines Chief Executive Officer (CEO) einnehmen zu können. Natürlich sind die Fähigkeiten im Risikomanagement nicht die einzige Qualifikation für eine solch hohe Position. Einige Traditionalisten werden sogar behaupten, sie seien nicht annähernd so wichtig wie andere Qualitäten, beispielsweise Führungstalent, Branchenerfahrung, strategische Visionen, Charisma und ein starkes Netzwerk von Leuten an entscheidenden Stellen, die einem etwas schuldig sind.

Dennoch möchte ich Sie in Kapitel 7 in die Position eines CEO versetzen und sehen, wie gut Sie sich als strategischer Risikomanager schlagen.

CEOs haben zwei breit angelegte Verantwortungsbereiche: Entscheidungen, die das *Geschäft* betreffen, beispielsweise, wie das Produkt der Firma hergestellt und verkauft wird, und *finanzielle* Entscheidungen, beispielsweise woher das Geld der Firma kommt und wie es angelegt wird. Bevor wir Sie mitten in die tobende Schlacht des Kapitalismus werfen, wollen wir Ihre Firma und die finanziellen Verantwortungsbereiche durch die Lupe des Risikomanagements betrachten.

Geschäftsrisiken können die Fähigkeit des Unternehmens, Produkte herzustellen und mit Gewinn zu verkaufen, beeinträchtigen. Das Geschäftsrisiko eines Autoherstellers könnten Preiserhöhungen beim Einkauf von Stahl sein, den man in der Produktion benötigt. Geschäftsrisiko eines Pharmaherstellers könnte der Verlust eines Patents eines der profitabelsten Medikamente sein. Es ist klar ersichtlich, dass die Geschäftsrisiken einer Firma in hohem Maß branchenabhängig sind. Unsicherheit über die Entwicklung der Getreidepreise ist zwar für General Mills von Bedeutung, nicht aber für General Motors.

Nehmen wir den Fall einer Fluggesellschaft. Die wesentlichsten Geschäftsrisiken einer Fluggesellschaft sind die Preise für Kerosin, die Personalkosten, die Kosten und die Verfügbarkeit des Flugzeugs, die Kosten und die Verfügbarkeit von Landeplätzen, das Volumen des Luftverkehrs und der Marktanteil der Fluggesellschaft, die Flugpreise und natürlich die Sicherheit. Einige dieser Kategorien könnte man weiter aufteilen, andere Kategorien könnte man hinzufügen, doch sollte diese Liste Ihnen schon eine gewisse Vorstellung von dem vermitteln, wonach Sie suchen müssen, wenn Sie Geschäftsrisiken finden wollen. Der CEO muss dafür sorgen, dass diese Risiken erkannt, abgewogen und gesteuert werden. Vergessen wir an dieser Stelle nicht, dass Risikomanagement nicht gleichbedeutend ist mit der Minimierung von Risiken, sondern dass es darum geht, die Risiken mit den möglichen Gewinnen auszubalancieren.

Finanzielle Risiken beschädigen möglicherweise die Fähigkeit der Firma, ausreichend Finanzmittel zu vernünftigen Kosten aufzubringen und Finanzanlagen zu tätigen, die einen angemessenen Gewinn abwerfen. Ein finanzielles Risiko für ein junges Unternehmen könnte sein, dass ihm das Geld zur Finanzierung des schnell expandierenden Geschäftsbetriebs fehlt. Ein finanzielles Risiko für ein multinationales Unternehmen könnte darin bestehen, dass sein Vermögen in ausländischer Währung wegen einer Abwertung in einem der Schwellenländer sinkt.

Obgleich wir davon ausgehen, dass Geschäftsrisiken und Finanzrisiken zwei verschiedenen Kategorien angehören, können wir nicht annehmen, dass sie voneinander unabhängig sind. Eine Ihrer wichtigsten Aufgaben als CEO ist es, zu wissen, wie Geschäfts- und Finanzrisiken einander ergänzen, um dann das aggregierte Risikoprofil Ihrer Firma darzustellen.

Hier ein Beispiel dazu: Die Entwicklung eines Ölfelds ist ein strategisches Investment und eines der großen Risiken für eine Mineralölgesellschaft. Sogar für eine sehr große Ölgesellschaft können die Kosten und Risiken bei der Erschließung eines Ölfelds unangenehm hoch sein. Zu den Geschäftsrisiken zählen der künftige Rohölpreis und technische Probleme, die die Kosten für Förderung und Transport des Öls aufblähen könnten. Zu den Finanzrisiken zählen Kosten und Verfügbarkeit von Barmitteln zur Finanzierung des Projekts. Zudem können diese Risiken einander beeinflussen. Eine zunehmende Volatilität der Ölpreise könnte potenzielle Geldgeber und Investoren dazu verleiten, höhere Zinsen und Renditen zu verlangen, um damit das höhere Risiko, das sie eingehen, zu decken. Abhängig von der Finanzierungsmethode, könnte eine künftige Erhöhung der Zinssätze die Kosten erhöhen und damit die Profitabilität des Projekts mit der Zeit senken. Schließlich müssen die Auswirkungen dieses Projekts auf das gesamte Risikoportfolio der Ölgesellschaft bedacht werden. Trägt die Gesellschaft bereits zu viel Risiko hinsichtlich der Ölpreise? Ist die Gesellschaft einem zu hohen Zinsrisiko ausgesetzt? Oder ist die Gesellschaft in Relation zu ihrem Risikoprofil überkapitalisiert? Ist dies der Fall, könnte ein Teil des überschüssigen Kapitals zur Finanzierung des neuen Projekts bereitgestellt werden. All diese Risiken, Geschäftsrisiken und Finanzrisiken, sollten gemeinsam bedacht und gesteuert werden, um die bestmögliche Balance aus Risiko und Gewinn für das Unternehmen als Ganzes zu erreichen. Welche Risiken sollte das Unternehmen akzeptieren oder erwerben und welche Risiken sollte es beseitigen oder umwandeln?

Heute stehen so viele Möglichkeiten offen wie nie zuvor, um Risiken hinzuzufügen, wegzunehmen und umzuwandeln. Ein gut geführtes Unternehmen muss keine überflüssigen oder nicht lohnenden Risiken eingehen, noch muss es attraktive Chancen vorbeiziehen lassen, nur weil sie mit unerwünschten Risiken behaftet sind. Strategisches Risikomanagement bietet heute einen Wettbewerbsvorteil und wird im Wettbewerb zu einer Notwendigkeit.

Von nun an konzentrieren wir uns auf die finanzielle Seite, weil das moderne Risikomanagement hier seinen Ursprung hat, und wo, zugegebenermaßen, diese Methode am weitesten getrieben werden kann, bevor uns die vernünftigen Annahmen ausgehen, die zu lösbaren Problemen führen.

Das Grundgerüst des Risikomanagements für Ihre finanziellen Entscheidungen

Risikomanager in der Finanzwelt haben ihre eigenen Vereinfachungen der Realität entwickelt. Keine davon wird von einem vernünftigen Menschen als richtig im strengen Sinne angesehen, doch viele haben sich als sehr hilfreich erwiesen, wenn es darum geht, Menschen bei ihren finanziellen Entscheidungen behilflich zu sein. Selbstverständlich gibt es konkurrierende Ansichten und leidenschaftliche Debatten über deren Verdienste. Folgend finden Sie also nur verschiedene Sichtweisen in der Form von Beispielen – keine Dogmen.

Definition finanzieller Risiken

Wir erwähnten schon, dass Risiko bedeutet, der Möglichkeit eines negativen Ergebnisses ausgesetzt zu sein, und so scheint es ganz natürlich, das negative Resultat im Finanzbereich als Verlust von Geld zu definieren. Dies ist nur ein Anfang, aber wenn Sie sich an unser Beispiel aus dem ersten Kapitel erinnern, dann wissen Sie auch, dass Verlust von Geld ein viel zu vager Begriff ist. Wir brauchen eine *spezifische und quantifizierbare* Definition von Risiko (ob sie dann auch hinreichend genau ist, das ist eine andere Frage).

Eine derartige Definition von Risiko, die heute im Finanzbereich am häufigsten Verwendung findet, ist Value at Risk (VaR). Value at Risk ist der potenzielle Verlust, den Sie innerhalb eines bestimmten Zeitraums mit einer gegebenen Wahrscheinlichkeit erleiden könnten. Beispielsweise könnten wir das Risiko für Ihr Millionen-Euro-Aktienportfolio quantifizieren, indem wir sagen: Die Chance, dass Ihr Portfolio innerhalb des nächsten Jahres um mehr als 200 000 Euro oder 20 Prozent an Wert verliert, liegt bei 1 Prozent. Dann wäre Ihr VaR 200 000 Dollar. Verkaufen Sie einige Ihrer solideren Aktien und kaufen riskantere Aktien im gleichen Wert, könnte Ihr VaR auf 300 000 Dollar oder 30 Prozent steigen, um das nun höhere Risiko Ihres Portfolios darzustellen.

Als wir dieses Konzept Ende der siebziger Jahre bei Bankers Trust einführten, verwendeten wir den Begriff »risk capital«, also Risikokapital, und nicht VaR. Als in späteren Jahren andere Geldinstitute ähnliche Methoden einführten, kam der Terminus VaR in Mode. Es ist auch völlig gleichgültig, wie wir es nennen, und deshalb passen wir uns der herrschenden Mode an und nennen es VaR (Value at Risk).

Obwohl das Konzept des VaR mittlerweile zum feststehenden Begriff geworden ist, gibt es immer noch lebhafte Debatten, wie es denn in der Praxis genau zu definieren ist. Sollten wir einen Zeitraum von einem Jahr oder von einem Tag ansetzen? Sollten wir einen Level von einem Prozent Wahrscheinlichkeit wählen oder einen Level von fünf Prozent? An welcher Stelle beginnen wir, den Verlust zu messen, bei dem Wert von heute, dem erwarteten Wert zum Ende des festgelegten Zeitraums oder bei irgendeinem anderen Wert? Die Liste ist noch nicht geschlossen, doch haben wir nicht vor, Sie zu einem VaR-Experten auszubilden (immerhin werden Sie ja ein CEO!).

Auch wenn VaR es uns ermöglicht, finanzielles Risiko zu quantifizieren, mussten wir einigen Realismus aufgeben, um so weit zu kommen. In unserer idealen Welt des Risikomanagements übt Ihre Nutzenfunktion einen grundlegenden Einfluss auf die Entscheidungen aus, die Sie in unsicheren Situationen treffen. Was geschah mit der Nutzenfunktion, als wir VaR als Maßeinheit für Risiko einführten? Wenn Ihre Nutzenfunktion deutlich von meiner abweicht, hätten Sie und ich nicht unterschiedliche Auffassungen dazu, wie Risiko zu messen ist? Sind Sie wesentlich risikoscheuer als ich es bin, würde eine einprozentige Aussicht darauf, im nächsten Jahr mehr als 20 Prozent des Wertes des Aktienportfolios zu verlieren, Ihnen wesentlich bedrohlicher erscheinen als mir. Wäre das so, dann würden Befürworter des

VaR Ihnen raten, Ihr Portfolio so zu verändern, dass das Risiko (VaR) von 20 auf 10 Prozent gesenkt wird. Das könnte ein sehr guter Ratschlag sein, doch werden Sie bemerkt haben, dass der Ratgeber die besondere Form Ihrer persönlichen Risikokurve überhaupt nicht berücksichtigt hat, außer, dass er an ihr ablesen konnte, dass Sie risikoscheu sind. Wir sind zu quantitativen Aussagen gelangt, doch haben wir an Realismus eingebüßt.

Das Gleiche ist passiert, als wir das Maß »nicht mehr als ein Prozent Wahrscheinlichkeit innerhalb eines Jahres« übernommen haben. In unserer idealen Welt des Risikomanagements sagten wir, dass Ihre persönlichen Wahrscheinlichkeitsurteile einen fundamentalen Einfluss auf die Entscheidungen ausüben, die Sie in unsicheren Situationen treffen sollten. Werden allerdings alle möglichen Resultate, die *mehr* als ein Prozent Wahrscheinlichkeit haben, nicht beachtet, dann haben wir auch einen sehr großen Teil des Spektrums Ihrer Überzeugungen zu den möglichen Resultaten der Aktienkurse ausgeschlossen. Sind Sie der Überzeugung, dass nur eine dreißigprozentige Chance besteht, über den Break-Even-Punkt hinauszukommen, dann werden Sie wahrscheinlich ein höheres Risiko wahrnehmen, als ob Sie überzeugt wären, dies würde mit achtzigprozentiger Wahrscheinlichkeit eintreten, *selbst wenn beiden Situationen der gleiche VaR zugeschrieben wird.* Ein weiteres potenzielles Problem ist, dass der VaR Unterschiede Ihrer Überzeugungen über die Wahrscheinlichkeit von Verlusten und Gewinnen, die *größer* sind als der VaR, nicht erfasst. Zwei Portfolios könnten den gleichen VaR haben, und doch könnte bei einem Portfolio eine halbprozentige Wahrscheinlichkeit bestehen, mehr als 600 000 Euro zu verlieren, während beim anderen Portfolio die Wahrscheinlichkeit, mehr als 600 Euro zu verlieren, überhaupt nicht besteht. Ich nehme an, Sie würden das erste Portfolio als riskanter einschätzen als das zweite, auch wenn beide den gleichen VaR haben.

Weshalb sollte man den VaR überhaupt nutzen, wenn er so fehlerhaft ist? Weil der VaR tatsächlich in praktischen Situationen eingesetzt werden kann und weil es, zusammen mit gutem Urteilsvermögen, viel besser ist, den VaR zu verwenden als überhaupt keinen Maßstab für Risiko. Denken Sie immer daran, dass Risikomanagement auf einer Kombination aus Risikoanalyse und Risikoeinschätzung beruht. Zum Glück sind die Fehler beim VaR in der praktischen Anwendung wahrscheinlich nicht so ernsthaft.

Bei einigen (aber nicht bei allen!) Portfolios kann man davon ausgehen, dass die möglichen Resultate in einer Glockenkurve (Normalverteilung) dargestellt werden können. Kennen Sie zwei bestimmte Charakteristika einer Glockenkurve, dann können Sie die gesamte Kurve mit großer Genauigkeit beschreiben. Das erste Charakteristikum ist der *Mittelwert* der Kurve, der

Wert, der die Kurve in zwei symmetrische Hälften teilt. Hier gibt es eine fünfzigprozentige Wahrscheinlichkeit, dass ein Resultat unterhalb des Mittelwerts liegt, und eine ebenso große Chance, dass es über dem Mittelwert liegt. Es gibt eine höhere Wahrscheinlichkeit, dass ein Resultat in der Nähe des Mittelwerts liegt als weit vom Mittelwert entfernt. Das zweite definierende Charakteristikum der bekannten Glockenkurve ist ihre *Standardabweichung*, die besagt, wie weit die möglichen Resultate vom Mittelwert abweichen können. Hat eine Verteilung eine geringe Standardabweichung, liegen die möglichen Resultate eng um den Mittelwert herum. Es besteht eine relativ geringe Wahrscheinlichkeit, dass Resultate weit vom Mittelwert entfernt auftreten werden. Hat eine Verteilung eine hohe Standardabweichung, dann sind die möglichen Resultate weit um den Mittelwert herum verteilt. Dann besteht eine relativ hohe Wahrscheinlichkeit, dass es Resultate gibt, die weit vom Mittelwert entfernt liegen. Mit anderen Worten, mit einer höheren Standardabweichung ist ein höherer Grad an Unsicherheit verbunden als mit einer geringeren Standardabweichung (siehe Abbildung 6.1).

Wenn die möglichen Werte eines Portfolios durch eine Normalverteilung dargestellt werden, kann der VaR leicht mit der Formel berechnet werden, die eine Normalverteilungskurve beschreibt. In Abbildung 6.2 wird der Bereich links des VaR als *linker Schwanz* der Verteilung bezeichnet. Suchen wir einen VaR von einem Prozent, dann stellt der linke Schwanz der Verteilung ein Prozent der Fläche unter der gesamten Kurve dar.

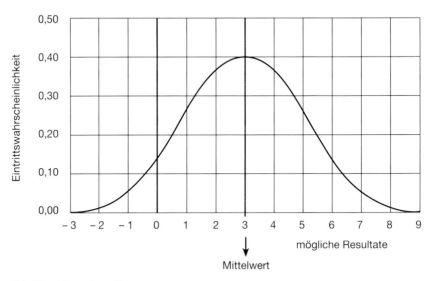

Abb. 6.1   Normalverteilung

Wenn Sie glauben, dass eine Normalverteilung die Wahrscheinlichkeiten möglicher Resultate für Ihr Portfolio beschreibt, dann brauchen Sie sich über das zuvor genannte Problem, dass der VaR nicht genau das gesamte Spektrum Ihrer Überzeuguungen zur Wahrscheinlichkeit abbildet, keine Gedanken zu machen. Weil alle Informationen, die eine Normalverteilung enthält, von der Standardabweichung und dem Mittelwert erfasst werden, vernachlässigt die Kalkulation des VaR keine Informationen über die Wahrscheinlichkeit eines jeglichen Resultats, ganz gleich ob über oder unter dem VaR. Ihre gesamte Überzeugungsstruktur wird durch diese beiden Zahlen genau dargestellt (allerdings bleibt immer noch das Problem, dass der VaR vielleicht der Form Ihrer Nutzenkurve nur unvollkommen Rechnung

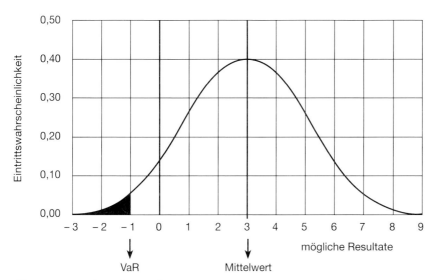

Abb. 6.2 Normalverteilung und VaR

trägt).Wir erwähnen die Normalverteilung, weil sie im Finanzbereich sehr oft Anwendung findet und weil sie ganz einfach einige der Grundregeln des Risikomanagements eines Portfolios veranschaulicht. Wir wollen nicht behaupten, dass die Normalverteilung immer und bei allen Gelegenheiten verwendet werden *sollte*. Wenn Ihre spezielle Situation Sie zu einem Wahrscheinlichkeitsurteil führt, das nicht der Normalverteilung entspricht, dann sollten Sie sie auch nicht anwenden.

Weil die normalen Wahrscheinlichkeitsverteilungen so bequem zu handhaben sind, ist die Versuchung stark, sie auch anzuwenden, was unausweichlich dazu führt, dass sie zu oft in Situationen eingesetzt werden, in denen sie

Die Ausbildung
zum Vorstandschef

wirklich nicht passend sind. Ein sehr wichtiges Beispiel für den Missbrauch liegt dann vor, wenn Portfolios Optionen enthalten, die nicht symmetrisch um den Mittelwert herum angeordnet sind, so wie bei der Normalverteilung. Optionen sind Kontrakte, die dem Halter der Option das Recht, aber nicht die Verpflichtung geben, ein Wertpapier innerhalb eines bestimmten Zeitraums zu einem zuvor festgelegten Preis zu kaufen oder zu verkaufen, ganz gleich was mit dem Kurs des Wertpapiers im Markt geschieht. Sagen wir, Sie kauften eine Option, die Ihnen das Recht gibt, die Aktie der Aktiengesellschaft ACME am Ende des Jahres zu einem Kurs von 50 Euro zu kaufen. Für die Option bezahlten Sie 5 Euro. Augenblicklich wird die Aktie zu 30 Euro gehandelt. Liegt der Kurs der Aktie am Jahresende unter 50 Euro, dann werden Sie die Kaufoption nicht ausüben, denn weshalb sollten Sie 50 Euro für etwas bezahlen, das nicht auch 50 Euro wert ist. Liegt der Kurs unter 50 Euro, dann haben Sie 5 Euro je Kontrakt verloren, weil Sie 5 Euro für etwas bezahlt haben, das sich später als wertlos herausstellt. Wenn ACME jedoch zum Jahresende für 80 Euro gehandelt wird, dann werden Sie froh sein, die Aktien zum Kurs von 50 Euro kaufen zu können. Denn dann haben Sie je Kontrakt 25 Euro gewonnen (30 Euro Gewinn minus 5 Euro Kosten für den Erwerb des Kontrakts). Ist die Verteilung der möglichen Gewinne normal? Nein, bei weitem nicht. Ganz gleich, was mit der ACME-Aktie geschieht, der höchste Verlust je Aktie ist 5 Euro, aber Sie könnten 25 Euro gewinnen, wenn der Kurs auf 80 Euro steigt, 35 Euro, wenn er auf 90 Euro steigt, 45 Euro bei einem Kurs von 100 Euro und so weiter. Nach oben gibt es kein Limit. Die negativen Möglichkeiten sind mit einem Verlust von 5 Euro oder weniger verbunden, doch die positiven Möglichkeiten sind auf einen sehr weiten Bereich verteilt. Die Normalverteilung ist symmetrisch, doch die Verteilung der Gewinne aus Ihrem Optionskontrakt sind sehr asymmetrisch. Hätten Sie Aktienoptionen in Ihr Portfolio gemischt und für die Verteilung der Gewinne die Normalverteilung zugrunde gelegt, könnten Sie ein sehr verzerrtes Bild Ihres Risikos erhalten. Ganz nebenbei: Diese Asymmetrie ist der Grund dafür, dass Optionen beim Risikomanagement so nützlich sein können. Sie ermöglichen es, Ihre Risikoverteilung in einer Weise zu gestalten, die ansonsten schwierig oder gar nicht erreichbar ist.

Ein weiteres Beispiel ist, dass die Normalverteilung für einige Wertpapiere die Wahrscheinlichkeit extremer Resultate unterschätzt und somit ein Portfolio, in dem solche Werte enthalten sind, unterbewertet wird. Beispielsweise gibt es statistische Beweise dafür, dass bei Aktien extreme Gewinne und Verluste häufiger vorkommen, als man es erwarten dürfte, läge den Gewinnen aus Aktien die Normalverteilung zu Grunde. Der Börsencrash von 1987 war eine solche Überraschung. Zieht man diese Tendenz nicht in

Betracht, könnte die Berechnung der Volatilität einer Aktie (und des VaR) zu niedrig ausfallen und die Ursache dafür sein, dass der Risikomanager ein höheres Risiko eingeht, als er eigentlich wollte.

So gibt es potenzielle Probleme mit dem VaR, die allgemeiner Art sind, aber auch spezielle Probleme mit der Normalverteilung. Allerdings sind diese Probleme in vielen Situationen nicht so ernsthaft und durchaus zu lösen, weshalb man auf den VaR als Maßstab für finanzielle Risiken nicht verzichten sollte.

Nehmen wir an, Sie glauben aus irgendeinem Grund, dass die Standardabweichung der Gewinne eines Investments ein ausreichendes Maß für die finanziellen Risiken sei. Ist dem so, dann haben Sie ein starkes Hilfsmittel zur Verfügung, das Ihnen helfen kann, diese Risiken zu steuern. Harry Markowitz läutete in seinem richtungweisenden Beitrag von 1952 (»Portfolio Selection« *Journal of Finance*, März 1952, S. 77–91) das moderne Zeitalter des Risikomanagements ein.

Markowitz ging davon aus, dass der Investor die erwarteten Gewinne, die Standardabweichungen und die Gewinnkorrelationen für eine Palette von Werten kennt, die für ein Investment in Frage kommen. Sie erinnern sich an Kapitel 2, als wir sagten, dass die Korrelation den Grad misst, in dem der Wert eines Wertpapiers dazu neigt, zusammen mit dem Wert eines anderes Wertpapiers zu fallen oder anzusteigen. Markowitz verwendete die Standardabweichung als Maßstab für Risiko und leitete ein rigoroses mathematisches System daraus ab, um die Risiken und Chancen eines Portfolios, das aus diesen Wertpapieren zusammengesetzt ist, bestimmen zu können. Er zeigte auch, wie man dieses spezielle Portfolio findet, das bei einem bestimmten Risiko den höchsten erwarteten Ertrag bringt (oder das Portfolio, mit dem geringsten Risiko, das einen bestimmten Gewinn erwarten lässt). Sind Sie risikoscheu, dann kann dieses System für Sie sehr nützlich sein, denn es ermöglicht, unnötige Risiken im Portfolio auszuschließen, ohne dafür einen erwarteten Gewinn opfern zu müssen.

Markowitz schuf eine mathematische Erklärung und Begründung für die Diversifikation, das stärkste Grundprinzip der Finanzwirtschaft. Die Menschen wussten schon lange Zeit, dass die Verteilung des Vermögens auf viele verschiedene Risiken wahrscheinlich weniger riskant war, als dessen Konzentration auf ein Risiko. Doch als Markowitz eine Möglichkeit fand, Portfoliorisiken zu quantifizieren, ersetzte er unscharfe Intuition durch logische Analyse.

Wenn Sie bereit sind, mit all den erforderlichen Annahmen zu leben, und auch alle erforderlichen Daten zur Verfügung haben, dann haben Sie nun ein starkes Hilfsmittel für das Management der Risiken Ihres Portfolios. Ein Beispiel: Nehmen wir an, Sie wählen aus einer Palette von Aktien mit identischen erwarteten Gewinnen und Standardabweichungen, die jedoch miteinander in keiner Korrelation stehen (es gibt keine Tendenz, sich gleichzeitig in die selbe Richtung zu bewegen), Titel für ein neues Portfolio aus. Weil alle Aktien identische Charakteristika aufweisen, könnten Sie versucht sein, sich eine beliebige Aktie auszusuchen, und das wäre es dann. Wenn Sie jedoch ein intuitives Gefühl beschleicht, dass Diversifikation von Vorteil ist, dann können Sie mehrere Aktien auswählen. Um wieviel besser diese Möglichkeit ist, sehen Sie in der Abbildung 6.3.

Wählen Sie nur eine Aktie aus, dann erhalten Sie ein VaR von 20 Prozent. Schon bei zwei Aktion reduziert sich das Risiko auf 14,1 Prozent, und das ist eine ganze Menge. Das Risiko wird mit jeder weiteren Aktie weiter vermindert. Bei 30 Aktien erhalten Sie ein VaR von 3,7 Prozent, und damit gehen Sie ein wesentlich geringeres Risiko ein, obwohl Sie den gleichen Gewinn erwarten dürfen, als hätten Sie nur eine Aktie ausgewählt. Das ist das »kostenlose Mittagessen«, das die Diversifikation Ihnen bietet. Die zusätzliche Risikominderung durch Diversifizierung wird mit jeder weiteren Aktie immer geringer. Wenn die Aktien aber wirklich in keinerlei Korrelation

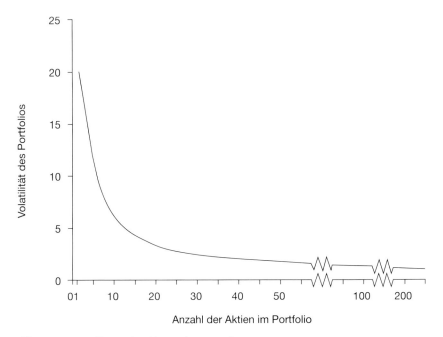

Abb. 6.3 Diversifikation bei Aktien ohne Korrelation

zueinander stehen, dann kann das Risiko bei einer ausreichend großen Anzahl von Aktien gegen 0 gehen.

Leider sind Aktien, die keinerlei Korrelation zueinander aufweisen, nicht leicht zu finden. Die Vorteile der Diversifikation werden geringer, wenn Aktien in einem gewissen Grad korrelieren, was in der Wirklichkeit die Regel ist. Haben Sie ein Aktienportfolio, dann beschleicht Sie wahrscheinlich ein flaues Gefühl, wenn Sie hören, der Dow sei um 300 Punkte gesunken, weil das für Sie wahrscheinlich bedeutet, dass es Ihrem Portfolio ebenso ergangen ist. Überarbeiten wir unser Beispiel zur Korrelation, indem wir eine Korrelation von 0,5 anstelle von 0 unterstellen, dann ist die Diversifikation zwar immer noch vorteilhaft, doch sind die Vorteile geringer, und sie erreichen ein geringeres Limit, das durch den Grad der Korrelation untereinander bestimmt wird. (siehe Abbildung 6.4).

Korrelieren alle Aktien untereinander mit 0,5, dann bringt es tatsächlich kaum noch Vorteile, mit mehr als 30 Titeln zu diversifizieren.

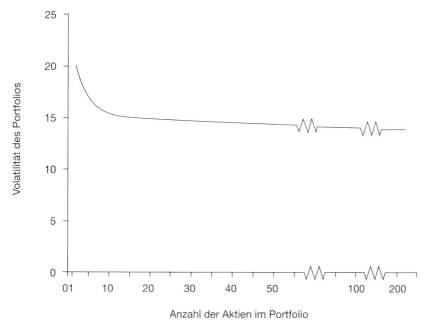

Abb. 6.4   Diversifikation bei Aktien mit einer Korrelation von 0,5

Mit dem Regelwerk von Markowitz kann man sogar kompliziertere Portfolios analysieren. Im realistischsten Fall ist jede Aktie einzigartig, jede hat einen anderen erwarteten Gewinn, eine andere Standardabweichung und

Die Ausbildung
zum Vorstandschef

andere Korrelationen als die anderen Aktien. In der Theorie gibt es für die Anzahl der in Betracht gezogenen Aktien kein Limit.

Verwenden Sie das Modell von Markowitz, können Sie aus Millionen von möglichen Portfolios das mit dem höchsten erwarteten Gewinn bei einem bestimmten Risiko (Normalverteilung) finden, das Sie einzugehen bereit sind. Es ist höchst unwahrscheinlich, dass Sie dieses Portfolio ohne Hilfen finden könnten, wenn Sie sich ausschließlich auf Intuition und Vermutungen verließen. Markowitz schuf in der Tat ein äußerst starkes Hilfsmittel. Die meisten heutigen Risikomodelle sind bis zu einem bestimmten Grad nichts anderes als Variationen der Technik von Markowitz.

Auf den ersten Blick hat es den Anschein, als hätte Markowitz alle Probleme im Risikomanagement mit einem Schlag gelöst. Doch leider holt die Realität uns wieder ein. Eine Schwierigkeit ist, dass die Größe des Problems mit der Anzahl der Aktien im Portfolio exponentiell zunimmt. Ein Problem mit zehn Aktien erfordert, dass Sie 55 Standardabweichungen und Korrelationen feststellen und analysieren müssen. Ein Problem mit 100 Aktien verlangt 5050 Standardabweichungen und Korrelationen. Ein Problem mit 1 000 Aktien, und das ist nur ein kleiner Teil der börsennotierten Aktien, erfordert 500 500 Standardabweichungen und Korrelationen. Woher bekommen Sie all die erwarteten Gewinne und Korrelationen? Vergessen Sie nicht, dass sie *Ihre* Überzeugungen darstellen müssen. Deshalb können Sie die Daten nicht von irgend jemandem kaufen und blind anwenden. Wo finden Sie einen Comuter, den Sie einsetzen, der groß genug, schnell genug und billig genug ist? Es ist eher unwahrscheinlich, dass die Regierung Ihnen einen ihrer Superrechner zur Verfügung stellen wird, nur damit Sie Ihre persönlichen Finanzen managen können. Zum Glück haben über die Jahre viele kluge Leute vereinfachende Annahmen gefunden, die das Modell von Markowitz handlicher und damit in der realen Welt einsetzbar machen, wenn man es zusammen mit einem guten Urteilsvermögen einsetzt.

Wenn wir alle Spitzfindigkeiten beiseite lassen, dann haben wir doch ganz ansehnliche Fortschritte bei der Definition und Quantifizierung finanzieller Risiken gemacht. Selbst wenn die Standardabweichung und andere Variationen des VaR Risiko bestenfalls annähernd beschreiben und uns zuweilen in die Irre führen, ist die Standardabweichung ein wesentlich besserer Ausgangspunkt, um Risikoentscheidungen zu treffen, als Intuition und Vermutungen.

Wir müssen nun unser Risikoregelwerk im Finanzbereich über den VaR hinaus vergrößern, damit wir erkennen können, was alles dazu gehört, wenn komplexe Risiken in speziellen Zusammenhängen gesteuert werden sollen, beispielsweise in einem global agierenden Geldinstitut.

Ein Exkurs

Bevor wir fortfahren, sollten wir erkennen, dass es in der Wahrnehmung von Risiken zwischen Einzelpersonen und Institutionen einen wichtigen Unterschied gibt. Eine Institution bekommt die Konsequenzen der Risiken, die sie eingeht, nicht wirklich zu spüren. Eine Institution wälzt die Konsequenzen der Risiken lediglich auf die Personen ab, die die Institution ausmachen – Manager, Angestellte, Aktionäre, Bürger, Mitglieder, Klienten und so weiter. Eine Mineralölgesellschaft ist nicht enttäuscht, wenn ein trockenes Loch gebohrt wird, doch die Menschen, die Manager, die Angestellten und Aktionäre, könnten mehr oder weniger heftig enttäuscht sein. Eine Regierung schämt sich nicht, wenn sie einen Krieg verliert, anders die Menschen, also Politiker und Bürger.

Die Aussage, dass Institutionen Risiken nicht erleben, sondern dass es immer Menschen sind, erscheint uns zwar banal, doch wir vergessen sie oft. Und dann handeln wir so, als seien Institutionen auch Menschen. Diese Vermenschlichung ist kein harmloser Spaß wie bei Donald Duck, weil sie die Wirkung institutioneller Entscheidungen auf Menschen verschleiern kann. Sie kann auch die Interessenkonflikte zwischen den Menschen verschleiern, die für die Institution Entscheidungen treffen, und den Menschen, aus denen die Institution besteht.

Was hat dieser Unterschied mit Risikomanagement zu tun? Er bedeutet nicht mehr und nicht weniger, als dass die Risikomanager, die im Auftrag der Institution und stellvertretend für sie handeln, wissentlich oder unwissentlich aufgrund ihrer *persönlichen* Überzeugungen handeln und damit unangemessene Risiken auf die Personen abwälzen, aus denen die Institution besteht. Die wirklichen Ursachen mancher Misserfolge im Risikomanagement sind die unvereinbaren Präferenzen derer, die das Risiko eingehen, und derer, die es letztlich zu tragen haben.

Beispielsweise könnten einige bösartige Trader, die schon hohe Verluste für ihre Firma angehäuft haben, irrational verwegen oder einfach inkompetent agieren, andere hingegen ziemlich rational riskante Entscheidungen auf Kosten anderer treffen. Wenn Trader unzureichend kontrolliert werden, haben sie eine *Option*, die sie verführen könnte, weit höhere Risiken einzugehen, als ihre Firma es wünscht. Ein rücksichtsloser Trader geht hohe Risiken zu Lasten seiner Firma ein. Eine riskante Position hat in der Regel ein sehr hohes Gewinnpotenzial, aber auch ein ebenso großes Verlustpotenzial. In schlecht geführten Firmen kann es sein, dass der Manager die Risiken nicht erkennt oder sie nicht sehen will. Geht die Wette auf, dann macht die Firma hohe Gewinne. Der Trader wird als Held gefeiert, erhält einen hohen

Bonus und wird befördert. Geht die Wette daneben, muss die Firma einen hohen Verlust einstecken, und das Schlimmste, was dem Trader passieren kann, ist, dass er gefeuert wird. Für die Verluste der Firma muss der Trader nicht aufkommen, an den Gewinnen wird er allerdings beteiligt. Er hat eine Call-Option auf einen Teil der Gewinne aus der Position. Kopf – er und die Firma gewinnen. Zahl – die Firma muss hohe Verluste abdecken, der Trader kommt ungeschoren davon. Um die Sache noch zu verschlimmern: Ruchlose Trader werden von anderen Firmen, die von ihrem Verhalten nichts wissen, bereitwilligst eingestellt, und dann kann das Spielchen von Neuem beginnen. Dieses Verhalten kann bei gut geführten Firmen nicht funktionieren, weil die Vorgesetzten des Traders die Risiken sehen können. Sie verstehen sie und können sie kontrollieren. Gut geführte Firmen schaffen Anreize für Trader, damit sie im Interesse der Firma handeln, und setzen nur auf solche Gewinne Prämien aus, die um das eingegangene Risiko *korrigiert* wurden. Angenommen, Sie verdienen für die Firma 20 Millionen Euro und sind dabei ein geringes Risiko eingegangen, und ich verdiene für die Firma ebenfalls 20 Millionen Euro, bin aber ein hohes Risiko eingegangen, dann erhalten Sie eine Prämie, ich jedoch nicht. Gut geführte Firmen setzen auch Limits bezüglich der Risiken, die ein einzelner Trader, aber auch die Firma als Ganzes eingehen darf.

Wenn wir also über Risiken sprechen, denen Firmen ausgesetzt sind, gehen wir von der Annahme aus, dass solche Risikofestlegungen und die Entscheidungen, die daraus resultieren, den rechtmäßigen Ansprüchen der Institution entsprechen. Das trifft manchmal zu, manchmal auch nicht, und manchmal wissen wir es einfach nicht.

Sie steuern die Finanzrisiken Ihres Unternehmens

Lassen wir diese Komplikationen für den Augenblick beiseite und betrachten ein Beispiel, in dem wir die Risiken, denen ein Unternehmen ausgesetzt ist, identifizieren und bestimmten Kategorien zuordnen. Wir setzen voraus, dass ein Unternehmen vorrangig wirtschaftliche Ziele verfolgt und im Eigentum privater Anteilseigner steht (diese Voraussetzung ist ganz im Sinne von Adam Smith und gar nicht im Sinn von Karl Marx). Unter dieser Voraussetzung können wir uns auf ein einziges Maß für Risiken konzentrieren – auf den finanziellen Schaden für die Anteilseigner. Mögliche Risiken sind nur dann relevant, wenn sie direkt oder indirekt die finanziellen Interessen der Anteilseigner beeinflussen. Wie wir aber in Kapitel 1 gesehen haben, ist finanzieller Schaden ein zu unscharfer Begriff, um damit

Risiko definieren zu können. Für dieses Beispiel soll gelten, dass finanzieller Schaden mit »potenzielle Minderung des Marktwerts der Anteile der Aktionäre am Unternehmen« umschrieben werden kann.

Die meisten Risikomanager teilen Finanzrisiken in folgende Kategorien ein:

– Kreditrisiko
– Zinsrisiko
– Währungsrisiko
– Sachwertrisiko
– Eigenkapitalrisiko
– Operatives Risiko
– Liquiditätsrisiko.

Das *Kreditrisiko* ist die Unsicherheit über die Fähigkeit oder die Bereitschaft eines anderen, seinen finanziellen Verpflichtungen nachzukommen. Nehmen wir an, Sie besitzen Staatsanleihen im Wert von 10 000 Euro. Sie gaben damit der Regierung 10 000 Euro und sie versprach, diese 10 000 Euro später mit Zinsen zurückzuzahlen. In der Zwischenzeit baut die Regierung mit Ihrem Geld Schulen, kauft Waffen oder andere Güter für die Allgemeinheit. Weil es äußerst unwahrscheinlich ist, dass die Regierung weder Willens noch fähig ist, Ihnen das Geld zurückzuzahlen, das sie Ihnen schuldet, ist auch das Kreditrisiko von Regierungsanleihen äußerst gering. Nehmen wir aber an, Sie hätten einem verarmten Freund 10 000 Euro geliehen und glauben, Ihre Chancen, das Geld zurückzubekommen, stünden 50 : 50. Dieses Darlehen an Ihren Freund trägt ein sehr hohes Kreditrisiko. Doch gerade heute bekommt Ihr Freund einen sehr gut bezahlten Job. Da sich die Fähigkeit Ihres Freundes, den Kredit zu tilgen, verbessert hat, ist auch das Kreditrisiko geringer, als es gestern noch war, aber immer noch nicht so gering wie bei Staatsanleihen. Banken, die in den siebziger Jahren Kredite nach Lateinamerika vergaben, mussten die Erfahrung eines anderen Kreditrisikos machen – die fehlende Bereitschaft zu zahlen, die mit einer Zahlungsunfähigkeit einherging. Die Banken verloren letztlich Milliarden von Dollar, doch die wirkliche Tragödie war dabei, dass vielen anderen Kredit Suchenden, die das Geld für aussichtsreiche Investitionen benötigten, Darlehen verweigert wurden. Eine großartige Möglichkeit, die Welt zu bereichern, wurde versäumt. Das bewusste und informierte Eingehen von Kreditrisiken ist ein sehr wichtiger Beitrag zum Allgemeinwohl, weil es Menschen mit guten Ideen, aber wenig Geld, die Möglichkeit gibt, an das Geld zu kommen, das sie brauchen, um ihre Ideen zu verwirklichen. Das Kreditrisiko ist bei weitem das größte Risiko, das Kreditinstitute eingehen, und ein Hauptgrund (zusammen mit der Hebelwirkung) für Bankenzusammenbrüche.

Das *Zinsrisiko* ist die Unsicherheit über den Wert von Obligationen mit festem Zinssatz (wie etwa Anleihen oder Darlehen), die durch fluktuierende Erlöse aus ähnlichen, im Markt erhältlichen Wertpapieren verursacht wird. Wenn Sie für 10 000 Euro langfristige Anleihen mit einem Zinssatz von 5 Prozent erworben haben, und nunmehr eine vergleichbare Anleihe (das heißt eine solche mit gleicher Restlaufzeit und gleichem Kreditrisiko) mit 8 Prozent Verzinsung kaufen können, dann sind Ihre Anleihen augenblicklich weniger Wert als die 10 000 Euro, die Sie dafür ausgegeben haben. Weshalb? Weil man neue Anleihen im Wert von 6 250 Dollar benötigt, um den gleichen Zinserlös pro Jahr zu erzielen (500 Euro) wie mit Ihren alten Anleihen (6 250 € x 0,8 = 500 €). Kein Mensch würde für Ihre alten Anleihen mehr als 6 250 Euro ausgeben, wenn er die gleichen Zinseinkünfte auch mit neuen Anleihen im Wert von 6 250 Dollar erzielen kann. (In Wirklichkeit ist die Rechnung nicht ganz so einfach, doch der Grundgedanke bleibt gleich.) Fluktuierende Zinssätze auf dem Markt stellen für Ihre Einkünfte aus festverzinslichen Wertpapieren ein Risiko dar.

Währungsrisiko ist die Unsicherheit über den Wert ausländischer Währungen, verursacht durch fluktuierende Wechselkurse. Nehmen wir an, Sie wechselten 1 000 Dollar in englische Pfund um, wobei Sie für einen Dollar 0,70 Pfund erhalten, um damit die Kosten Ihrer Geschäftsreise nach England zu bestreiten. Sie haben also nun 700 Pfund in Ihrer Brieftasche. Am nächsten Tag wird ein neuer Wechselkurs festgelegt, so dass ein Dollar nunmehr einen Wert von 0,8 englischen Pfund hat. Es ist der pure Zufall, doch müssen Sie überraschend die Geschäftsreise absagen. Sie gehen also zur Bank zurück, um die englischen Pfund wieder in Dollar zurückzutauschen. Sie stellen fest, dass Ihre Firma einen Währungsverlust erlitten hat, weil Sie nach dem neuen Wechselkurs nur noch 875 Dollar bekommen (700 : 0,80 = 875 $). Wären Sie jedoch tatsächlich nach England geflogen und hätten das englische Geld dort ausgegeben, dann hätten Sie, bezogen auf den Inhalt Ihrer Brieftasche, *keinen Kaufkraftverlust* wegen des geänderten Wechselkurses gehabt. Wenn Sie in Heathrow landen, haben Sie immer noch 700 englische Pfund in Ihrer Brieftasche, und in England bleiben alle in Pfund ausgezeichneten Preise gleich.

Das *Sachwertrisiko* ist die Unsicherheit über den Wert verbreiteter und standardisierter Rohstoffe wie Gold, Silber und Sojabohnen. Haben Sie 100 Unzen Feingold in Ihrem Safe und der Goldpreis fällt um 10 Dollar je Unze, dann haben Sie gerade 1 000 Dollar verloren. (Wären Sie CEO einer Aktiengesellschaft, die Goldminen betreibt, dann würde der unsichere Goldkurs eher als Geschäftsrisiko und nicht als finanzielles Risiko angesehen. Doch solange Sie die Risiken erkennen und bewusst gestalten, spielt das auch keine große Rolle.)

Das *Eigenkapitalrisiko* ist die Unsicherheit über den Wert von Eigentumsanteilen an anderen Unternehmen, Immobilien oder anderen Objekten. Besitzt Ihr Unternehmen 10 000 Aktien eines High-Tech-Unternehmens und der Kurs fällt um 10 Euro, dann haben Sie eben 100 000 Euro verloren. Hat Ihr Unternehmen Land für die Errichtung einer Produktionsstätte für 8 Millionen Euro gekauft und sind die Grundstückspreise in diesem Gebiet um 10 Prozent gesunken, dann musste Ihr Unternehmen einen Verlust von 800 000 Euro hinnehmen.

Das *operative Risiko* ist die Unsicherheit über potenzielle Verluste, die aus Fehlern oder Unfällen, kriminellen Handlungen wie Betrug oder Diebstahl, aus Defekten von Produktionsmitteln oder Technologie und aus Naturkatastrophen resultieren. Sind Sie besorgt, dass einer Ihrer Buchhalter 10 Millionen Euro von den Firmenkonten auf sein Ruhestandskonto auf den Cayman-Inseln umleiten könnte? Befürchten Sie, dass eine Schwachstelle in Ihrem Kontrollsystem es zulässt, dass Speicherchips im Wert von 5 Millionen Euro an einen Betrüger verschickt werden, der sich als normaler Kunde tarnt? Machen Sie sich Sorgen, dass ein übereifriger Verkäufer einen wichtigen Kunden über den Tisch zieht, der Sie auf 50 Millionen Euro Schadenersatz verklagt, wobei der Schaden sich noch verdreifachen könnte? Befürchten Sie, ein Hacker könnte in das Computersystem Ihres Unternehmens eindringen und es zum Absturz mit Datenverlust bringen? Machen Sie sich Sorgen darüber, dass ein Wirbelsturm 25 Prozent Ihrer Produktionsanlagen lahm legen könnte? All dies sind operative Risiken. Sie haben gemeinsam, dass solche Ereignisse nicht sehr oft eintreten. Wenn es aber doch geschieht, können sich ernsthafte Folgen ergeben, zuweilen sogar Katastrophen. Viele dieser Risiken können durch Versicherungen begrenzt werden, was sich für Naturereignisse und seltene Unglücksfälle, die außerhalb der Kontrolle des Versicherten liegen, anbietet. Viele dieser Risiken, die auf Handlungen von Angestellten zurückzuführen sind, können durch gutes Management begrenzt werden.

Allerdings besteht die Gefahr, diese Risiken zu leicht zu nehmen, insbesondere solche mit geringer Wahrscheinlichkeit, doch mit sehr hohem Schaden. Per definitionem werden diese Ereignisse wahrscheinlich in nächster Zeit nicht eintreten, und gerade deshalb ist man sehr leicht geneigt, sie zu vernachlässigen. Dazu gehören auch verdeckte Geschäftsvorgänge oder entfernt stattfindende Ereignisse, die angesichts des aufregenden alltäglichen Kampfes um Marktanteile, strategische Führung, Kapitalanlagen, Prämien für leitende Angestellte und andere Dinge, denen ein CEO seine Aufmerksamkeit schenkt, fast nebensächlich erscheinen.

Liquiditätsrisiko ist die Unsicherheit darüber, ob Sie etwas rasch zu einem fairen Preis kaufen oder verkaufen zu können. Diesem Konzept widmen wir uns etwas ausführlicher, weil das Liquiditätsrisiko zu den gefährlichsten und am wenigsten verstandenen finanziellen Risiken zählt. Im Vergleich zum Liquiditätsrisiko sind die anderen Risiken relativ einfach zu verstehen.

Nehmen wir an, Sie wollen Ihr Haus verkaufen. Sie haben die Preise der Häuser in Ihrer Nachbarschaft verfolgt und deshalb wissen Sie, dass einige mit dem Ihrigen vergleichbare Häuser für etwa 250 000 Euro den Besitzer gewechselt haben. Diese Häuser waren sechs Wochen, nachdem sie zum ersten Mal angeboten wurden, verkauft. Sie sind überzeugt, dass Ihr Haus ebenfalls einen Wert von 250 000 Euro hat und innerhalb von sechs Wochen verkauft werden könnte. Mit dieser Überzeugung stehen Sie nicht allein, weil Sie Ihr Haus erst kürzlich von einem Gutachter schätzen ließen, der Ihr Haus ebenfalls mit 250 000 Euro bewertete. Allerdings hat sich die Situation inzwischen in zweierlei Hinsicht verändert. Erstens müssen Sie Ihren Job in einer weit entfernten Stadt schon in fünf Wochen antreten. Zweitens gibt es aus unerfindlichen Gründen in Ihrer Gegend im Augenblick keine Nachfrage nach Häusern der Art, wie Sie eines anbieten. Sie vermuten, dass dieser Nachfragemangel nur vorübergehend besteht, weil sich weder etwas an der wirtschaftlichen Situation noch am Immobilienmarkt in Ihrer Gegend geändert hat. Viele Leute, die normalerweise Ihr Haus besichtigt hätten, sind statt dessen in Urlaub gefahren. Sie erwarten, dass die Käufer bald wiederkommen werden.

Nunmehr sind Sie einem Liquiditätsrisiko ausgesetzt. Auch wenn der faire Preis für Ihr Haus bei 250 000 Euro liegt: Die (hoffentlich) vorübergehende Nachfrageflaute macht Ihnen Sorgen, dass Sie innerhalb der geplanten sechs Wochen keinen Käufer finden könnten, der Ihnen 250 000 Euro zahlt. Sie wissen aber auch, dass es einen Interessenten gibt, der bereit ist, für Ihr Haus sofort 235 000 Euro zu zahlen.

Sie müssen entscheiden, was zu tun ist. Sollen Sie jetzt unter Wert verkaufen oder sollen Sie warten, bis jemand kommt, der bereit ist, den Angebotspreis zu bezahlen.

Wenn Sie auf 250 000 Euro bestehen, dann riskieren Sie, dass Sie das Haus mehrere Wochen nach Ihrem Termin nicht verkaufen können. Ist das der Fall, dann besitzen Sie ein Haus, in dem Sie nicht wohnen, und müssen außerdem die Wohnung an Ihrem neuen Wohnort bezahlen. Für ein leeres Haus zu bezahlen ist eine teure und unangenehme Aussicht. Das ist aber noch nicht alles. Bestehen Sie weiterhin auf 250 000 Euro, dann besteht eine weitere, sehr unangenehme Möglichkeit. Während Sie noch warten, bis Sie den richtigen Käufer finden, könnte auch der Immobilienmarkt nachgeben, und der Schätzpreis Ihres Hauses könnte auf 220 000 Euro sinken. Das bedeutet, dass, selbst wenn die Käufer schließlich aus dem Urlaub zurück sind, diese auch nicht mehr als 220 000 Euro für Ihr Haus zahlen würden. Natürlich könnte sich der Markt auch verbessern und der Schätzpreis würde auf 300 000 Euro ansteigen. Doch haben Sie keine Ahnung, ob der Wert Ihres Hauses steigen oder fallen wird, während Sie auf den richtigen Käufer warten.

Sie sind einem Liquiditätsrisiko ausgesetzt, weil es sich erwiesen hat, dass es schwierig ist, schnell Käufer zu finden, die den Schätzpreis zu zahlen bereit sind. Was werden Sie tun? Wenn Sie jetzt für 235 000 Euro verkaufen, erleiden Sie im Vergleich zum Schätzpreis von 250 000 Euro eine Einbuße in der Höhe von 15 000 Euro. Verkaufen Sie jetzt, dann vermeiden Sie die teure Situation, dass Sie Eigentümer eines leeren Hauses sind, das zudem noch Gefahr läuft, im Wert auf 220 000 Euro zu sinken (was für Sie einen Verlust von 30 000 Euro bedeutet), wenn der Immobilienmarkt nachgibt, bevor Sie verkaufen können. Es besteht allerdings auch die Möglichkeit, das Haus für 300 000 Euro verkaufen zu können, wenn die Immobilienpreise wieder steigen. Verkaufen Sie jetzt, dann müssen Sie einen Verlust hinnehmen, doch damit sind dann auch alle Risiken, die die Zukunft birgt, beseitigt. Warten Sie, dann vermeiden Sie heute einen Verlust, doch bleibt das Risiko, in der Zukunft einen noch größeren Verlust zu erleiden, aber auch die Chance, einen Gewinn zu erzielen. Das ist keine Scherzfrage, weil es darauf keine allgemeingültige und richtige Antwort gibt. Nur Sie selbst können entscheiden, was für Sie richtig ist, wobei Ihre Entscheidung wiederum von Ihren Überzeugungen und Ihren Präferenzen abhängig ist.

Liquiditätsrisiken gibt es in verschiedenen Ausprägungen und an vielen Stellen. Haben Sie Schwierigkeiten, einen Wasserverkäufer in der Wüste zu finden, wenn Sie es dringend brauchen (selbst wenn Sie genügend Geld haben, um es zu kaufen), dann ist dies ebenfalls ein Liquiditätsrisiko. Haben Sie Schwierigkeiten, Kreditgeber zu finden, wenn Sie ein Darlehen aufnehmen wollen (selbst wenn Ihre Bonität absolut in Ordnung ist), dann stellt auch dies ein Liquiditätsrisiko dar. Haben Sie Schierigkeiten, jemanden zu finden, der Ihnen ein Währungsrisiko abnimmt, das Sie nicht mehr tragen wollen (selbst wenn Sie bereit und in der Lage sind, ihn dafür zu entschädigen), stellt auch das ein Liquiditätsrisiko dar.

Liquiditätsrisiken sind äußerst gefährlich, weil Sie davon zur schlechtestmöglichen Zeit überrascht werden können – genau dann, wenn Sie unbedingt kaufen oder verkaufen müssen. Können Sie nicht kaufen oder verkaufen, könnten Sie gezwungen sein, Risiken auf sich zu nehmen, die Sie nicht akzeptieren wollen, und Ihre Verluste können weitaus höher ausfallen, als Sie vermuteten.

Liquiditätsrisiken gibt es immer, weil die Märkte nicht immer so funktionieren, wie Ökonomen es sich vorstellen – mit vielen Käufern und Verkäufern, die ständig Transaktionen vereinbaren, jeden Tag und den ganzen Tag lang. Wenn Sie im liquiden Markt der Ökonomen etwas verkaufen wollen, gibt es immer jemanden, der bereit ist, zu einem fairen Preis zu kaufen. Wollen Sie kaufen, dann gibt es auch immer einen Verkäufer, der zu einem fairen Preis anbietet.

Einige Märkte im wirklichen Leben kommen diesem Traum der Ökonomen sehr nahe, beispielsweise der Markt für US-Schatzbriefe. Täglich gibt es Tausende von Käufern und Verkäufern, Privatanleger, institutionelle Anleger und Händler. Schatzbriefe werden auf der ganzen Welt gehandelt, und das 24 Stunden am Tag. Über Internet und andere Kommunikationswege können Sie praktisch zusehen, wie sich die Kurse bewegen. Wenn Sie einen Kurs von 97 Dollar sehen und kaufen wollen, und auch schnell reagieren, dann können Sie einen Kurs von etwa 97 Dollar bekommen, und alle, die zur gleichen Zeit kaufen, bekommen ebenfalls einen Kurs von etwa 97 Dollar. Keiner wird 95 oder 99 Dollar bezahlen. Dieser Markt ist extrem liquide und fair (nicht perfekt, aber nahezu perfekt). Wenn Sie also Schatzbriefe kaufen, dann gehen Sie ein sehr geringes Liquiditätsrisiko ein, weil es sehr wahrscheinlich ist, dass es einen Käufer gibt, wenn Sie zu einem fairen Preis verkaufen wollen. Allerdings gehen Sie *immer* das Risiko ein, dass der Kurs der Schatzbriefe gegen Sie läuft, doch können Sie, wenn Sie es nicht eingehen wollen, auch dieses Risiko schnell und kostengünstig beseitigen.

Die meisten anderen Märkte sind nicht so zuverlässig freundlich wie der Markt für Schatzbriefe. Einige Märkte sind normalerweise sehr liquide, zuweilen besteht aber auch eine geringe Liquidität (Dollar/Euro-Markt). Andere Märkte sind bestenfalls durchschnittlich liquide und sind oft sehr illiquide (Immobilien). Manche Märkte haben eine schwache Liquidität und manchmal sind sie sogar fast illiquide (zum Beispiel Aktien mit geringer Marktkapitalisierung aus Guatemala).

Weil die Liquidität zu bestimmten Zeiten in bestimmten Märkten sehr variabel sein kann, kann es sehr leicht vorkommen, dass Sie sich überreden lassen, ein zu hohes Liquiditätsrisiko einzugehen. Sie gehen ein Währungsrisiko oder ein Zinsrisiko ein und glauben, Sie könnten, wann immer Sie wollen, sich des Risikos ganz oder zumindest teilweise entledigen. Doch später bemerken Sie, dass die Achterbahn doch nicht so viel Spass macht, wie Sie dachten – und dann *können Sie nicht aussteigen.*

Eine der Grundregeln guten Risikomanagements ist, dass Sie Ihre Positionen immer unter Kontrolle halten sollten, so dass Sie aussteigen können, wenn es zu brenzlig wird, ohne allzu viel Schaden zu nehmen. Weil das Liquiditätsrisiko diese Kontrolle schmälert, sollte das Ihren Appetit auf viele andere Risiken wie Kreditrisiken oder Währungsrisiken zügeln.

Eine interessante Eigenschaft des Liquiditätsrisikos ist, dass dessen Konsequenzen auch bei anderen Risiken, die Sie eingehen, spürbar werden. Weil Sie ein zu hohes Liquiditätsrisiko eingegangen sind, haben Sie 40 Millionen Euro Firmenvermögen aus Währungskonten verloren, als Sie auf *der Grundlage früherer Fluktuationen der Wechselkurse in normalen Märkten* glaubten, Sie könnten schlimmstenfalls 20 Millionen Euro verlieren. Sie konnten die Verluste im Währungsmarkt nicht auf 20 Millionen Euro begrenzen, weil der Markt illiquide wurde und es niemanden gab, der Sie rechtzeitig erlöste. Hätten Sie das Liquiditätsrisiko schon vorzeitig erkennen und quantifizieren können, dann hätten Sie auch bemerkt, dass die Möglichkeit bestand, zusätzlich zum Wechselkursrisiko in liquiden Märkten in Höhe von 20 Millionen Euro weitere 20 Millionen Euro aus dem Liquiditätsrisiko zu verlieren. Wäre das der Fall gewesen, dann hätten Sie keine so große Währungsposition aufgebaut und müssten sich nun nicht schweißtriefend vor Ihrem Aufsichtsrat verantworten. Liquiditätsrisiken sind teuflisch schwierig zu erkennen und zu quantifizieren. Aber auch wenn dem so ist, sollten Sie es zumindest versuchen, denn dann haben Sie eine viel bessere Möglichkeit, solche Schwierigkeiten zu vermeiden.

In gewisser Weise ist das Liquiditätsrisiko kein wirklich selbstständiges Risiko, sondern ganz einfach ein zusätzlicher Mechanismus der anderen Risiken, der Ihnen zu schaffen machen könnte.

Zusammenfassung

Alle eben beschriebenen Arten von Risiko können unter Verwendung des VaR (oder eines anderen numerischen Risikomaßes) quantifiziert werden. Wenn wir das tun, können wir die Risiken miteinander vergleichen, indem wir ihren VaR vergleichen. Wir können auch verschiedene Risiken kombinieren (wenn wir die Berechnungen von Markowitz anwenden), um zu sehen, welches Risiko das Unternehmen insgesamt eingeht. Wir können verschiedene Strategien ausprobieren, um herauszufinden, ob die erwarteten Gewinne ihre VaRs rechtfertigen.

Nun verfügen Sie über die Grundbausteine, die Sie benötigen, um die Risiken Ihres Unternehmens erkennen und quantifizieren zu können. Sie haben ein spezielles und quantifizierbares Maß für Risiko: den VaR oder die Wahrscheinlichkeit, dass Sie innerhalb eines bestimmten Zeitraums eine bestimmte Summe verlieren, die Ihren Anteilseignern gehört. Sie haben die größeren finanziellen Risiken bestimmten Ursachen zugewiesen und wissen, wie sie entstehen: Kreditrisiko, Zinsrisiko, Währungsrisiko, Sachwertrisiko, Eigenkapitalrisiko, operatives Risiko und Liquiditätsrisiko. Auch wenn wir nicht ausführlich darauf eingegangen sind, wissen Sie, dass Geschäftsrisiken (wie unsichere Benzinpreise) ebenfalls als VaRs kategorisiert und quantifiziert werden können (obwohl das in der Praxis nicht ganz einfach ist).

Im nächsten Schritt wollen wir diese Bausteine zu einem logisch zusammenhängenden Bild der Risikoposition Ihres Unternehmens zusammenfügen, sodass Sie bessere und begründete Entscheidungen treffen können, um Ihr Unternehmen durch ein gefährliches Umfeld zu führen.

Kapitel 7
Der Blick aus dem Chefsessel

In Kapitel 6 sagten wir, dass Sie CEO oder Vorstandsvorsitzender einer großen Aktiengesellschaft werden und letztlich für das Management aller Risiken verantwortlich sein würden, denen Ihr Unternehmen ausgesetzt ist. Sie haben nun die erforderlichen Grundbausteine, um sowohl finanzielle Risiken als auch Geschäftsrisiken erkennen und quantifizieren zu können.

Nun sind Sie CEO einer großen Bank. Bevor Sie jedoch auf den Knöpfen an Ihrem hübschen Schreibtisch aus Rosenholz herumdrücken, sollten Sie in der Lage sein, sowohl die Bäume als auch den Wald der Risiken zu sehen, denen Ihr Unternehmen ausgesetzt ist. Zum Glück bestehen die Geschäftsrisiken einer Bank zum größten Teil aus den finanziellen Risiken, die wir in Kapitel 6 ausführlich behandelt haben. Deshalb können wir Ihre Aufgaben vereinfachen, indem wir uns ausschließlich auf finanzielle Risiken konzentrieren.

Nun sind Sie also Chef der Amalgamated Banking Corporation (ABC), das heißt eines ausgedehnten Netzwerks globaler Zweigstellen, über die ganze Welt verteilt, auch in den großen Finanzzentren wie London, Tokio und Hongkong. Ihnen sind 35 000 Angestellte unterstellt, einige haben Sie persönlich kennen gelernt. Sie haben 4 000 Geschäftskunden und institutionelle Kunden, von denen Sie viele in angenehmer Umgebung wie 5-Sterne-Restaurants, Wohltätigkeitsgalas, Country-Clubs und in Ihrer Opernloge bewirtet haben. Weil Sie in 47 Ländern und verschiedenen Finanzbereichen tätig sind, haben Sie das Privileg, mit 157 verschiedenen Aufsichtsbehörden zu tun zu haben (manche Länder sind so aufmerksam, mehr als eine zu stellen). Dafür ist Ihre Rechtsabteilung höchst dankbar. Um es einfacher zu machen, zählen wir diese verdammten Behörden nicht mit (das sollten Sie allerdings keinesfalls tun, wenn Sie wirklich CEO einer echten Bank werden).

ABC ist in vielen Geschäftsfeldern tätig und verkauft viele Finanzprodukte, doch kann man alle Produkte als Variation einer der folgenden Finanzbereiche beschreiben:

- *Finanzieren.* Sie bewegen Kapital von denen, die es haben, zu solchen, die es brauchen. Eine Bank finanziert einen Kreditnehmer, der ein Darlehen in Höhe von 10 Millionen Euro in Anspruch nimmt. Ein Risikokapitalgeber finanziert ein neues Unternehmen, indem er neu emittierte Aktien im Wert von 40 Millionen Euro erwirbt.

- *Traden und positionieren.* Kauf und Verkauf von Wertpapieren. Ein Brokerhaus kauft bei mir 1000 Microsoft-Aktien und verkauft sie an Sie weiter. Ein Warenterminhändler kauft bei Ihnen 10 000 Schweinebäuche und verkauft sie an mich weiter.

- *Beratung.* Entscheidungen für Kunden treffen oder Kunden Informationen und Ratschläge vermitteln, damit sie selbst bessere Entscheidungen treffen können. Ihr Investmentfonds braucht Ihr Geld, um in Ihrem Auftrag Aktien seiner Wahl zu kaufen. Mein Investmentbanker rät mir, Ihnen ein Übernahmeangebot für Ihr Unternehmen zu machen. Ihr Investmentbanker rät Ihnen, das Angebot abzulehnen (und so können Sie für den Rest des Kapitels weiterhin CEO bleiben).

- *Durchführung von Transaktionen.* Aufbewahrung, Sicherung, Berichterstattung über und Transfers von Vermögensansprüchen. Ein »Aufpasser« berichtet, welche und wie viele Aktien sich in meinem Investmentportfolio befinden. Wenn ich Ihnen Aktien verkaufe, stellen diese »Aufpasser« sicher, dass die Aktien aus meinem Konto entfernt und Ihrem Konto gutgeschrieben werden. Sie und ich erhalten monatlich Kontoauszüge, die unsere Beteiligungen und Transaktionen beschreiben. Wir beide wissen dann, wo sich unsere Aktien befinden und dass sie vor Verlust und Diebstahl geschützt sind.

- *Risikomanagement.* Wir bringen Kunden ihren gewünschten Risikopositionen näher, indem wir ihnen behilflich sind, unerwünschte Risiken abzugeben und neue Risiken zu erwerben, die besser geeignet sind, den gewünschten Ausgleich zwischen Gewinn und Risiko herzustellen. Ein Derivatehändler hilft mir, das Risiko meines Portfolios zu senken, indem er mir einen Kontrakt über Aktienderivate verkauft, der wertvoller wird, wenn die Aktienkurse fallen, und an Wert verliert, sobald der Wert der Aktien steigt. Verluste bei Aktien werden ganz oder teilweise durch Gewinne mit Aktienderivaten ausgeglichen und umgekehrt. Beachten Sie, dass Sie für das Risikomanagment von ABC nicht verantwortlich sind, sondern dass das Risikomanagement eine der Dienstleistungen ist, die ein Geschäftsbereich von ABC anbietet. Lassen Sie sich nicht verwirren; betrachten Sie diese Abteilung wie irgend einen anderen Geschäftsbereich – ein Geschäft, das für ABC Risiken schafft, indem es Risikomanagement für seine Kunden betreibt.

Ihnen stehen viele talentierte und gut bezahlte Manager zur Verfügung, die alltäglich in diesem Geschäftsbereich arbeiten. Weil ABC ein dezentralisiertes Unternehmen ist, haben diese Manager beträchtliche Freiräume, innerhalb derer sie Entscheidungen treffen können, zu denen Personalwirtschaft, Preisgestaltung, die Entwicklung neuer Produkte, Kundenakquisition und Tätigkeiten, aus denen ABC finanzielle Verpflichtungen erwachsen können, gehören. Unter Ihren ergebenen Angestellten sind Experten auf vielen Fachgebieten: Rechtsanwälte, Ökonomen, Steuerfachleute, Buchhalter, IT-Experten, PR-Leute, Sicherheitsanalysten, Köche, Chauffeure und letztlich auch noch Raumfahrtexperten, die sich haben umschulen lassen.

Mit all diesen spezialisierten Talenten an Bord werden Sie sich fragen, weshalb Sie eigentlich noch etwas wissen müssen, geschweige denn, über Risikomanagement. Kann der Raumfahrtexperte sich nicht um das Risikomanagement kümmern, während Sie mit dem Küchenchef konferieren? Nein, ganz und gar nicht. Es gibt schon gute Gründe dafür, dass Sie als CEO das ganz große Geld verdienen. Erstens haben Sie die Führung übernommen und Sie müssen all diesen Leuten sagen, auf welche großen Ziele sie hinarbeiten und wie sie davon profitieren, wenn sie ihre Aufgaben erfüllen. Zweitens empfinden es die Experten als unter ihrer Würde, mit einem anderen Experten in einer Angelegenheit voll und ganz übereinzustimmen, und Sie müssen sich zwischen den widerstreitenden Meinungen entscheiden. Drittens, wenn einmal alles so schlimm läuft, dass wenig schmeichelhafte Kommentare über Ihr Unternehmen auf der Titelseite des *Wall Street Journal* erscheinen, dann werden Sie es sein, der vor dem Aufsichtsrat Rede und Antwort stehen muss, ebenso vor den Aktionären und Ihren 157 Aufsichtsbehörden. Dann hilft es Ihnen kaum noch zu erklären, jemand habe ohne Ihr Wissen und ohne Ihre Zustimmung etwas getan, und Ihr Fehler sei es nicht gewesen. Das würde alles nur noch schlimmer machen. Sie sind vielleicht nicht das einzige Opfer, doch in einem solchen Fall werden Sie sicher dabei sein. Und dann werden Sie sich nicht mehr in Ihrem Club sehen lassen können.

Also, noch einmal: Ich habe Sie in eine Situation gebracht, aus der Sie nicht mehr heraus können. Sie können und sollten die Dienste der Ihnen zur Verfügung stehenden Experten nutzen, doch letztlich müssen Sie entscheiden und auch die Konsequenzen Ihrer Entscheidungen tragen. So wie ein guter CEO genau weiß, wie er Anwälte einzusetzen hat, ohne selbst Anwalt zu sein, müssen Sie Experten auf dem Gebiet des Risikomanagements einsetzen, ohne selbst Experte auf diesem Gebiet zu sein. Dieses umfassende Expertenwissen effektiv einzusetzen, erfordert einen zusammenhängenden Überblick über das Risikoprofil Ihres Unternehmens; sie müssen wissen, welche Auswirkungen externe Ereignisse auf das Risikoprofil haben könnten und wie Sie es zum Vorteil Ihres Unternehmens gestalten können (auch, wenn Sie als CEO nicht alle Einzelheiten der einzelnen Risiken kennen können).

Das Portfolio der Risiken Ihres Unternehmens

Wir beginnen mit einer ganz einfachen Regel, die für alle Unternehmen und Einzelpersonen angewendet werden kann:

(Was Sie besitzen) minus (was Sie schulden) ist
(das was Sie behalten dürfen)

Was Sie besitzen, ist Ihr Vermögen

»Was Sie besitzen«, also Ihr Vermögen, ist alles, das Ihnen gehört und worauf Sie Anspruch haben und das Ihnen das Recht einräumt, jetzt oder in der Zukunft davon zu profitieren. Diese Ansprüche können alle erdenklichen Formen annehmen: Girokonten, Anleihen, Aktien, Gold, Futures, Aktienoptionen, Versicherungspolicen, Häuser, Grundstücke, Hochöfen, Honorarverträge, Arbeitsverträge, Zeitschriftenabonnements und so weiter.

In einigen Fällen ist der aus dem Vermögen resultierende Wert *festgelegt* (oder zumindest wurde ein fester Wert *versprochen*), so wie bei Darlehensrückzahlungen. ABC hat 10 Millionen Euro an ACME Crank Company verliehen und dafür den Anspruch auf 10 Millionen Euro und aufgelaufene Zinsen in der Höhe von 8 Prozent erhalten, zahlbar in einem Jahr, von heute an gerechnet. ACME hat versichert, die Ansprüche zu erfüllen. Diese Art von Forderung nennt man festverzinsliches Darlehen, Nota oder Anleihe.

In anderen Fällen ist der Wert, den man erhält, variabel, doch durch eine spezielle Formel definiert. Ein Kontrakt über Derivate, der 10 Millionen Euro mal den gültigen Diskontsatz – LIBOR (London Interbank Offered Rate) – zum 30. Juni 2001 zahlt, ist eine *variable* Forderung.

Andere Ansprüche sind *kontingent*, weil der Wert, den man erhält, davon abhängt, ob ungewisse künftige Ereignisse eintreten oder nicht. Wird Ihr Haus innerhalb eines Jahres durch einen Wirbelsturm zerstört, so erhalten Sie 300 000 Euro. In diesem Fall liegt das unsichere Ereignis außerhalb jeglicher Kontrolle. In anderen Fällen kann das unsichere Ereignis durch einen Dritten oder durch Sie selbst ausgelöst werden. Für Ihre außerordentlich gute Leistung als CEO gewährt Ihnen der Aufsichtsrat der ABC eine Option, 10 000 Aktien der ABC zu einem Kurs von 100 Euro zu kaufen. Die Option hat eine Laufzeit von fünf Jahren. Im Augenblick liegt der Kurs der Aktie bei 80 Euro. Selbst wenn Sie könnten, würden Sie die Option heute noch nicht ausüben, denn dann müssten Sie 100 Euro für etwas bezahlen, was einen Wert von nur 80 Euro hat. Allerdings stehen die Chancen gut, dass der Kurs gut über 100 Euro ansteigt, und dann können Sie die Option wahrnehmen und einen netten Gewinn einstreichen. Somit haben Sie einen Anspruch auf einen möglichen künftigen Gewinn, wobei die Höhe des Gewinns vom künftigen Verhalten der ABC-Aktie abhängt und davon, ob Sie die Option ausüben oder nicht. Doch heute wissen weder Sie noch ABC, ob Sie die Option ausüben werden.

Andere Formen bedingter Ansprüche sind *immateriell oder intangibel*, weil die ungewissen auslösenden Ereignisse nicht gut definiert sind. Sie besuchten seinerzeit die Harvard Business School, weil Sie glaubten, damit stiegen Ihre Chancen, eine erfolgreiche und finanziell befriedigende Karriere machen zu können. Doch im Studienvertrag mit Harvard wird ein solches Ergebnis nicht zugesagt, und Sie haben keine Möglichkeit genau zu wissen, wie und warum es eintreffen wird, selbst wenn es schließlich doch eintrifft. Im Verlauf des Studiums gibt es Tausende von Unwägbarkeiten, von denen nur wenige vorhersehbar sind. Dennoch, am Tag der Aushändigung des Diploms waren Sie zuversichtlich, dass Sie das Recht auf etwas Wertvolles erworben haben, selbst wenn es sich um einen immateriellen Wert handelt. Ihr Harvard-Diplom ist ein immaterieller Wert.

Auch Kooperationen stellen einen Anspruch auf einen immateriellen Wert dar, beispielsweise Patentrechte, die noch nicht zur Marktreife des Produkts oder einer Lizenz gediehen sind. Manchmal sind der Markenname und die Reputation das wertvollste Gut eines Unternehmens, weil daraus künftig gewinnbringende Geschäftsmöglichkeiten entstehen können, von denen heute viele noch nicht klar auszumachen sind.

Was Sie schulden, sind Verbindlichkeiten

»Was Sie schulden«, also Verbindlichkeiten, sind alle Ansprüche, die Sie verpflichten, jetzt oder in der Zukunft einen Wert abzugeben. Ebenso wie Vermögen, können Verbindlichkeiten Tausende von Formen annehmen – oft das Spiegelbild der Güter, die wir eben beschrieben haben. Wenn ich Ihnen Geld leihe, dann habe ich ein Gut, nämlich ein gewährtes Darlehen, und Sie haben das Spiegelbild davon, nämlich eine Verbindlichkeit, ein in Anspruch genommenes Darlehen. Was ich besitze, das schulden Sie. Ebenso wie Vermögen, können Verbindlichkeiten festgelegt, variabel oder bedingt sein, und einige bedingte Verbindlichkeiten können auch immateriell sein. Wenn ABC eine Klage droht, dann ist dies eine immaterielle Verbindlichkeit, abhängig davon, ob die Klage eingereicht wird und wie der Fall entschieden wird. Es könnte sein, dass ABC in der Zukunft Geld bezahlen muss, doch der Zeitpunkt, die Höhe des Betrags und die genauen Geschehnisse, die zu diesem Resultat führen, sind unklar und höchst unsicher. Dennoch ist die bestehende Gefahr real genug, um Ihnen, dem CEO, schlaflose Nächte zu bereiten, obwohl die Verbindlichkeit immateriell ist. Die Gefahr könnte jedoch für Investoren immer noch insofern real sein, als sie befürchten, dass der Aktienkurs heute um 3 Euro fällt.

Was Sie behalten dürfen, ist Ihr Nettowert

»Was Sie behalten« oder Ihr Nettowert, ist ganz einfach der Wert von »Was Sie besitzen« (Vermögen) minus dem Wert von »Was Sie schulden« (Verbindlichkeiten). Ihr Nettowert ist das, worum es wirklich geht, nicht Ihr Vermögen allein und auch nicht die Verbindlichkeiten allein. Sinkt Ihr Nettowert, so ist dies ein negatives Resultat. Steigt Ihr Nettowert, ist das ein positives Resultat. Wenn ein Ereignis zur Folge hat, dass Ihr Vermögen an Wert verliert, kann es für Sie negativ sein oder auch nicht, je nachdem, welche Auswirkungen dieses Ereignis auf den Wert Ihrer Verbindlichkeiten hat. Bewirkt das Ereignis, dass der Wert Ihrer Verbindlichkeiten stärker abnimmt als der Wert Ihres Vermögens, dann war dies ein positives Ereignis, weil dann Ihr Nettowert steigt.

Wenn wir also über finanzielle Risiken nachdenken, konzentrieren wir uns ausschließlich auf Ihren (ABCs) Nettowert – die Möglichkeit, dass er innerhalb eines bestimmten Zeitraums mit einer bestimmten Wahrscheinlichkeit um einen bestimmten Betrag (Value at Risk, VaR) sinken könnte. In unseren Beispielen jedoch schauen wir auch hinter den VaR, um herauszufinden, was vor sich geht.

Weil Ihr Nettowert das Nettoergebnis dessen ist, was mit dem Wert Ihres Vermögens und dem Wert Ihrer Verbindlichkeiten geschieht, müssen wir einen Blick darauf werfen, wie sich Ihr Vermögen und Ihre Verbindlichkeiten im Zusammenhang mit verschiedenen Entscheidungen und Szenarien verändern können, und wir müssen die Wahrscheinlichkeit bestimmen, mit der diese Szenarien eintreten können. Das ist der Kern finanziellen Risikomanagements. Da Ihr Vermögen und Ihre Verbindlichkeiten komplexe und unsichere Elemente enthalten, kann der Versuch, ihren Wert zu bestimmen, sehr entmutigend sein. Bei dieser Aufgabe können Buchhalter sehr hilfreich sein, aber zumeist werden Sie von ihnen keine klare, genaue und vollständige Standortbestimmung erhalten.

Ich habe einen ausführlichen und umfassenden Blick auf Vermögen und Verbindlichkeiten geworfen, so wie ihn Buchhalter in den offiziellen Büchern eines Unternehmens nie zulassen würden. Buchhalter glauben, dass sie eine konservative Spezies seien, und sie bewerten ungern etwas mit Zahlen, wenn es sich nicht um Rechnungen, Quittungen oder Verträge handelt. Wie würden Buchhalter mit der drohenden Klage gegen ABC in der Buchhaltung umgehen, mit dem, was ich eben als immaterielle Verbindlichkeit beschrieben habe? Anfangs würden sie höflich darüber hinweg sehen. Später, wenn die Gefahr sichtbar wird, könnte die immaterielle Verbindlichkeit als vage formulierte Fußnote auftauchen. Zum Schluss, wenn der Tag der Abrechnung unabwendbar vor der Tür steht, würden Buchhalter diese Gefahr als Verbindlichkeit in die offizielle Buchhaltung aufnehmen. Weshalb warten sie so lange, bis sie die Realität anerkennen? Buchhalter sagen, es wäre schwierig, den Wert einer solchen Verbindlichkeit einzuschätzen, weil die Unsicherheit so groß ist und der klare Durchblick fehlt. Stimmt, aber jede einigermaßen vernünftige Schätzung ist wahrscheinlich genauer als *null*, was genau die Zahl ist, mit der die Buchhalter den Wert der Verbindlichkeit darstellen, wenn sie sie nicht zur Kenntnis nehmen.

Noch schlimmer, Buchhalter haben eine eigentümliche Aversion, aktuelle Werte zu benutzen, selbst wenn sie zur Verfügung stehen. Banken haben beispielsweise »Investment-Konten« und »Trading-Konten«. Buchhalter verlangen, ganz ordentlich, dass marktgängige Wertpapiere in »Trading-Konten« zum Marktpreis bewertet werden. Hat eine Bank gestern für ihr »Trading-Konto« eine Schatzanleihe für 1 000 Dollar gekauft und die Zeitung berichtet am nächsten Tag, der gegenwärtige Marktpreis liege bei 950 Dollar, dann muss die Bank einen Verlust von 50 Dollar je Anleihe hinnehmen und in den offiziellen Büchern einen Wert von 950 Dollar eintragen. So weit, so gut. Hat die Bank gestern jedoch *identische* Schatzanleihen im Wert von je 1 000 Dollar für das Investment-Konto gekauft, dann verlangen die Buchhalter nicht, dass diese Anleihen zum aktuellen Wert von 950 Dollar angesetzt werden. Die Anleihen würden zum Anschaffungspreis von 1 000 Dollar in den Büchern geführt, und die Bank wäre nicht gezwungen, einen Verlust von 50 Dollar je Anleihe auszuweisen. Nun stehen wir vor der geradezu lächerlichen Situation, dass dieselben Anleihen in den Büchern der Bank mit zwei unterschiedlichen Werten geführt werden, abhängig nur vom Schildchen auf dem Rücken des Aktenordners, in dem sie geführt werden. Wie kann das sein? Eine gute Frage. Ich habe das Argument gehört, dass Investment-Vermögen, anders als Trading-Vermögen, lange Zeit gehalten und nicht gleich wieder verkauft wird. Deshalb muss ein Gewinn (oder Verlust) jetzt noch nicht festgestellt werden. Wenn Sie glauben, dass eine Anleihe den ursprünglichen Nennwert hat, nur weil Sie entschieden haben, sie heute nicht zu verkaufen, dann sind Sie der gleichen Meinung wie die Buchhalter. Meine Meinung ist das nicht.

Leider sind die Manager von Banken nur allzu gern bereit, den Buchhaltern zuzustimmen (es sei denn, im Investment-Konto sind Gewinne enthalten; Manager sind praktisch veranlagte Menschen und werden selten von närrischer Unbeirrbarkeit heimgesucht). Die stillschweigende Kooperation mit Buchhaltern ermöglicht es so manchem Bankmanager, Verluste zu verschleiern und an Positionen mit hohem Risiko festzuhalten, was gegebenenfalls die Zahlungsfähigkeit der Bank in Gefahr bringt.

Ebenso können Buchhalter eine eigentümliche Aversion entwickeln, wenn es darum geht, aktuelle Werte von *Verbindlichkeiten* zu verwenden, selbst wenn sie *identische* Papiere als *Vermögen* gebucht haben. Nehmen wir an, die ABC-Bank hat vor vielen Jahren langfristige Anleihen emittiert, die von einem Investmentfonds für 1 000 Euro je Stück erworben wurden. Die Anleihe wird am Markt gehandelt und aus irgend einem Grund fällt der Kurs auf 850 Euro. Den aktuellen Kurs können Sie in der Zeitung oder im Internet nachlesen. Die Buchhalter können das auch. Wenn sie die Bücher beim Investmentfonds führen, dann wird die ABC-Anleihe als *Vermögen* angesehen, das mit seinem aktuellen Wert von 850 Euro angesetzt werden muss. So weit, so gut. Sieht man aber in die Bücher der ABC-Bank, dann stehen die Anleihen mit ihrem ursprünglichen Wert von 1 000 Euro als *Verbindlichkeit* in den Büchern. *Genau dieselbe* Anleihe hat nun unterschiedliche

Werte, nur deshalb, weil sie einerseits als Verbindlichkeit und andererseits als Vermögen verbucht wurde. Weshalb? Fragen Sie mich nicht! Ich bin sicher, die Buchhalter werden ihre Gründe dafür haben, aber die müssen dann ihr eigenes Buch schreiben.

Diese Beispiele sollten ausreichen, um Sie davon zu überzeugen, dass Sie verwegen wären, würden Sie die Zahlen der Buchhalter für bare Münze nehmen, wenn es darum geht, den wahren Wert und die möglichen Risiken der Verbindlichkeiten und des Vermögens eines Unternehmens zu bestimmen.

Weshalb bin ich von meinem Weg abgewichen, um die Buchhalter zu prügeln, obgleich sie gute Absichten haben, sorgfältig arbeiten und auf Details achten? Weil die so genannten konservativen Buchhalter sehr gefährlich sein können. Weil sie die Realitäten nicht zur Kenntnis nehmen, die für jeden vernünftigen Menschen offensichtlich sind, der dieselben Fakten kennt, können Buchhalter (unabsichtlich) ein gesundes Unternehmen als krank beschreiben oder ein krankes Unternehmen als gesund. Außerdem können sie für Manager geradezu perverse Anreize schaffen, falsche Entscheidungen zu treffen, weil Manager oft kurzfristig für das belohnt werden, was in den Büchern steht, selbst wenn die Buchführung die Realität nicht genau widerspiegelt. Was soll daran konservativ sein?

Der Punkt ist: Gute Risikomanager vertrauen *niemals* den offensichtlichen Zahlen aus der Buchhaltung. Die Zahlen der Buchführung können nützliche Daten bereitstellen, doch ohne eine sorgfältige Interpretation bieten sie keine verlässlichen *Antworten*, um gute Risikoentscheidungen zu treffen. Gutes Risikomanagement basiert auf den Schätzungen der aktuellen und künftigen Werte von Vermögen und Verbindlichkeiten – *realen* Werten. Reale Werte können gegen andere Realwerte gehandelt werden, beispielsweise gegen eine Ladung Heizöl, eine Boeing 747 oder das Recht, das Disney-Logo auf Spielzeugen nutzen zu dürfen. Zahlen aus der Buchhaltung sind lediglich Zahlen. Ihr Nettowert ist bedeutungslos, wenn er nicht genutzt werden kann, um etwas zu kaufen, was Sie gern hätten.

Weil Sie aber ein guter Risikomanager sind, werden Sie sich auf den aktuellen und künftigen Wert Ihres Nettovermögens konzentrieren, der durch das Nettoergebnis der aktuellen und künftigen Veränderungen im Wert Ihres Vermögens und Ihrer Verbindlichkeiten bestimmt wird. Als CEO der ABC-Bank werden Sie eine Sicht der Risikoposition von ABC entwickeln, indem Sie die voraussichtlichen Veränderungen des Nettowerts von ABC unter verschiedenen Bedingungen und nach Maßgabe verschiedener möglicher Entscheidungen betrachten.

Ein einfaches Beispiel: Schatzanweisungen oder Staatsanleihen?

Um zu zeigen, wie Sie das Risiko des Nettowerts eines Unternehmens feststellen können, beginnen wir mit einem ganz einfachen Beispiel. Wir tun so, als sei die ABC-Bank ein völlig neues Unternehmen. Investoren haben gerade neu emittierte Aktien im Wert von einer Milliarde Dollar gekauft. Die Erlöse liegen in Ihrer rechten unteren Schreibtischschublade und warten auf Ihre Entscheidung, was mit ihnen geschehen soll (siehe Tabelle 7.1).

Tabelle 7.1   ABCs Bilanz am Tag 1 (Beträge in Mio. Dollar)

Vermögen (Was ABC besitzt)	Verbindlichkeiten (Was ABC schuldet)	Nettowert (Was ABC behalten darf)
1 000 $ in bar	0 $	1 000 $

Achten Sie auf die Bilanz. 1 Milliarde Dollar Vermögen minus 0 Dollar Verbindlichkeit ist gleich 1 Milliarde Dollar Nettowert. Die Buchhalter wären, trotz allem was ich über sie gesagt habe, stolz auf mich.

Nun müssen Sie Ihre erste Entscheidung als CEO treffen. Wie wollen Sie die Milliarde Dollar anlegen? Nehmen wir an, Ihr Aufsichtsrat habe Ihnen die Wahl zwischen zwei Anlagemöglichkeiten gelassen.

Schatzanweisungen mit einem Festzins von 4 Prozent und einer Laufzeit von zwei Jahren, oder nicht vorzeitig kündbare Staatsanleihen mit dreißigjähriger Laufzeit und einem Festzins von 7 Prozent. Da Sie ein scharfsinniger Finanzier sind, stellen Sie sofort fest, dass die Staatsanleihen höhere Einkünfte abwerfen (7 Prozent) als die Schatzanweisungen (4 Prozent). Die Anleihen sehen gut aus. Da Sie aber ein ebenso scharfsinniger Risikomanager sind, stellen Sie ebenfalls fest, dass Sie die unterschiedlichen Risiken der beiden Wahlmöglichkeiten betrachten müssen, bevor Sie Ihre Entscheidung treffen.

Untersuchen wir die möglichen Risiken der Schatzanweisungen und Staatsanleihen, indem wir die Risikoarten verwenden, die wir in Kapitel 6 entwickelt haben.

Kreditrisiko?   Schatzanweisungen: keine
Staatsanleihen: keine

Wenn Sie nicht glauben, dass die Regierung hinter ihre Verpflichtungen zurückfällt, dann sind Sie sicher, Ihre Milliarde Dollar zurückzubekommen, und dazu fristgerecht alle versprochenen Zinszahlungen.

| Währungsrisiko? | Schatzanweisungen: | keine |
| | Staatsanleihen: | keine |

Sowohl Schatzanweisungen als auch Staatsanleihen sind in der Eurozone auf Euro (in den USA auf US-Dollar) ausgestellt, und deshalb gibt es kein Risiko, dass Veränderungen bei den Wechselkursen den Betrag beeinflussen könnten, der Ihnen später ausbezahlt wird. (Wir wissen, dass es seit dem 1. Januar 2002 keinen Französischen Franc und keine Deutsche Mark mehr gibt, doch wollen wir darüber hier nicht diskutieren.)

| Liquiditätsrisiko? | Schatzanweisungen: | vernachlässigbar |
| | Staatsanleihen: | vernachlässigbar |

Kein Wertpapier ist absolut liquide, und Staatsanleihen sind etwas weniger liquide als Schatzanweisungen. Doch beide Papiere sind so liquide, dass Sie mit sehr hoher Wahrscheinlichkeit sowohl die Schatzanweisungen als auch die Staatsanleihen schnell zum Marktpreis verkaufen können. Dieses Risiko können wir in diesem Beispiel beruhigt außer Acht lassen. Doch das muss nicht immer der Weisheit letzter Schluss sein, insbesondere, wenn Sie ein großes Paket einer bestimmten Emission von Staatsanleihen haben, was dann der Fall wäre, wenn Sie mit Anleihen handelten oder einen Hedgefonds führten.

| Sachwertrisiko? | Schatzanweisungen: | keine |
| | Staatsanleihen: | keine |

Sowohl Schatzanweisungen als auch Staatsanleihen werden in Euro (oder Dollar) ausgezahlt und nicht in Schweinebäuchen.

| Eigenkapitalrisiko? | Schatzanweisungen: | keine |
| | Staatsanleihen: | keine |

Weder Schatzanweisungen noch Staatsanleihen geben Ihnen einen Miteigentumsanteil an der Regierung (den haben Sie bereits als Wähler und Steuerzahler). Sie bekommen einen festen Betrag ausbezahlt, völlig unabhängig davon, ob die Regierung Gewinn macht oder nicht.

| Operatives Risiko? | Schatzanweisungen: | vernachlässigbar |
| | Staatsanleihen: | vernachlässigbar |

Es besteht eine winzige Möglichkeit, dass ein Schreibfehler, ein Computerproblem oder irgendein anderes Chaos die Auszahlung verzögert. So etwas kommt bei von der Regierung ausgegebenen Wertpapieren nicht sehr oft vor, und wenn es einmal vorkommt, dann ersetzt der Schuldige fast immer alle Verluste.

| Zinsrisiko? | Schatzanweisungen: | sehr niedrig |
| | Staatsanleihen: | sehr hoch |

Nun kommen wir zum einzigen signifikanten Unterschied bezüglich der Risiken von Schatzanweisungen und Staatsanleihen – dem Zinsrisiko. Schatzanweisungen haben im Vergleich zu Staatsanleihen eine sehr kurze Laufzeit (zwei Jahre gegenüber dreißig Jahren). Deshalb beeinflussen Veränderungen beim Zinssatz den Wert von Schatzanweisungen weit weniger als denjenigen von Staatsanleihen (siehe die Ausführungen in Kapitel 6 über Zinsrisiken). Wir müssen diesen Unterschied allerdings erst quantifizieren, bevor Sie Ihre Anlageentscheidung treffen.

Tabelle 7.2 fasst unsere bisherige Risikoanalyse zusammen. Wir wissen, dass Staatsanleihen höhere laufende Einkünfte bescheren als Schatzanweisungen (7 Prozent gegenüber 4 Prozent), jedoch ein höheres Zinsrisiko bergen. Doch um wie viel höher? Benutzen wir die normale Anleihenmathematik, dann können wir berechnen, um wieviel eine bestimmte Änderung des Zinssatzes den Wert von Schatzanweisungen und Staatsanleihen verändert. Die Ergebnisse finden Sie in der Tabelle 7.3.

Tabelle 7.2 Charakteristika der verschiedenen Risiken

Risikoart	Schatzanweisung	Staatsanleihe
Kreditrisiko	Keines	Keines
Währungsrisiko	Keines	Keines
Liquiditätsrisiko	Vernachlässigbar	Vernachlässigbar
Rohstoffrisiko	Keines	Keines
Eigenkapitalrisiko	Keines	Keines
Operatives Risiko	Vernachlässigbar	Vernachlässigbar
Zinsrisiko	Sehr gering	Sehr hoch

Tabelle 7.3 Zinsrisiko für Schatzanweisungen und Staatsanleihen

Marktzins (%)	Schatzanweisung (1 Jahr) 4 % Coupon	Kurs Schatzanweisung (2 Jahre) 4 % Coupon	Staatsanleihe (30 Jahre) 7 % Coupon
1	102,97	105,91	254,85
2	101,96	103,88	211,98
3	100,97	101,91	178,40
4	100,00	100,00	151,88
5	99,05	98,14	130,74
6	98,11	96,33	113,76
7	97,20	94,58	100,00
8	96,30	92,87	88,74
9	95,41	91,20	79,45
10	94,55	89,59	71,72
11	93,69	88,01	65,22
12	92,86	86,48	59,72

Die Tabelle 7.4 zeigt uns die gleichen Informationen, nur als Veränderung ausgedrückt: Achten Sie bitte darauf, dass die Empfindlichkeit der Kurse der Schatzanweisungen und Staatsanleihen auf Marktzinsänderungen gegen Ende der Laufzeit zunimmt. Bei einer Zinserhöhung um 2 Prozentpunkte verliert die einjährige Schatzanweisung 1,89 Dollar, die zweijährige Schatzanweisung verliert 3,67 Dollar und die 30-jährige Staatsanleihe verliert 20,55 Dollar. Eine bestimmte Veränderung des Marktzinses hat auf langfristige Anleihen eine stärkere Auswirkung als auf die kurzfristigen Schatzanweisungen. Sind die Marktzinsen sehr volatil, sind auch die Kurse der langfristigen Staatsanleihen sehr volatil und damit wesentlich riskanter als kurzfristige Schatzanweisungen.

Tabelle 7.4 Veränderungen des Marktzinssatzes und der Kurse

Veränderung des Marktzinssatzes (%)	Schatzanweisung (1 Jahr) 4 % Coupon	Veränderungen des Kurses Schatzanweisung (2 Jahre) 4 % Coupon	Staatsanleihe (30 Jahre) 7 % Coupon
−5	–	–	+111,98
−4	+4,00	+8,00	+78,40
−3	+2,97	+5,91	+51,88
−2	+1,96	+3,88	+30,74
−1	+0,97	+1,91	+13,76
0	0	0	0
+1	−0,95	−1,86	−11,26

Der Blick aus
dem Chefsessel

Tabelle 7.4 Fortsetzung

Veränderung des Marktzinssatzes (%)	Veränderungen des Kurses		
	Schatzanweisung (1 Jahr) 4 % Coupon	Schatzanweisung (2 Jahre) 4 % Coupon	Staatsanleihe (30 Jahre) 7 % Coupon
+2	−1,89	−3,67	−20,55
+3	−2,80	−5,42	−28,28
+4	−3,70	−7,13	−34,78
+5	−4,59	−8,80	−40,28
+6	−5,45	−10,41	−44,97
+7	−6,31	−11,99	−49,02
+8	−7,14	−13,52	−52,53

Der nächste Schritt ist, uns eine Meinung über die künftige Volatilität der Zinssätze zu bilden, damit die wahrscheinliche Volatilität des Nettowerts der ABC-Bank bei unterschiedlichen Anlagestrategien bestimmt werden kann. Leider haben Sie, wenn Sie so sind wie ich, im Augenblick noch keine Meinung zu diesem Thema, und deshalb rufen Sie Ihre hoch bezahlten Ökonomen und Trader zur Hilfe.

Nachdem Sie jedem eine Zigarre aus Ihrem begehbaren Humidor angeboten haben, fragen Sie sie, was sie über die künftige Volatilität der Zinssätze denken. Wie es bei den meisten Experten der Fall ist, beantworten sie eine Frage mit einer Gegenfrage: »Welche Zinssätze?« Sie antworten: »Kurzfristige Schatzanweisungen und langfristige Staatsanleihen.« Die Experten fragen: »In welchem Zeitraum?« Weil Sie wissen, dass Ihr nächster Bonus davon abhängt, wie sich die Bank in genau einem Jahr entwickelt hat, sagen Sie: »In den nächsten zwölf Monaten.« Der Ökonom hält nun einen fünf Minuten langen Vortrag über Alan Greenspans voraussichtliche Stimmungsschwankungen im nächsten Jahr. Dann wenden Sie sich an den Anleihen-Trader, der Ihnen einen fünf Minuten langen Vortrag über die voraussichtlichen Stimmungsschwankungen von George Soros hält, den berühmten Investor, der ganze Märkte in Bewegung zu versetzen vermag. Er schaut auch auf seine Uhr, denn während er im Konferenzraum mit Ihnen diskutiert, fehlt ihm die Zeit, um unten auf dem Handelsparkett Geld zu verdienen.

Beiden Experten sagen Sie: »Das ist alles ganz interessant, doch meine Frage beantworten Sie damit nicht. Ich möchte es genauer ausdrücken. Sie arbeiten für mich jeweils drei Szenarien aus, für Schatzanweisungen und Staatsanleihen: das erwartete Szenario, in dem die Chancen, dass die Zinssätze hoch oder niedrig liegen, gleich groß sind; ein Szenario mit hohen

Zinsen, in dem nur ein Prozent Wahrscheinlichkeit besteht, dass die Zinsen noch höher liegen werden, und das Szenario mit den niedrigen Zinsen, bei dem das Risiko, dass die Zinsen noch niedriger sein werden, auch nur ein Prozent beträgt. Alle Zahlen sollen sich auf den Zeitraum von einem Jahr von heute an beziehen.«

Die beiden Experten fühlen sich überhaupt nicht wohl, weil sie ihre Meinung in dieser Form darlegen sollen. Der Ökonom möchte sagen: »Andererseits …« Der Trader möchte sagen: »Mach es einfach.« Und so dauert es geraume Zeit, bis es Ihnen gelingt, die Antworten aus ihnen herauszuquetschen. Natürlich haben die beiden Experten unterschiedliche Meinungen. Also müssen Sie mit dem auskommen, was Sie haben. Sie nehmen das, was Sie von den Experten erfahren haben, kombinieren es mit Ihren eigenen Vermutungen und Ihren eigenen Beurteilungen der Ansichten des Traders und des Ökonomen. Dann machen Sie sich Ihr Bild darüber, wie sich die Zinssätze im kommenden Jahr verändern werden. Und wie machen Sie das? Fragen Sie mich nicht, denn das ist eine der Angelegenheiten, für die CEOs bezahlt werden. Sie nehmen Ihren goldenen Cross-Kugelschreiber und skizzieren auf Ihrem gelben Notizblock eine Tabelle, die aussieht, wie Tabelle 7.5.

Tabelle 7.5 Die Ansichten des CEO zu den Zinssätzen

Szenario	Wahrscheinlichkeit in %	Zinssatz für Schatzanweisungen zum Jahresende in %	Zinssatz für Staatsanleihen zum Jahresende in %
Niedrigere Zinsen	1	2	4
Zinsen in erwarteter Höhe	98	3	7
Höhere Zinsen	1	11	12

Einige Leute würden sich beschweren, Ihre Sicht der Dinge sei ein wenig grob. Besteht nicht die Chance, dass die Zinsen für Schatzanweisungen auch bei 2,5 oder 9 Prozent liegen könnten? Oder dass die Zinsen für Staatsanleihen bei 3 oder 13 Prozent liegen könnten? Natürlich besteht diese Möglichkeit, doch während Sie noch über Wahrscheinlichkeiten für 37 mögliche Zinssätze brüten, könnte sich der Anleihenmarkt schon zu Ihren Ungunsten bewegen, und Sie könnten die Aufsichtsratssitzung um 15 Uhr versäumen. Tatsächlich aber haben Sie mehr getan als die meisten VaR-Experten, die sich nur mit dem Szenario von einem Prozent Wahrscheinlichkeit beschäftigt hätten, dass die Zinsen höher als erwartet liegen würden (und Ihr System würde sie fünf Stunden an Rechnerei kosten). Letzten Endes sind es Ihre Ansichten, für die Sie Ihre Karriere aufs Spiel setzen. Sie sind der CEO und Sie haben das Sagen – basta!

Nun müssen wir überprüfen, wie der Nettowert von ABC durch die verschiedenen Entscheidungen unter den jeweiligen Szenarien beeinflusst würde. Denken Sie daran: Ihr Aufsichtsrat ließ Ihnen nur die Wahl zwischen diesen beiden Investmentstrategien: Sie investieren eine Milliarde Dollar in Schatzanweisungen mit zweijähriger Laufzeit, oder Sie investieren alles in Staatsanleihen. Offensichtlich haben Sie Ihren Aufsichtsrat nicht nach Fantasie und Flexibilität zusammengestellt. Vielleicht dachten Sie eher an eine Abwehrschlacht gegen eine feindliche Übernahme.

Sehen wir nun das Szenario mit den erwarteten Zinssätzen durch und nehmen an, wir hätten in Schatzanweisungen mit zweijähriger Laufzeit investiert.

– Heute investieren wir in 1 Milliarde Dollar in Schatzanweisungen mit zweijähriger laufzeit bei einem Zinssatz von 4 Prozent.
– Innerhalb des kommenden Jahres haben wir einen Zinsgewinn in der Höhe von eine Milliarde Dollar x 0,04 = 40 Millionen Dollar.
– In einem Jahr haben sich die Zinsen für Schatzanweisungen von 4 auf 3 Prozent verringert (entsprechend Ihrem Szenario für die erwartete Zinsentwicklung). In unseren Büchern stehen immer noch Schatzanweisungen im Wert von einer Milliarde Dollar und einer Restlaufzeit von einem Jahr. Nun müssen wir die Anleihen zum Marktpreis ausweisen, so dass unser Vermögen fair bewertet ist. Ein einjähriger Coupon mit 4 Prozent Zinsen ist jetzt 100,97 Dollar wert, und so hat ABCs Position Schatzanweisungen einen Gesamtwert von 1,00997 Milliarden Dollar.
– Und deshalb sieht das Vermögen von ABC in einem Jahr so aus: 1,0097 Milliarden Dollar in Schatzanweisungen und 40 Millionen Dollar in bar, zusammen also 1,0497 Milliarden Dollar.
– Da ABC keine Verbindlichkeiten hat, beträgt ABCs Nettowert 1,0497 Milliarden Dollar.
– Die Einkünfte von ABC betragen 40 Millionen Dollar (Zinsgewinn) plus 9,7 Millionen Dollar (Wertzuwachs der Schatzanweisungen), zusammen also 49,7 Millionen Dollar. Beachten Sie, dass ABCs Einkünfte ebenso hoch sind wie die Veränderung des Nettowerts. (1 049,7 − 1 000 = 49,7).

Nun gehen wir das Szenario mit erwarteten Zinsen für Staatsanleihen mit dreißigjähriger Laufzeit und 4 Prozent Zinsen durch:

- Heute investieren wir eine Milliarde Dollar in Staatsanleihen mit drei-ßigjähriger Laufzeit und einer Verzinsung von 7 Prozent.
- Im kommenden Jahr erhalten wir dafür Zinsen in der Höhe von 1 Milliarde Dollar x 0,07 = 70 Millionen Dollar.
- In genau einem Jahr liegen die Marktzinsen für Staatsanleihen unver-ändert bei 7 Prozent (entsprechend dem erwarteten Szenario). Staats-anleihen im Wert von einer Milliarde Dollar und einer Restlaufzeit von 29 Jahren stehen immer noch in den Büchern. Diese Anleihen müssen wir zum Marktwert ausweisen, so dass unser Vermögen zum wahren Wert dargestellt wird. Ein Coupon mit 7 Prozent und einer Restlaufzeit von 29 Jahren ist bei einem Marktzins von 7 Prozent 100 Dollar wert, und so ist ABCs Position immer noch eine Milliarde Dollar wert.
- In genau einem Jahr besteht das Vermögen von ABC aus: einer Milliar-de Dollar in Staatsanleihen mit dreißigjähriger Laufzeit und 70 Millio-nen Dollar in bar = 1,070 Milliarden Dollar.
- Da ABC keine Verbindlichkeiten hat, ist auch ABCs Nettowert 1,070 Milliarden Dollar.
- ABCs Einkünfte sind 70 Millionen Dollar (Zinsgewinn) plus 0 Dollar (keine Veränderung im Wert der Anleihen) = 70 Millionen Dollar. Beachten Sie, dass ABCs Einkünfte der Veränderung des Nettowerts seines Vermögens entsprechen.

Wenn also das erwartete Szenario zutrifft, dann verdient ABC bei einer Investition in Schatzanweisungen 49,7 Millionen Dollar und bei einer Inves-tition in Staatsanleihen 70 Millionen Dollar. Diese Anleihen sind verfüh-risch, doch sollten Sie, bevor Sie entscheiden, einen Blick auf die anderen beiden Szenarien werfen.

Wir stellen nun die gleichen Berechnungen für das Szenario mit den im Vergleich zu den Erwartungen höheren bzw. niedrigeren Zinsen an und fas-sen unsere Analyse in der Abbildung 7.1 zusammen.

Weil wir Risiko anhand der Volatilität des Nettowerts von ABC definiert haben, stellen wir fest, dass die Strategie mit Anleihen wesentlich riskanter ist als diejenige mit Schatzanweisungen. Investieren Sie in Schatzanweisun-gen, reichen die möglichen Resultate von –23,1 Millionen Dollar bis +59,6 Millionen Dollar. Wenn Sie aber in Anleihen investieren, dann liegen die möglichen Resultate zwischen -331,1 Millionen Dollar und +579,5 Millionen Dollar.

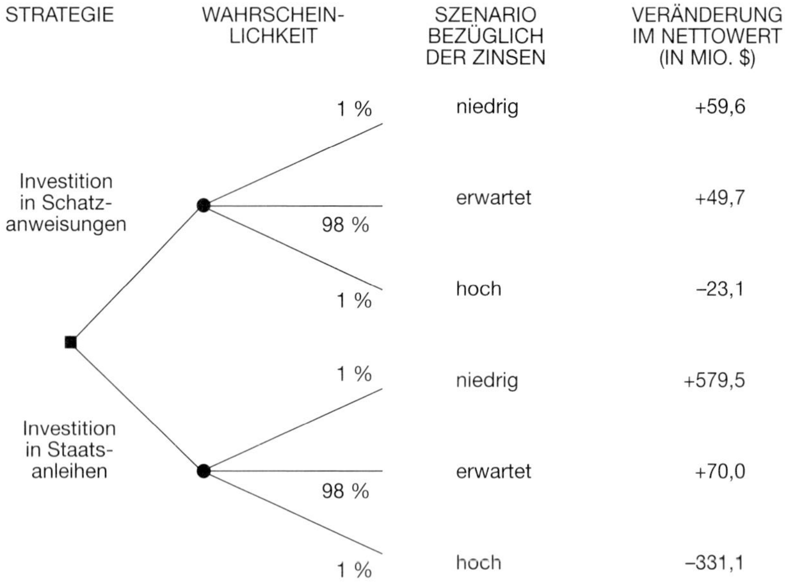

STRATEGIE	WAHRSCHEIN-LICHKEIT	SZENARIO BEZÜGLICH DER ZINSEN	VERÄNDERUNG IM NETTOWERT (IN MIO. $)
	1 %	niedrig	+59,6
Investition in Schatz-anweisungen	98 %	erwartet	+49,7
	1 %	hoch	−23,1
	1 %	niedrig	+579,5
Investition in Staats-anleihen	98 %	erwartet	+70,0
	1 %	hoch	−331,1

Abb. 7.1   Entscheidungsbaum für Investitionen in Schatzanweisungen oder Staatsanleihen

Nun ist die Analyse abgeschlossen. Was werden Sie tun? Die Anleihen sind sehr verführerisch, denn entsprechend Ihren Überzeugungen bezüglich der künftigen Zinssätze besteht eine Wahrscheinlichkeit von 99 Prozent, dass die Anlage in Anleihen profitabler ist als eine Anlage in Schatzanweisungen, wobei sogar die Möglichkeit besteht, einen Gewinn von 579,5 Millionen Dollar einzustreichen. Es besteht allerdings auch eine Chance von 1 Prozent, dass ABC 331 Millionen Dollar verliert und Sie Ihren Job als CEO. Schatzanweisungen sind wesentlich sicherer, doch haben sie auch ein geringeres Gewinnpotenzial. Sie können gut damit leben, dass der höhere Gewinn nur durch erhöhtes Risiko zu bekommen ist, und so entscheiden Sie, in Staatsanleihen zu investieren.

Beispiel 2: Ein kleiner Hebel

Tatsächlich fühlen Sie sich mit der gewählten Investmentstrategie so wohl, dass Sie sogar noch ein wenig mehr investieren wollen. Dafür brauchen Sie aber mehr Geld. Sogar der letzte Groschen aus den Mitteln der Aktionäre wurde in das Anleihen-Investment gesteckt. Zum Glück ist ABC eine große Bank. Sie wissen, dass Sie ganz leicht eine weitere Milliarde Dollar aufbringen können, indem Sie Banksparbriefe mit einjähriger Laufzeit und einem Festzins von 4,5 Prozent emittieren. Damit könnten Sie Anleihen im Wert von 2 Milliarden und nicht nur für eine Milliarde Dollar kaufen. Nun sind Sie angekommen in der wunderbaren Welt der Hebelwirkung.

Entsprechend wiederholen wir nun die Risikoanalyse. In diesem Beispiel verwenden wir das Szenario mit niedrigeren als den erwarteten Zinsen und investieren in Staatsanleihen.

- Heute leihen wir eine Milliarde Dollar, indem wir Banksparbriefe mit einjähriger Laufzeit und 4,5 Prozent Zinsen emittieren.
- Wir investieren insgesamt 2 Milliarden Dollar in Staatsanleihen mit 30 Jahren Laufzeit und einem Zins von 7 Prozent. Eine Milliarde Dollar stammt aus den Einlagen der Aktionäre und eine weitere Milliarde Dollar aus der Emission der Banksparbriefe.
- Im kommenden Jahr erzielen wir 2 Milliarden x 0,07 = 140 Millionen Dollar als Zinseinkünfte aus den Anleihen. Wir zahlen 1 Milliarde x 0,045 = 45 Millionen Dollar Zinsen auf die Banksparbriefe. Somit machen die Nettozinseinkünfte 140 Millionen Dollar – 45 Millionen Dollar = 95 Millionen Dollar aus.
- Heute in einem Jahr sind die Marktzinsen für Staatsanleihen auf 4 Prozent gefallen (entsprechend Ihrem Niedrigzins-Szenario). In unseren Büchern haben wir immer noch Anleihen mit einem Nennwert von 2 Milliarden Dollar und einer Restlaufzeit von 29 Jahren. Diese Anleihen müssen wir zum Marktpreis bewerten, so dass unser Vermögen zu seinem wahren Wert dargestellt wird. Ein Coupon mit 29 Jahren Restlaufzeit und einem Zinssatz von 7 Prozent ist bei einem Marktzins von 4 Prozent 150,95 Dollar wert, und deshalb hat ABCs Anleihenposition einen Wert von 2 Milliarden Dollar x 1,5095 = 3,019 Milliarden Dollar.
- Somit besteht das Vermögen von ABC heute in einem Jahr aus 3,019 Milliarden Dollar in Anleihen mit einer Restlaufzeit von 29 Jahren plus 95 Millionen Dollar in bar aus den Zinseinkünften = 3,114 Milliarden Dollar.
- ABC hat allerdings Verbindlichkeiten von einer Milliarde Dollar (die Banksparbriefe), und deshalb ist der Nettowert 3,114 Milliarden Dollar – 1 Milliarde Dollar = 2,114 Milliarden Dollar.
- ABCs Einkünfte sind dann 95 Millionen Dollar (Nettozinserlöse) plus 1,019 Milliarden Dollar (Wertsteigerung der Anleihen) = 1,114 Milliarden Dollar. Beachten Sie, dass die Einkünfte ABCs der Veränderung des Nettowerts entsprechen: 2,114 Milliarden Dollar – 1,000 Milliarden Dollar = 1,114 Milliarden Dollar.

In dem Szenario mit niedrigen Zinsen bringt die Hebelwirkung bei Anleihen einen Gewinn von mehr als einer Milliarde Dollar, wobei der Nettowert für die Anteilseigner in nur einem Jahr mehr als verdoppelt wird! Ohne Hebelwirkung hätte der Gewinn in diesem Szenario nur 579,5 Millionen Dollar ausgemacht. Nun ist es an der Zeit, sich die Hochseejacht zu kaufen, auf die Sie schon immer ein Auge geworfen hatten. Das ist Hebelwirkung in Aktion!

Doch natürlich ist das Leben nicht so einfach. Das Sprichwort sagt: »Der Hebel wirkt in beiden Richtungen.« Sehen wir nach, was bei einem Szenario mit hohen Zinsen geschieht:

- Heute leihen wir eine Milliarde Dollar, indem wir Banksparbriefe mit einjähriger Laufzeit und 4,5 Prozent Zinsen emittieren.
- Wir investieren insgesamt 2 Milliarden Dollar in Staatsanleihen mit 30 Jahren Laufzeit und einem Zins von 7 Prozent. Eine Milliarde Dollar stammt aus den Einlagen der Aktionäre und eine weitere Milliarde Dollar aus der Emission der Banksparbriefe.
- Im kommenden Jahr erzielen wir 2 Milliarden x 0,07 = 140 Millionen Dollar als Zinseinkünfte aus den Anleihen. Wir zahlen 1 Milliarde x 0,045 = 45 Millionen Dollar Zinskosten für die Banksparbriefe. Somit machen die Nettozinseinkünfte 140 Millionen Dollar – 45 Millionen Dollar = 95 Millionen Dollar aus.
- Heute in einem Jahr sind die Marktzinsen für Staatsanleihen auf 12 Prozent gestiegen (entsprechend Ihrem Hochzins-Szenario). In unseren Büchern haben wir immer noch Anleihen mit einem Nennwert von 2 Milliarden Dollar und einer Restlaufzeit von 29 Jahren. Diese Anleihen müssen wir zum Marktpreis bewerten, so dass unser Vermögen zu seinem wahren Wert dargestellt wird. Ein Coupon mit 29 Jahren Restlaufzeit und einem Zinssatz von 7 Prozent ist bei einem Marktzins von 12 Prozent 59,89 Dollar wert, und deshalb hat ABCs Anleihenposition einen Wert von 2 Milliarden Dollar x 0,5989 = 1,1978 Milliarden Dollar.
- Somit besteht das Vermögen von ABC heute in einem Jahr aus 1,1978 Milliarden Dollar in Anleihen mit einer Restlaufzeit von 29 Jahren plus 95 Millionen Dollar in bar aus den Zinseinkünften = 1,2928 Milliarden Dollar.
- ABC hat allerdings Verbindlichkeiten von 1 Milliarde Dollar (die Banksparbriefe) und deshalb ist der Nettowert 1,2928 Milliarden Dollar – 1 Milliarde Dollar = 292,8 Millionen Dollar.

– ABCs Nettoverlust sind dann 95 Millionen Dollar (Nettozinserlöse) minus 802,2 Millionen Dollar (Wertverlust der Anleihen) = 707,2 Millionen Dollar. Beachten Sie, dass die Nettoverluste ABCs der Veränderung des Nettowerts entsprechen: 292,8 Millionen Dollar – 1,000 Milliarden Dollar = 707,2 Millionen Dollar.

Abbildung 7.2 zeigt eine Zusammenfassung als Entscheidungsbaum.

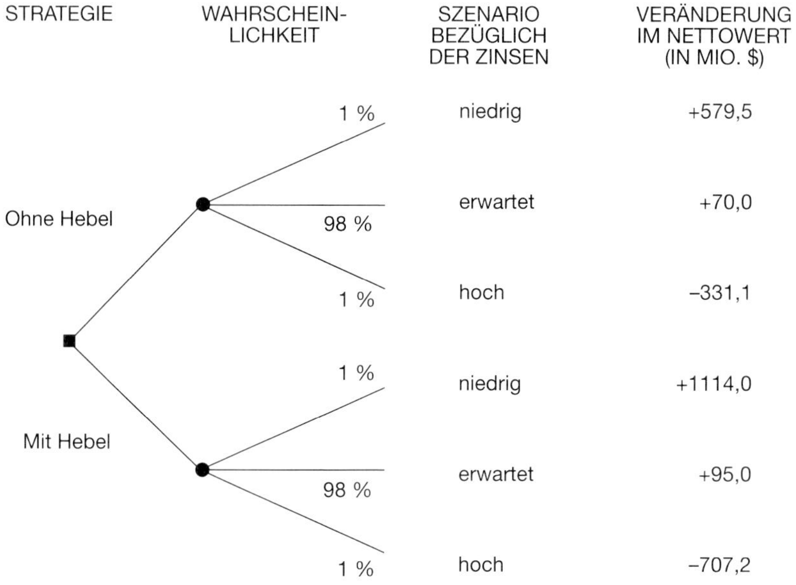

STRATEGIE	WAHRSCHEIN-LICHKEIT	SZENARIO BEZÜGLICH DER ZINSEN	VERÄNDERUNG IM NETTOWERT (IN MIO. $)
	1 %	niedrig	+579,5
Ohne Hebel	98 %	erwartet	+70,0
	1 %	hoch	−331,1
	1 %	niedrig	+1114,0
Mit Hebel	98 %	erwartet	+95,0
	1 %	hoch	−707,2

Abb. 7.2 Hebeln oder nicht hebeln bei einem Investment in Anleihen

Nun, das Szenario mit hohen Zinsen ist wahrlich kein Grund zur Freude. Die Hebelwirkung vergrößert den Verlust von 331,1 Millionen Dollar auf 707,2 Millionen Dollar, und der Nettowert für die Aktionäre sinkt von einer Milliarde Dollar auf 292,8 Millionen Dollar, was einen Jahresverlust von 71 Prozent bedeutet. Sie werden an hervorgehobener Stelle im *Wall Street Journal* nicht gerade schmeichelhafte Berichte über sich lesen. Natürlich, so glauben Sie, besteht nur eine einprozentige Chance, dass dieses Desaster eintrifft, und deshalb bleiben Sie bei Ihrer Entscheidung, mit Hebeln in Anleihen zu investieren.

Beispiel 3: Ein starker Euro ist okay

Nun sind Sie wirklich wild entschlossen, an den Finanzmärkten das große Geld zu machen. Sie glauben, Sie haben klug auf die künftige Zinsentwicklung gesetzt, doch weshalb sollten Sie hier schon aufhören? Letzten Samstag machte Ihr Caddy im Country-Club einige sehr beißende Bemerkungen über den Euro, und Sie kamen zu dem Ergebnis, dass er im kommenden Jahr gegenüber dem Dollar zulegen müsste, weit über den Wert von 1,1 Euro je Dollar. Am Loch 19 (im Clubhaus) gab Ihr Caddy eine Vorhersage ab, die der Tabelle 7.6 entsprach.

Tabelle 7.6 Vorhersage für den Euro

Szenario	Wahrscheinlichkeit in %	Wert des Euro am Jahresende (€/$)
Der Euro wird stärker	70	0,90
Der Euro bleibt so stark, wie er ist	29	1,10
Der Euro bricht ein	1	1,50

Diese Vorhersage ist zu gut, als dass man sie nicht nutzen sollte. Sie entscheiden sich, auf den Euro zu setzen, indem Sie einen Kredit über 1 Milliarde Dollar zum Zinssatz von 4,5 Prozent aufnehmen, um damit Euro-Anweisungen mit einjähriger Laufzeit zu kaufen, die die deutsche Regierung zu einem Zinssatz von 5 Prozent emittiert hat. Ebenso wie bei den amerikanischen Staatsanweisungen gibt es auch bei den von der deutschen Regierung emittierten Papieren kein Kreditrisiko, kein Währungsrisiko und kein Sachwertrisiko. Liquiditätsrisiken und operative Risiken können vernachlässigt werden. Es gibt zwar ein geringes Zinsrisiko, das Sie jedoch eliminieren, indem Sie Schuldscheine mit der gleichen Laufzeit ausgeben. Aus der Sicht von ABC, einem amerikanischen Finanzinstitut, gibt es für den Euro nur das Währungsrisiko. Unter dem Szenario eines stärker werdenden Euro sollte folgendes geschehen:

– Sie emittieren Banksparbriefe im Wert von einer Milliarde Dollar mit einem Zinssatz von 4,5 Prozent.
– Sie tauschen die geliehenen Dollars gegen 1,1 Milliarden Euro und kaufen mit den Euros Euro-Anweisungen zum heutigen Wechselkurs von 1,1 Euro/Dollar.
– Im Lauf des kommenden Jahres erhalten Sie 1,1 Milliarden Euro x 0,05 = 55 Millionen Euro als Zinsgewinn. Unter dem Szenario eines stärker

werdenden Euro tauschen Sie die Euros bei einem Wechselkurs von 0,9 Euro/Dollar und erhalten 55 Millionen Euro/0,9 = 61,1 Millionen Dollar. Sie bezahlen 1 Milliarde x 0,045 = 45 Millionen Dollar Zinsen für die von ABC emittierten Banksparbriefe. Somit beläuft sich der Nettozinsgewinn auf 61,1 Millionen Dollar – 45 Millionen Dollar = 16,1 Millionen Dollar.

– Am Ende des Jahres wird die Euro-Anweisung zuteilungsreif und Sie erhalten 1,1 Milliarden Euro, die Sie in US-Dollar umtauschen (1,100 Milliarden Euro/0,9 = 1,2222 Milliarden Dollar). Ihr Banksparbrief wird zuteilungsreif und Sie zahlen 1 Milliarde Dollar aus.

– Der Nettogewinn aus dieser Transaktion beläuft sich auf 16,1 Millionen Dollar aus dem Zinsgewinn + (1,222 Milliarden Dollar – 1 Milliarde Dollar) aus dem Kursgewinn der Währung = 238,3 Millionen Dollar bzw. 214,47 Millionen Euro.

Nicht schlecht. Insbesondere, weil Sie das Geld anderer benutzt haben, um diese Wette zu bezahlen. Die Hebelwirkung ist fantastisch (solange Sie richtig liegen). Hätten Sie aber daneben gelegen und der Euro wäre abgestürzt, dann wären Sie nicht so fröhlich:

– Sie emittieren Banksparbriefe im Wert von 1 Milliarde Dollar mit einem Zinssatz von 4,5 Prozent.

– Sie tauschen die 1 Milliarde Dollar gegen 1,1 Milliarden Euro und kaufen mit den Euros Euro-Anweisungen zum heutigen Wechselkurs von 1,1 Euro/Dollar.

– Im Lauf des kommenden Jahres erhalten Sie 1,1 Milliarden Euro x 0,05 = 55 Millionen Euro als Zinsgewinn. Unter dem Szenario eines kollabierenden Euro tauschen Sie die Euros bei einem Wechselkurs von 1,5 Euro/Dollar und erhalten 55 Millionen Euro/1,5 = 36,7 Millionen Dollar. Sie bezahlen 1 Milliarde x 0,045 = 45 Millionen Dollar Zinsen für die von ABC emittierten Banksparbriefe. Somit beläuft sich der Nettozinsgewinn auf 36,7 Millionen Dollar – 45 Millionen Dollar = –8,3 Millionen Dollar.

– Am Ende des Jahres wird die Euro-Anweisung zuteilungsreif und Sie erhalten 1,1 Milliarden Euro, die Sie in US-Dollar umtauschen: 1,1 Milliarden/1,5 = 733 Millionen Dollar. Ihr Banksparbrief wird zuteilungsreif und Sie zahlen 1 Milliarde Dollar aus. Das ist überhaupt nicht schön. Sie haben einen Verlust von 733,3 Millionen Dollar – 1 Milliarde Dollar = –266,7 Millionen Dollar.

– Der Nettoverlust aus dieser Transaktion beläuft sich auf -8,3 Millionen Dollar aus den Zinseinkünften zuzüglich –266,7 Millionen Dollar aus dem Kursverlust der Währung = –275 Millionen Dollar bzw. –412,5 Millionen Euro.

Ein derartiger Verlust wird Ihnen beim Prämienkomittee des Aufsichtsrates kaum Freunde schaffen, also sollten Sie aufpassen, dass Sie Recht haben. Doch Sie sind zuversichtlich, dass Sie richtig liegen, denn Sie haben einem Kollaps des Euro im kommenden Jahr nur eine Chance von 1 Prozent zugewiesen. Wir vervollständigen die Analyse, indem wir die gleichen Berechnungen für das Szenario anstellen, in dem der Euro seinen Wert behält, und fassen die Ergebnisse in Abbildung 7.3 zusammen.

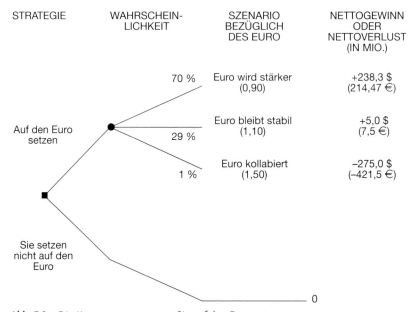

Abb. 7.3 Die Konsequenzen, wenn Sie auf den Euro setzen

Tabelle 7.7 Die heutige Bilanz von ABC

Vermögen	Verbindlichkeiten	Nettowert
2 Mrd. $ Anleihen	1 Mrd. $ Banksparbrief mit einjähriger Laufzeit	
1 Mrd. $ Euro-Anweisungen	1 Mrd. $ Banksparbrief mit einjähriger Laufzeit	
Gesamt: 3 Mrd. $	Gesamt: 2 Mrd. $	1 Mrd. $

Sie haben jetzt drei Wetten laufen: Die Anleihen, den Euro und die Hebelwirkung. Nun müssen wir sehen, wie diese *zusammen* den Nettowert der Aktionäre von ABC beeinflussen.

Heute, nachdem Sie Ihren Einsatz getätigt haben, sieht die Bilanz wie in Tabelle 7.8 aus. Wie die Bilanz in einem Jahr aussehen wird, hängt ganz davon ab, wie sich die einzelnen Szenarien entwickeln werden. Tabelle 7.9 zeigt die möglichen Ereignisse, die eintreffen könnten (entsprechend Ihren Überzeugungen).

Weshalb haben Sie nicht die Wahrscheinlichkeit für jede Kombination der Resultate der Wetten auf Zinsen und Euro eingesetzt? Zuvor haben Sie jedem einzelnen Szenario eine Wahrscheinlichkeit zugemessen. Reicht das nicht aus? Nein. Denn beispielsweise brauchen Sie die Wahrscheinlichkeit, mit der niedrige Zinsen *und* ein starker Euro *zusammen eintreffen*. Darüber haben wir uns noch nicht ausgelassen. Die Wahrscheinlichkeit niedriger Zinsen gaben Sie mit 1 Prozent an, während Sie mit einer Wahrscheinlichkeit von 70 Prozent von einem starken Euro ausgingen, doch müssen Sie feststellen, wie diese beiden Szenarien *korrelieren* (siehe Kapitel 2), bevor Sie sagen können, mit welcher Wahrscheinlichkeit niedrige Zinsen und ein starker Euro zusammen eintreffen werden.

Tabelle 7.8 Mögliche Ereignisse

Resultate für die Wette auf Zinsen	Resultate für die Wette auf den Euro	Wahrscheinlichkeit, dass beide Ereignisse zusammen eintreten
Niedrige Zinsen	Starker Euro	?
	Stabiler Euro	?
	Schwacher Euro	?
Erwartete Zinsen	Starker Euro	?
	Stabiler Euro	?
	Schwacher Euro	?
Hohe Zinsen	Starker Euro	?
	Stabiler Euro	?
	Schwacher Euro	?

Sie überlegen, ob Sie ihren Ökonomen, den Anleihen-Trader und Ihren Caddy anrufen sollen, um sich deren Meinung anzuhören, doch sind Sie schon in Zeitnot, um die Aufsichtsratssitzung noch rechtzeitig zu erreichen, und außerdem werden die drei ohnehin verschiedene Meinungen haben.

Zunächst ziehen Sie eine absolute Niete – Sie haben nicht die geringste Vorstellung über die Beziehung zwischen den Zinsen in den USA und dem

Kurs des Euro, wenn sie denn überhaupt besteht. Sie wissen zwar, dass es wahrscheinlich irgendeine ökonomische Beziehung zwischen den beiden gibt, Sie können sich allerdings nicht vorstellen, welche das sein könnte. Es ist schon lange her, seit Sie in Harvard Wirtschaftswissenschaften studierten. Heißt das aber, dass Sie nicht in der Lage sind, den kombinierten Resultaten der verschiedenen Szenarien eine bestimmte Wahrscheinlichkeit zuzuweisen und Sie deshalb Ihre Risikoanalyse nicht zu Ende führen können? Ganz sicher nicht. Sie sind ein Risikomanager, *der jetzt eine Entscheidung zu fällen hat,* und kein Wissenschaftler, der einen Beitrag für eine Zeitschrift verfasst und diese Frage Monate lang hin und her wälzen kann. Wenn Sie sich nicht vorstellen können, wie und ob niedrige Zinsen die Wahrscheinlichkeit eines starken Euros beeinflussen, dann müssen Sie so handeln, *als seien Zinsen und Wechselkurse voneinander unabhängig* und würden deshalb nicht miteinander korrelieren. In Ihrem Zustand völliger Unwissenheit vermittelt Ihnen die Tatsache, dass die Zinsen niedrig sind (oder so wie erwartet oder sehr hoch), keinerlei Informationen darüber, ob der Euro stärker wird (oder stabil bleibt oder schwächer wird). Oder auch umgekehrt.

Wenn Sie glauben, dass die Zinsszenarien und die Euroszenarien voneinander unabhängig sind, dann sieht Ihre Wahrscheinlichkeitsvermutung aus, wie in Tabelle 7.9 dargestellt.

Tabelle 7.9 Kombinierte Wahrscheinlichkeit, wenn Zinsen und Euro-Kurs voneinander unabhängig sind

Resultate für die Wette auf Zinsen (Wahrscheinlichkeit in %)	Resultate für die Wette auf den Euro (Wahrscheinlichkeit in %)		Wahrscheinlichkeit, dass beide Ereignisse zusammen eintreten (Wahrscheinlichkeit in %)
Niedrige Zinsen	Starker Euro	(70)	$0{,}01 \times 0{,}70 = 0{,}0070$
(1)	Stabiler Euro	(29)	$0{,}01 \times 0{,}29 = 0{,}0029$
	Schwacher Euro	(1)	$0{,}01 \times 0{,}01 = 0{,}0001$
Erwartete Zinsen	Starker Euro	(70)	$0{,}98 \times 0{,}70 = 0{,}6860$
(98)	Stabiler Euro	(29)	$0{,}98 \times 0{,}29 = 0{,}2842$
	Schwacher Euro	(1)	$0{,}98 \times 0{,}01 = 0{,}0098$
Hohe Zinsen	Starker Euro	(70)	$0{,}01 \times 0{,}70 = 0{,}0070$
(1)	Stabiler Euro	(29)	$0{,}01 \times 0{,}29 = 0{,}0029$
	Schwacher Euro	(1)	$0{,}01 \times 0{,}01 = 0{,}0001$
gesamt			$1{,}0000$

Weil Sie annehmen, dass die beiden Ereignisse unabhängig voneinander eintreffen können, sind die Wahrscheinlichkeiten für die Euroszenarien in jedem der drei Zinsszenarien.

Nun sind wir bereit, herauszufinden, was sich für die Aktionäre von ABC unter allen kombinierten Szenarien ergibt. Für jede Kombination (sagen wir einmal niedrige Zinsen und starker Euro) kalkulieren wir die finanziellen Auswirkungen für ABC, genau so, wie wir es in den vorherigen Beispielen getan haben. Die Ergebnisse finden Sie in der Tabelle 7.10.

Tabelle 7.10 Auswirkungen von Anleihen, Eurowechselkurs und Hebelwirkung auf ABCs Nettowert

Resultate für Zinsen	Resultate für den Euro	Wahrschein-lichkeit	Veränderung des Nettowerts von ABC	Nettowert von ABC zum Jahresende
Niedrige Zinsen	Stark	0,0070	+1352,3	2352,3
	Stabil	0,0029	+1119,0	2119,0
	Schwach	0,0001	+839,0	1839,0
Erwartete Zinsen	Stark	0,6860	+333,3	1333,3
	Stabil	0,2842	+100,0	1100,0
	Schwach	0,0098	−180,0	820,0
Hohe Zinsen	Stark	0,0070	−468,9	531,1
	Stabil	0,0029	−702,2	297,8
	schwach	0,0001	−982,2	17,8
Gesamt		1,0000		

Entsprechend Ihrer Finanzstrategie (Anleihen und Euro und Hebelwirkung) und Ihren Überzeugungen, was die Zukunft betrifft, gibt es nur eine Chance von 1 Prozent, dass ABC mehr als 180 Millionen Dollar verlieren könnte (0,007 + 0,0029 + 0,0001). Ein VaR-Experte würde sagen, der VaR von ABC ist 180 Millionen Dollar. Das ist wahrscheinlich auch alles, was er sagen würde, weil einige VaR-Anhänger »VaR« mit »Risiko« gleichsetzen und es dabei belassen. Doch werden Sie gleich sehen, dass es wesentlich mehr zu sagen gibt:

– Es besteht eine Chance von 1 : 1000, dass fast der gesamte Nettowert von ABC verloren geht, wenn bei der Aktion ein Verlust von 982,2 Millionen Dollar eingefahren wird. Ein finanzielles Desaster für ABC, und für Sie das Ende Ihrer Karriere. Ihrer Überzeugung nach höchst unwahrscheinlich, aber dennoch eine Möglichkeit, die Sie nicht ignorieren sollten.

Der Blick aus dem Chefsessel

- Es besteht eine Chance von 98 Prozent, dass ABC mit dieser Aktion Geld verdient (0,0070 +0,0029+ 0,0001 + 0,6860 + 0,2842). Wäre das Leben doch nur immer so einfach!
- Es besteht auch eine Chance von 0,99 Prozent, dass Sie mehr als 1 Milliarde Dollar Gewinn machen (0,0070 + 0, 29). Ein schöner Lottogewinn für die Aktionäre von ABC und für Sie der erste Schritt zum Ruhm.

Diese Risikoanalyse lässt Ihr Herz höher schlagen, weil die Aussichten für ABC und Sie sehr gut sind und nur eine äußerst geringe Wahrscheinlichkeit für ein Desaster besteht. Doch wird Ihnen ein wenig schlecht, wenn Sie über Ihre Überzeugung nachdenken, dass die Zinsen in den USA in keinerlei Beziehung zum Wechselkurs des Euro stehen und diese beiden Größen nicht miteinander korrelieren. Sie erinnern sich, dass die Kapitalmärkte global sind, dass Anleger ständig Anleihen, Währungen, Aktien, Waren und anderes handelbare Vermögen kaufen und verkaufen, um einen höchstmöglichen Gewinn zu erzielen. Wenn dem so ist, dann haben Veränderungen der Zinsen für Staatsanleihen vielleicht doch Auswirkungen auf den Kurs des Euro oder umgekehrt, weil Anleger vom Euro dominierte Wertpapiere verkaufen und dafür vom Dollar dominierte Wertpapiere kaufen. Während Sie darüber nachdenken, beginnen Ihre Überzeugungen zu wanken. Nunmehr glauben Sie, dass ein Szenario mit hohen Zinsen eine wesentlich höhere Verwundbarkeit des Euro bewirken könnte, weil Investoren den gewinnbringenderen, auf den Dollar ausgestellten Wertpapieren nachjagen. Ebenso sind Sie jetzt davon überzeugt, dass ein Szenario mit niedrigen Zinsen es weniger wahrscheinlich macht, dass der Euro kollabiert. Diese Gedanken gehen Ihnen durch den Kopf und Sie verändern Ihre Überzeugung über die Verbindungen zwischen den möglichen Resultaten. Nun verlassen Sie sich auf das Urteilsvermögen und die Intuition, die ein CEO haben muss, und kommen zu neuen Wahrscheinlichkeitsurteilen, so wie es in Tabelle 7.11 ersichtlich ist.

Tabelle 7.11 Ihre neuen Überzeugungen: Die kombinierten Wahrscheinlichkeiten für den Fall, dass die Zinsen in den USA und der Wert des Euro voneinander abhängen

Resultate für die Wette auf Zinsen (Wahrscheinlichkeit in %)	Resultate für die Wette auf den Euro (Wahrscheinlichkeit in %)		Wahrscheinlichkeit, dass beide Ereignisse zusammen eintreten (Wahrscheinlichkeit in %)
Niedrige Zinsen	Starker Euro	(90)	$0{,}01 \times 0{,}90 = 0{,}0090$
(1)	Stabiler Euro	(9)	$0{,}01 \times 0{,}09 = 0{,}0009$
	Schwacher Euro	(1)	$0{,}01 \times 0{,}01 = 0{,}0001$
Erwartete Zinsen	Starker Euro	(70)	$0{,}98 \times 0{,}70 = 0{,}6860$
(98)	Stabiler Euro	(29)	$0{,}98 \times 0{,}29 = 0{,}2842$
	Schwacher Euro	(1)	$0{,}98 \times 0{,}01 = 0{,}0098$
Hohe Zinsen	Starker Euro	(30)	$0{,}01 \times 0{,}30 = 0{,}0030$
(1)	Stabiler Euro	(50)	$0{,}01 \times 0{,}50 = 0{,}0050$
	Schwacher Euro	(20)	$0{,}01 \times 0{,}20 = 0{,}0020$
Gesamt			$1{,}0000$

Sie haben Ihre Vorhersage über die Entwicklung des Euro unter dem Szenario zu erwartender Zinsen nicht verändert. Doch unter dem Szenario mit hohen Zinsen besteht eine wesentlich höhere Wahrscheinlichkeit, dass der Euro kollabiert oder dass er stabil bleibt. Ähnlich ist es unter dem Szenario mit niedrigen Zinsen, wo die Chancen steigen, dass der Euro stärker wird, und die Chancen sinken, dass er stabil bleibt. Ergeben diese Feststellungen einen Sinn? Sie könnten Ihren Ökonomen fragen und ich könnte meinen Ökonomen fragen. Wären sie einer Meinung? Auf alle Fälle haben Sie keine Zeit mehr und Sie müssen selbst entscheiden was zu tun ist. Und dies sind Ihre neuen Überzeugungen, nach denen Sie handeln müssen. Tabelle 7.12 zeigt, wo ABC jetzt steht.

Tabelle 7.12 Auswirkungen auf ABCs Nettowert entsprechend der neuen Wahrscheinlichkeitsurteile

Resultate für Zinsen	Resultate für den Euro	Wahrscheinlichkeit	Veränderung des Nettowerts von ABC (in Mio. $)	Nettowert von ABC zum Jahresende (in Mio. $)
Niedrige Zinsen	Stark	0,0090	+1352,3	2352,3
	Stabil	0,0009	+1119,0	2119,0
	Schwach	0,0001	+839,0	1839,0
Erwartete Zinsen	Stark	0,6860	+333,3	1333,3
	Stabil	0,2842	+100,0	1100,0
	Schwach	0,0098	−180,0	820,0

Tabelle 7.12 Fortsetzung

Resultate für Zinsen	Resultate für den Euro	Wahrschein- lichkeit	Veränderung des Nettowerts von ABC (in Mio. $)	Nettowert von ABC zum Jahresende (in Mio. $)
Hohe Zinsen	Stark	0,0030	−468,9	531,1
	Stabil	0,0050	−702,2	297,8
	schwach	0,0020	−982,2	17,8
Gesamt		1,0000		

Es besteht immer noch die Chance von 1 Prozent, dass ABC mehr als 180 Millionen Dollar Verlust macht (0,0030 + 0,0050 + 0,0020). Die Änderung Ihrer Überzeugung führte also nicht dazu, dass sich auch Ihr VaR änderte. Ihr VaR-Experte würde Ihnen das gleiche Risiko nennen wie zuvor. Das scheint nicht richtig zu sein, oder? Und wiederum ist das nicht die ganze Geschichte:

– Die Chance, dass Sie nahezu den gesamten Nettowert von ABC verspielen steht 20 : 1000, im Vergleich zu 1 : 1000 unter Ihren ursprünlichen Überzeugungen. Die Wahrscheinlichkeit eines Desasters ist nun zwanzig Mal höher als zuvor. Obgleich die Chance immer noch sehr gering ist, wird es schwieriger, die Aussicht auf ein Desaster zu ignorieren.

Selbst bei Ihren revidierten Überzeugungen scheint der potenzielle Gewinn im Verhältnis zu den Risiken immer noch sehr attraktiv zu sein. Und so verfolgen Sie Ihre Strategien mit Hebelwirkung, Investitionen in Staatsanleihen und einer Währungswette auf den Euro weiter.

Sind wir, nachdem wir all diese Analysen angestellt haben, sicher, dass wir die bestmögliche Entscheidung treffen können? Nein.

Erstens haben Sie niemals die Nutzenfunktion von irgendjemandem bezüglich von Veränderungen des Nettowerts von ABC festgestellt, und so können Sie nicht genau wissen, wessen Präferenzen Sie verfolgen. Doch wen sollten Sie fragen? ABC? ABC ist ein Unternehmen und keine Person. Die Aktionäre von ABC? Sie sind die rechtmäßigen Eigentümer von ABC und die rechtmäßigen Begünstigten (oder Opfer) bei einer Änderung des Nettowerts von ABC, und so wissen Sie, dass Sie versuchen müssen, für sie Ihr Bestes zu geben. Aber es sind so viele Aktionäre, und, um die Sache noch schwieriger zu machen, viele Aktionäre sind Institutionen wie beispielsweise Fondsgesellschaften. Haben Investmentfondsgesellschaften die gleichen Interessen und Präferenzen wie Aktionäre aus Fleisch und Blut? Und selbst die Aktionäre als Personen werden sich wahrscheinlich in ihren Präferenzen unterscheiden, zumindest was Gewinn und Risiko angeht. Was sollen Sie tun? Nur weil Sie, der CEO der ABC-Bank, bei der Risiko-Gewinn-Analyse ein gutes Gefühl haben, bedeutet das nicht notwendigerweise auch, dass Sie im Sinne der Aktionäre von ABC Gewinn und Risiko richtig gegeneinander abwägen.

Es gibt ein Lager von Finanztheoretikern, die sagen, dass die Manager einer Aktiengesellschaft alle Risiken ignorieren sollen, die Investoren selbst besser steuern können, indem sie ihr Portfolio entsprechend diversifizieren. In unserem Beispiel könnten die ABC-Aktionäre, denen Ihre Anlage in Staatsanleihen gefällt, nicht aber Ihre Wette auf den Euro, die Sache mit dem Euro dadurch eliminieren, dass sie die Aktien einer anderen Bank kaufen, die eine gegenteilige Auffassung vertritt. Die Anleger, die eine abweichende Meinung vertreten, könnten auch auf eigene Faust eine gegenteilige Euro-Wette abschließen, dann bleibt ihnen die ABC-Aktie, jedoch ohne positive oder negative Auswirkungen aus der Euro-Wette.

Dies ist im Prinzip ein gutes Argument. Verschwenden Sie nicht Ihre Zeit oder die Mittel der ABC-Bank, indem Sie Risiken steuern, die von den ABC-Aktionären in ihren eigenen Portfolios selbst besser gesteuert werden können. Doch welchen Risiken sind sie in der Realität ausgesetzt? Wie können die Anleger, die eine abweichende Meinung vertreten, wissen, welche Währungswette Sie, der CEO von ABC, bereit sind einzugehen? Selbst wenn sie es wissen, haben sie die Zeit oder die Fähigkeit, diese Risiken in ihren eigenen Portfolios auszugleichen? Nicht alle haben den gleichen Zugang zu den Finanzmärkten, wie eine große, global tätige Bank wie ABC ihn genießt. ABC kann seine Transaktionen zu sehr günstigen Konditionen durchführen, die den meisten Anlegern nicht offen stehen. Was ist, wenn ABC große Risiken eingeht und dabei in Konkurs geht? Können sich die Aktionäre von ABC wirklich gegen die Kosten eines Konkursprozesses schützen oder gegen die Verluste, die verursacht werden, indem wertvolles Humankapital verschwendet wird, das in ABC steckt? Können sich die Aktionäre von ABC einfach auf das Glück einer naiven Diversifikation in ihren eignen Portfolios verlassen, damit alles gut wird? Hier könnten wir noch sehr lange diskutieren und würden am Ende dennoch keine klare und einfache Regel finden, der Sie folgen könnten.

Ganz praktisch gesehen: Wir wissen, dass es Ihrer Karriere als CEO kaum zuträglich ist, wenn Sie den Aktionären von ABC eine Minderung des Nettowerts präsentieren, wenn nicht gleichzeitig attraktive Gelegenheiten geboten werden, die bewirken könnten, dass der Nettowert von ABC auch *wächst*. Deshalb ist es sehr vernünftig, eine Risikoanalyse anzustellen, die eine ungünstige Volatilität des Nettowerts von ABC den potenziellen Gewinnen und einer Erhöhung des Nettowerts gegenüberstellt. Ihre wichtigste Aufgabe als CEO ist es, die Präferenzen Ihrer Aktionäre zu erfassen, so gut Sie können und entsprechend zu handeln. Diese Aufgabe ist schwierig, doch ist dies auch ein Grund, weshalb Sie so viel Geld verdienen. Die ABC-Aktionäre werden in jedem Fall mit den Füßen abstimmen, und so werden Sie schließlich die Aktionäre haben, die Sie verdienen. Und die Aktionäre werden den CEO bekommen, den sie verdienen, und möglicherweise werden Sie es nicht sein.

Die vagen und oft gegensätzlichen Präferenzen der Aktionäre sind nicht der wichtigste Grund dafür, dass Sie nicht sicher sein können, ob Sie wirklich die bestmögliche Entscheidung getroffen haben. Es gab viele, viele alternative Handlungsmöglichkeiten, die Ihren Überzeugungen bezüglich der Zinssätze und Wechselkurse entsprachen und die Sie nicht erkannt oder in Betracht gezogen haben (oder aber *Ihr Aufsichtsrat* erlaubte nicht, über diese Alternativen nachzudenken). Um auf fallende Zinsen zu setzen, hätten Sie auch Zins-Futures, Zins-Optionen und andere Arten von Anleihen mit unterschiedlicher Laufzeit einsetzen können. Auch einige Aktien hätten bei Ihrer Wette auf Zinssätze genutzt werden können. Ebenso gab es viele andere Möglichkeiten, Ihre Überzeugung, dass der Euro stärker werde, in eine Wette einzubringen. Einige dieser Alternativen hätten bei gleichem Risiko höhere Gewinne oder den gleichen Gewinn bei geringeren Risiken eingebracht. Ein entscheidender Bestandteil guten Risikomanagements ist es, möglichst viele Chancen zu erkennen und miteinander zu vergleichen, um herauszufinden, welche die höchsten Gewinne bei einem gegebenen Risiko erwarten lassen.

Wir haben noch andere Risiken vernachlässigt, die eine Bank in der Regel eingeht. Ein großes, global tätiges Finanzinstitut ist in Geschäften engagiert, die ein unglaublich komplexes Portfolio von Risiken und Chancen darstellen. Die Bank verleiht Geld an Tausende von Schuldnern, und das zu den unterschiedlichsten Bedingungen. An den Börsen auf der ganzen Welt bauen ihre Händler Positionen in mehreren wichtigen und weniger wichtigen Währungen mit vielen verschiedenen Instrumenten auf. Sie kaufen und verkaufen Staatsanleihen, Industrieanleihen und Schuldverschreibungen, Waren und Aktien. Die Bank handelt mit Optionen, Futures und Kontrakten über Derivate, die nahezu alle Risiken und Laufzeiten abdecken, die man sich nur vorstellen kann, um erwünschte Risiken zu erwerben und unerwünschte Risiken auszuschließen. Der Bereich Investmentbanking bringt neue Aktien und Anleihen für Unternehmen und Staaten auf der ganzen Welt auf den Markt, wobei das Risiko besteht, dass der Markt nicht die gesamte Emission zu dem Kurs aufnimmt, der den Emittenten garantiert wurde. Die Bank bietet Unternehmen Dienstleistungen im Rahmen von Fusionen und Unternehmenskäufen an, aber auch strategische Beratung, und geht damit das Risiko ein, dass der Rat sich als schlecht erweist und der Kunde Klage erhebt. Der Bereich Vermögensverwaltung führt Investmentfonds und Vermögen im Kundenauftrag und geht damit das Risiko ein, dass dabei die Richtlinien zur Kapitalanlage nicht eingehalten werden. Dann müssen die Verluste ausgeglichen werden, die dadurch in den Portfolios der Kunden entstanden sind. Die Bank bietet eine Unmenge von Dienstleistungen im Bereich der Transaktionen an, bei denen operative Irrtümer vorkommen könnten, die nur mit hohen Kosten berichtigt werden können. Der Bereich Versicherungen könnte die Risiken von Wirbelstürmen falsch einschätzen und hohe Verluste einfahren. Der Geschäftsbereich Kreditkarten könnte unter Millionen von nicht eingelösten Schulden leiden, sollte sich eine ernsthafte Rezession ausbreiten. Bei Tausenden von Kunden und Tausenden von unterschiedlichen Transaktionen, die in weit entfernten Zweigstellen durchgeführt werden, ist das Verwechslungsrisiko Schwindel erregend.

Auf den ersten Blick scheint es unmöglich, dass das Management einer großen, global agierenden Finanzinstitution weiß, was überall vor sich geht, geschweige denn die Fähigkeit besitzt, alles kontrollieren zu können. Doch moderne Techniken des Risikomanagements können Managern zusammen mit anderen guten Managementinstrumenten ausreichend Wissen und Kontrolle vermitteln, um die Risiken eines ernsthaften Unfalls auf annehmbare Größenordnungen zu reduzieren und gleichzeitig attraktive Geschäftsmöglichkeiten entsprechend zu verfolgen. Die meisten Finanzdienstleister können heute wählen, welche Risiken sie eingehen wollen und welche nicht.

Der erste Schritt zur Kontrolle über ein volatiles Umfeld ist, dass sich ein Unternehmen einem guten Risikomanagement anvertraut. Sich darauf einzulassen, ist nicht einfach, denn es verlangt Beachtung, Geld und unter Umständen die Bereitschaft, die Art und Weise, wie das Unternehmen geführt wird, von Grund auf zu ändern. Viele Menschen sind nicht bereit, sich einem so schmerzhaften Prozess zu unterwerfen. Selbst heute haben sich viele Firmen noch nicht unbedingt dazu entschlossen. Es mag eine Ironie des Schicksals sein, aber halbherzig durchgeführte Maßnahmen können gefährlicher sein, als Nichtstun, denn eine Firma kann gefährlich aggressiv werden, wenn sie irrtümlicherweise glaubt, alle Risiken unter Kontrolle zu haben. Wegen der Mühsal, der Schwierigkeiten und der Kosten kann keine Firma ohne die aktive und begeisterte Führung des CEO und des Aufsichtsrates ein gutes Risikomanagement einführen. Diese Aussage hat sich in doppelter Hinsicht bewahrheitet, als das moderne Risikomanagement anfangs von Managern und Investoren noch nicht als notwendig erachtet wurde. Der Mut und die Weitsicht der Pioniere, beispielsweise von Charly Sanford von Bankers Trust, ist wirklich bemerkenswert. Bankers Trust war die erste Bank, die ein umfassendes Risikomanagement einführte (man nannte es RAROC = Risk Adjusted Return on Capital). Mit Hilfe von RAROC schaffte es Bankers Trust, einen bisher immer noch nicht gebrochenen Rekord an Trading-Gewinnen, die viele Jahre andauerten, aufzustellen. RAROC sorgte auch dafür, dass Bankers Trust bei den innovativen Risikomanagement-Produkten und der Entwicklung des Marktes für den Verkauf von Industrieanleihen eine führende Rolle übernahm.

Der nächste Schritt ist, sich auf ein konsistentes System zu einigen, mit dem alle Arten von Risiken, die in den verschiedenen Geschäftsbereichen eines Unternehmens möglich sind, definiert, identifiziert und quantifiziert werden können. Innerhalb dieses Systems können alle Risiken fair miteinander verglichen, gegeneinander abgewogen und zu einem geschlossenen Gesamtbild der Risiken, denen das Unternehmen ausgesetzt ist, vereint werden. Damit wird auch die Gefahr reduziert, dass ein wichtiges Risiko unerkannt bleibt. Glücklicherweise gibt es solche Systeme, die von allen Finanzdienstleistern genutzt werden können, was wir den Pionieren zu verdanken haben, die diese Systeme entwickelt haben.

Ein weiterer Schritt ist die Sammlung der Daten zu Geschäftsvorfällen und Transaktionen, die notwendig sind, um die Analyse anzustellen. Dieser Vorgang ist sehr schwierig und teuer. In einer großen Bank gehen die Kosten für die Installation und Pflege eines Risikomanagement-Systems in die Millionen, doch das ist unumgänglich. Falsche Daten können falsche Signale geben, die zu einem Desaster führen. Glücklicherweise ist damit alles getan, in die Einzelheiten zu gehen, ist in der Regel nicht notwendig. Gute Risikomanager können gute Schätzungen anstellen, die Geld sparen, ohne dass wesentliche Kernpunkte der Information zu den Risiken geopfert werden müssen.

Ist das analytische System einmal installiert und sind die Daten einmal aufbereitet, dann stehen dem Unternehmen sehr gute Informationen zu den Risiken zur Verfügung. Diese Zusammenstellung ist ein Riesenschritt, doch dann kommt der schwierige Teil. Gute Informationen über Risiken sind für das Unternehmen wertlos, wenn die Angestellten, die Entscheidungen treffen, diese Informationen nicht nutzen. Beim Risikomanagement geht es darum, bessere Entscheidungen zu treffen, und nicht darum, interessante Wahrheiten um ihrer selbst willen zu entdecken.

Weshalb aber sollten Entscheidungsträger Informationen, die für das Unternehmen so wichtig sind, nicht nutzen? Dafür gibt es viele Gründe. Es könnte sein, dass sie die Informationen nicht verstehen, weil sie in einer Sprache formuliert sind, die ihnen nicht vertraut ist. Es könnte auch sein, dass sie von der Aussicht, dass ihre Aktivitäten einer neuen Form der Überprüfung und Kontrolle unterzogen werden, nicht begeistert sind (erinnern Sie sich an das extreme Beispiel des kriminellen Traders). Es könnte sein, dass sie nur ungern bequeme Gewohnheiten und einfache Faustregeln aufgeben, die, da es nun eine bessere Möglichkeit gibt, Entscheidungen zu treffen, nicht mehr benutzt werden können. Sie könnten auch befürchten, überflüssig zu werden, weil sie sich der neuen Art und Weise, wie die Geschäfte nunmehr laufen, nicht anpassen können.

Es wäre auch möglich, dass die Entscheidungsträger in ihrer Abwehrhaltung erkennen, dass die Informationen über die Risiken nicht genau die Realitäten ihres Geschäfts beschreiben und dass unkritisches Agieren auf der Basis dieser Informationen zu schlechten Entscheidungen für das Unternehmen führen würde. Leute, die tagtäglich in einer Firma arbeiten, wissen Dinge, die ein außenstehender Beobachter nicht wissen kann. Diese harten Realitäten des Geschäftslebens müssen angegangen und in die Informationen über Risiken eingearbeitet werden. Werden Entscheidungsträger in das Design und in die Tests eines Risikomanagement-Systems eingebunden, dann wird es nicht nur realistischer, sondern es gibt den Entscheidungsträgern einen Anteil am System, wodurch ihre Fähigkeit und Bereitschaft erhöht wird, dieses System für ihre geschäftlichen Entscheidungen auch zu nutzen. Risikomanagement-Systeme, die den Entscheidungsträgern vorgesetzt werden, ohne dass sie wirklich an der Entwicklung beteiligt waren, werden wahrscheinlich scheitern, da sie entweder nicht genutzt werden oder weil ihnen die Nähe zur Realität fehlt.

Nun hat das Unternehmen Informationen über Risiken, die die Entscheidungsträger bereitwillig als relevant und sinnvoll ansehen und die durch ein ständiges Geben und Nehmen zwischen Risikoexperten und Entscheidungsträgern verbessert werden. Was muss das Management noch tun? Das Unternehmen muss klar stellen, dass die geschäftlichen Entscheidungen so getroffen werden, dass sie im Einklang mit den eingegangenen Risiken stehen. Mit der Zeit muss eine Firma einen Gewinn erzielen, der den eingegangenen Geschäftsrisiken entspricht, oder sie wird umstrukturiert oder geschlossen. Die Leistung einzelner Entscheidungsträger wird auf die gleiche Art und Weise beurteilt. Beförderungen und Entlohnungen werden mit den Ergebnissen in Verbindung gebracht, die um das eingegangene Risiko berichtigt wurden. Wenn Entscheidungsträger dem Topmanagement Vorschläge machen, dann wird erwartet, dass Art und Umfang der damit verbundenen Risiken deutlich gemacht werden und dass beschrieben wird, wie diese Risiken gehandhabt werden sollen und ob sie durch die potenziellen Gewinne zu rechtfertigen sind. Hohe Gewinne allein reichen nicht aus, wenn außerordentlich hohe Risiken eingegangen werden. Verluste, die dadurch entstehen, dass Risiken nicht erkannt wurden, werden nicht so schnell verziehen.

Ebenso wichtig ist, dass das Topmanagement die gleiche Medizin schluckt, die sie dem Rest des Unternehmens verschreibt. Es gibt nichts Überzeugenderes als ein gutes Vorbild. Man muss sehen, dass das Topmanagement bei seinen Entscheidungen das Risikosystem verwendet und die Disziplin aufbringt, die es von anderen erwartet. Wenn es seine Aktionen gegenüber dem Unternehmen rechtfertigt, dann müssen die eingegangenen Risiken glaubwürdig dargelegt werden, aber auch, was die Topmanager tun, um diese Risiken zu steuern. Insbesondere muss sichtbar werden, dass sie das Unternehmen mit einem Blick auf das gesamte Risikoportfolio führen. *Diesen Blick wird es haben*, wenn es sich einer guten Risikomanagement-Kultur verschrieben hat und dies auch durchhält.

Eine starke Risikomanagement-Kultur aufzubauen, ist nichts für Angsthasen oder Wirrköpfe. Dazu sind Visionen, Mut, Disziplin und sehr harte Arbeit erforderlich. Weil viele Firmen dabei versagen, kann es ein starker Wettbewerbsvorteil für diejenigen Unternehmen sein, die dabei erfolgreich sind. Auch wenn kein Unternehmen, ganz gleich, wie gut es ist, den Idealzustand erreicht, macht allein das Bestreben, diesen Zustand zu erreichen, das Unternehmen stärker und besser.

Wie Sie sehen, schürfen unsere einfachen Beispiele kaum an der Oberfläche der Komplexität, die dazu gehört, wenn es darum geht, die Risiken eines großen Finanzdienstleisters zu steuern. Doch nun haben Sie eine neue Vorstellung davon, wie es getan werden sollte. Die besser geführten Banken der Welt machen einen Prozess durch, der dem gleicht, wie wir ihn erlebt haben, obgleich er wegen der vielfältigen Aktivitäten wesentlich komplexer ist. Diese Banken haben eine vernünftige Portfolio-Sicht der eingegangenen Risiken, und sie beobachten, wie das finanzielle Wohlergehen ihrer Aktionäre durch die Volatilität des wirtschaftlichen Umfelds, in dem sie arbeiten, beeinflusst werden könnte. Jeden Tag werden Entscheidungen gefällt, um dieses Risikoprofil anzupassen und um das Verhältnis zwischen Risiken und Gewinnen zu verbessern.

Damit ist nicht gesagt, dass sie ausdrücklich alle Eventualitäten erkannt haben oder alle möglichen daraus resultierenden Ergebnisse bewerten können. Das ist immer noch unmöglich, selbst wenn Hunderte von Experten mit enormer Computerpower daran arbeiten. Es ist auch nicht gesagt, dass irgendjemand alles sieht und versteht (einschließlich des CEO). Gut geführte Banken haben ihr Risikomanagement so organisiert, dass die Ansichten von Experten gesammelt und überarbeitet werden und in einer verständlichen und vernünftigen Einschätzung dessen, was vor sich geht, zusammengefasst werden. Damit erhalten die Risikomanager (auch der CEO) die Möglichkeit, die Risiken als Portfolio zu sehen, das mit ein wenig Glück alle *großen* Risiken aufzeigt und das neue Chancen, Geld zu verdienen offenbart, die nicht mit ungewollten Risiken verbunden sind. Die Organisation des Risikomanagements erfordert auch eine sehr sorgfältige Zuordnung von Weisungsbefugnis und Verantwortung, damit Risiken auf allen Ebenen des Unternehmens umsichtig eingegangen werden können.

Gutes Risikomanagement bei den Banken ist, wie schon erwähnt, weder einfach noch billig. Ausführliches, umfassendes und *quantitatives* Risikomanagement, das tatsächlich die täglichen Entscheidungen formt, gab es 1978 wahrscheinlich in keiner Bank auf der ganzen Welt, als wir unter der Leitung von Charlie Sanford, dem späteren Vorsitzenden, anfingen, bei Bankers Trust das unternehmensweite System zur Abschätzung und Steuerung von Risiken (RAROC) einzurichten. Fast alle Verantwortlichen von Banken auf der ganzen Welt haben Richtlinien und Bedingungen für einen Risikomanagement, das dem Geist dessen folgt, was wir bei Bankers Trust begonnen haben. Gut geführte Banken gehen in ihrem eigenen Interesse weit über das hinaus, was Aufsichtsbehörden als Minimalforderung stellen.

Bevor wir nun die Welt der Banken verlassen, wollen wir schnell noch ein Jahr vergehen lassen, um zu sehen, was Ihre Risikoentscheidungen als CEO der ABC-Bank nach sich gezogen haben.

Beispiel 4: Die Ergebnisse sind da

Ein Jahr ist nun vergangen, und wir sehen die aktuellen Werte von ABCs Vermögen und Verbindlichkeiten im *Wall Street Journal* nach, so dass wir den Nettowert für die Aktionäre berechnen können. Wir stellen fest, dass die Zinsen für Staatsanleihen von 7 Prozent auf 6,8 Prozent gefallen sind, wodurch sich der Wert Ihrer Anleihenposition von 2 Milliarden Dollar auf 2,050 Milliarden Dollar erhöht hat. Der Wechselkurs des Dollar ist von 1,1 Euro/Dollar auf 1,2 Euro/Dollar gestiegen, wodurch der Wert der Euro-

Anweisung von 1 Milliarde Dollar auf 917 Millionen Dollar gefallen ist. Der aktuelle Wert Ihrer Verbindlichkeiten aus den Banksparbriefen ist 2 Milliarden Dollar, weil wir bereits die Zinsen bezahlt haben und das Grundkapital morgen zurückzahlen werden. Nachdem wir Vermögen und Verbindlichkeiten mit diesen aktuellen Marktwerten ausgewiesen und unsere Nettozinseinkünfte aus den Anleihen und Anweisungen in Barmittel getauscht haben, sieht die Bilanz von ABC so aus wie in Tabelle 7.16 wiedergegeben.

Tabelle 7.13 Die Bilanz von ABC zum Jahresende

Vermögen in Mio. $		Verbindlichkeiten in Mio. $	Nettowert in Mio. $
Barmittel	96	Banksparbriefe 2000	
Anleihen	2050		
Euro-Anweisungen	917		
Gesamt	3063	Gesamt 2000	1063

Und wie haben Sie sich geschlagen? Sie haben das Jahr mit 1 Milliarde Dollar Nettowert begonnen und mit einem Nettowert von 1,063 Milliarden Dollar beendet und Sie haben somit einen Gewinn von 63 Millionen Dollar gemacht. Die gute Nachricht zuerst: Sie haben das Desaster-Szenario vermieden, das Sie in Ihrer Risikoanalyse erkannten, und Sie haben einen Jahresgewinn erzielt. Und jetzt die schlechten Nachrichten: Der Gewinn für Ihre Aktionäre macht nur 6,3 Prozent *vor Steuern* aus oder etwa 3 Prozent nach Steuern. Dieser Gewinn ist nicht wesentlich besser, als hätten die Aktionäre ihr Geld in risikolosen Sparbüchern anstatt in ABC-Aktien angelegt. Für das Risiko, das Sie eingegangen sind, durften die Aktionäre mindestens einen Gewinn von 10 Prozent *nach Steuern* erwarten, wahrscheinlich mehr. Sie haben sich nicht gerade mit Ruhm bekleckert. Aber schließlich waren Ihnen durch den Aufsichtsrat die Hände gebunden. Wenn es Ihnen nicht gelingt, den Aufsichtsrat von der Notwendigkeit eines modernen Risikomanagements bei ABC zu überzeugen, sollten Sie in Erwägung ziehen, von Ihrem Posten als CEO zurückzutreten.

Kapitel 8
Sie bestimmen über Ihr Leben –
Was werden Sie tun?

Nun, da Sie ABC mit einer hübschen Abfindung verlassen haben, können Sie Ihre Aufmerksamkeit der allerwichtigsten Herausforderung eines Risikomanagements zuwenden – Ihrem eigenen Leben. Sie müssen nicht nur finanzielle Risiken steuern, so wie bei ABC, Sie sind vielmehr sämtlichen Risiken ausgeliefert, die Ihr Wohlergehen im Alltag bedrohen. Risiken, denen Ihr Eigentum und Ihre Besitztümer ausgesetzt sind: Risiken für Ihren Erfolg und Ihre Zufriedenheit in Ihrem Beruf. Risiken für Ihre guten Beziehungen zur Ihrer Familie und Ihren Freunden. Risiken für Ihre Gesundheit und Ihr Leben. Risiken für andere Menschen, die Sie mögen. Risiken in allen Formen und Größenordnungen, die aus allen Himmelsrichtungen drohen. Es gibt Risiken, die intensiv und zwingend sind. Andere sind vage und unklar. Risiken sind unsichtbar oder werden ignoriert. Risiken sind unmittelbar. Risiken können weit entfernt ihren Ursprung haben. Risiken sind einfach unbekannt.

Wenn Sie absolut logisch über die mit Risiko behafteten Entscheidungen in Ihrem Leben nachdenken wollten, dann müssten Sie die Mutter aller Entscheidungsbäume darstellen mit Millionen von Ästen und Trillionen möglicher Resultate. Dieses Problem ist einfach zu groß und zu komplex, als dass irgendjemand Ihnen ein nettes und handliches Risikomanagementrezept geben könnte, mit dem Sie Ihr Leben gestalten. Sie müssen Ihren geistigen Führer oder Ihren Lieblingsphilosophen danach fragen. So wie das Risikomanagement entwickelt ist, ist es keineswegs eine sehr elegante Lösung und wird es wahrscheinlich auch niemals sein. Seien Sie höchst misstrauisch, wenn jemand Ihnen etwas anderes sagt.

Denken Sie auch daran, dass menschliche Wesen mit einigen sehr effektiven Fähigkeiten für den Umgang mit Risiken zur Welt kommen, die nicht einfach übergangen werden sollten. Unsere primitiven Vorfahren konnten Säbelzahntigern entkommen, sie sammelten Früchte und suchten nach knappen Nahrungsmitteln, sie fanden bei extremer Witterung Unterkunft und lernten, Freunde von Feinden zu unterscheiden. Über viele Jahrtausende hinweg haben die Menschen instinktive Reaktionen auf Gefahren entwickelt, was es den angepasstesten ermöglichte, zu überleben und Nachkommen zur Welt zu bringen, die noch besser angepasst waren. Die einfachste dieser Reaktionen ist die wohl bekannte Alternative: fliehen oder kämpfen. Schon beim ersten Anzeichen einer Gefahr übernimmt dieser Flucht-oder-Kampf-Reflex die Herrschaft über Ihren Verstand und über Ihren Körper, um die Achtsamkeit zu erhöhen, um den Körper für Verteidigung oder Angriff in Position zu bringen, eine Flut von Adrenalin auszuschütten, um die Pulsfrequenz und Muskelstärke zu erhöhen und den Lungen zu befehlen, mehr Sauerstoff aufzunehmen. Und nun sind Sie gerüstet und bereit, anzugreifen oder zu fliehen. Die wirkliche Entscheidung über Kampf oder Flucht wird oft von tiefer liegenden Regionen des Gehirns getroffen und ist absolut unbewusst. Wenn Sie plötzlich einem Grizzlybären gegenüberstehen, dann haben Sie keine Zeit mehr, einen Entscheidungsbaum auszuarbeiten. In diesem Falle kann Ihnen mangelnde Logik verziehen werden.

Die Dominanz des Instinkts über die Logik zeigt sich bei vielen Entscheidungen im Leben. Ihre instinktive und unüberlegte Reaktion ist oft die beste, mindestens aber gut genug. Gehen Sie einem heranbrausenden Bus aus dem Weg. Vertrauen Sie Ihre Ersparnisse keinem Fremden an. Halten Sie sich am Geländer fest, wenn Sie im Besucherzentrum des Grand Canyon stehen. Doch der Instinkt ist nicht immer überlegen. Instinktive Reaktionen funktionieren am besten in Situationen, die dem Umfeld gleichen, in welchem sie entwickelt wurden – in prähistorischen Urwäldern, im Dschungel und in Savannen, die mit kleinen und verstreuten Horden von Menschen bevölkert waren, die von diesem Land lebten. Instinktive Reaktionen funktionieren in der modernen Industriegesellschaft, in der Millionen von Menschen zusammenleben, nicht immer so gut. Sie nutzen auch nicht immer den Vorteil des riesigen Wissens, das die menschliche Zivilisation angesammelt hat, seitdem Menschen aufgehört haben, auf den Bäumen zu wohnen. Die Kampf-oder-Flucht-Reaktion kann Sie vor einem Grizzly retten, doch kann sie auch dazu führen, dass Sie aus einer Bar und ins Gefängnis geworfen werden. Sie kann auch zu einer fatalen Herzattacke im Alter von 47 Jahren führen. Misstrauen gegenüber Fremden kann Sie vor einem Mörder schützen, aber es kann auch Ihre Chancen begrenzen, neue Freunde zu gewinnen und Menschen zu finden, die Ihnen helfen können. Sie können in den Abendhimmel sehen, um vorherzusagen, wie das Wetter morgen wird, doch die Wettervorhersage im Fernsehen ist wahrscheinlich verlässlicher.

Der weise Mensch weiß, wann er seinen Instinkten vertrauen darf und wann er Beweise sammeln, Experten konsultieren und eine Situation logisch analysieren muss. *Wenn es um wenig geht,* dann ist der Instinkt schnell, billig und meistens gut genug. Wenn Sie ein Päckchen Kaugummi kaufen wollen, dann tun Sie es einfach. *Wenn Sie wenig Zeit haben,* dann bietet der Instinkt die einzige Möglichkeit, rechtzeitig zu entscheiden. Denken Sie an den Grizzly. Wenn Sie natürlich die Gewohnheit entwickelt haben, logische Entscheidungen auf der Basis von Informationen zu treffen, dann könnte es durchaus sein, dass Sie schon einiges an nützlichem Wissen und an Erfahrungen gesammelt haben, aus dem Sie innerhalb kürzester Zeit schöpfen können. Der normale und natürliche Instinkt ist es, vor einem Grizzly wegzulaufen, doch stehen zu bleiben und selbstbewusst zu handeln, könnte Ihnen sogar eine bessere Überlebenschance einräumen. Ein Aufseher in einem Naturpark würde dies instinktiv wissen, doch ein Camper wüsste es nicht. *Wenn keine vorstellbare Entscheidung wesentlichen Einfluss auf ein Resultat hat,* dann rettet der Instinkt Sie vor der Mühe einer gegenstandslosen Analyse. Es ist völlig egal, welchen Liegestuhl Sie sich auf der Titanic aussuchen.

Interessanter wird es, *wenn so viel auf dem Spiel steht, dass eine Sache wichtig wird, und wenn Sie darüber hinaus auch ein wenig Zeit für eine Analyse haben, doch die gefundenen Fakten und die Logik nur schwierig anzuwenden sind.* Die Natur der Risiken könnte schwierig zu erkennen und sie könnten nur schwer zu quantifizieren sein. Die Palette alternativer Entscheidungsmöglichkeiten könnte alles andere als offensichtlich sein. Ihre Präferenzen für die möglichen Resultate könnten nur mit Mühe klar und deutlich formulierbar sein. Relevante Informationen könnten fehlen und schwierig aufzufinden sein. In Situationen wie diesen ist man versucht, sich einfach auf Instinkt, Gewohnheiten oder Faustregeln zu verlassen, weil die logische Analyse so schwierig, so unvollkommen und so ungenau erscheint, dass sie Ihnen nicht die Antworten geben wird, denen Sie vertrauen können. In vielen Fällen ist der Instinkt, hoffentlich durch Erfahrung gut informiert, die beste Möglichkeit, eine Entscheidung zu treffen.

Beispiel: der Heiratsantrag

Die Entscheidung, ob Sie heiraten sollen, ist eine solche Situation. Es steht ausreichend viel auf dem Spiel, um die Entscheidung als wichtig einzustufen. Längere Zeiten der Armut und finanzieller Ruin erwarten diejenigen, die eine falsche Entscheidung treffen. Wenn wir nicht über eine Blitzhochzeit sprechen, dann ist ausreichend Zeit für ernsthaftes Nachdenken gegeben. Die meisten Menschen verbringen Monate, wenn nicht gar Jahre zusammen, bis es zu diesem magischen Augenblick kommt. Doch wie sieht der Entscheidungsbaum aus, wenn man die Risiken einer Heirat logisch analysiert? Versuchen wir es einfach, und wir werden sehen, wie weit wir kommen.

Zunächst scheint es einfach, die alternativen Entscheidungen zu erkennen. Sie können heiraten oder auch nicht. Aber ganz so einfach ist das nicht. Wenn Sie nicht der absolute Herrscher über Ihr eigenes kleines Land sind, dann können Sie sie oder ihn nicht heiraten, wenn sie oder er Sie nicht heiraten will. Sie können also nur entscheiden: *Fragen* oder *nicht fragen*, das ist hier die Frage. Und wenn Sie sie bzw. ihn fragen, haben Sie dann nicht auch ein Datum für das vermeintlich glückliche Ereignis im Sinn? Nun, wie viele Termine wollen Sie in Betracht ziehen, bevor Sie den Heiratsantrag machen? Nächste Woche? Nächsten Monat? Nächstes Jahr? Später? Viel später? Da die möglichen Folgen einer Heirat in der nächsten Woche völlig verschieden sind von denen einer Heirat in einem Jahr, brauchen Sie in Ihrem Entscheidungsbaum einen Ast für jeden möglichen Hochzeitstermin, wenn Sie absolut logisch vorgehen wollen.

Und schon stecken wir in Schwierigkeiten. Nicht nur das, sondern wir haben noch einige weitere Alternativen vergessen: eine sofortige Bekanntgabe der Verlobung mit einem ungewissen Hochzeitstermin, zusammenleben, ohne zu heiraten, oder Sie überlassen ihr bzw. ihm die Entscheidung über den Hochzeitstermin. Wahrscheinlich fallen Ihnen noch weitere Alternativen ein. Jede alternative Entscheidung hat wahrscheinlich andere mögliche Konsequenzen als die übrigen Alternativen und benötigt deshalb auf dem Entscheidungsbaum einen eigenen Ast.

Doch Sie sind zuversichtlich, dass die einzigen alternativen Entscheidungen, die es wert sind, analysiert zu werden, sich um die Frage drehen »ich frage sie, ob sie mich in einem halben Jahr heiratet« oder »ich mache ihr keinen Heiratsantrag«. Einen Moment bitte – der Ast mit »kein Heiratsantrag« ist auch nicht ganz einfach. Bedeutet »kein Heiratsantrag« »nie einen Heiratsantrag« oder »ich mache jetzt keinen Heiratsantrag, halte mir aber die Option offen, es später zu tun« oder »ich sage ihr, dass ich die Beziehung beenden will«? Sehen Sie, wie schnell eine Sache kompliziert werden kann?

Sie denken einen Augenblick über die Optionen nach und entscheiden, dass die einzigen Alternativen, die eine Analyse wert sind, heißen »ich frage sie, ob sie mich in einem halben Jahr heiraten will« oder »ich sage ihr, dass ich die Beziehung beenden will«. Das vereinfacht den Entscheidungsbaum beträchtlich, aber wie wollen Sie wissen, ob Sie nicht willkürlich die bestmögliche Entscheidung ausgeschlossen haben, weil sie nicht analysiert wurde? Sie wissen es nicht, wenn nicht alle ausgeschlossenen Entscheidungen klare Verlierer waren, das heißt, ohne Aussicht, besser zu sein als die Entscheidungen, die Sie für eine Analyse ausgewählt haben. Sie müssen hoffen, dass Ihr intuitives Urteilsvermögen in Ordnung ist. Denken Sie auch daran, dass Sie von hier ab den Bereich der reinen Logik verlassen und sich nun im Bereich der kunstvollen Kombination aus Logik und Urteilsvermögen befinden.

Nun wird es sogar noch schwieriger. Sie müssen alle unsicheren Ereignisse identifizieren und deren Konsequenzen für beide alternativen Entscheidungen. Denken Sie einen Augenblick darüber nach. Die erste Konsequenz für »Heiratsantrag« ist das, was sie als Antwort auf Ihren Antrag sagt. Sie könnte die Sache einfach machen und nur »ja« oder »nein« sagen. Allerdings könnte sie auch sagen: »Vielleicht. Ich komme später noch einmal darauf zurück.« Und was tun Sie dann? Sie könnten antworten: »Gut, ich warte auf deine Antwort.« Oder Sie sagen: »Dein Zögern empfinde ich als einen Mangel an Begeisterung. Lass uns die Beziehung beenden.« Für den Fall, dass Sie sich entscheiden zu warten: Wie lange wollen Sie warten und was wollen Sie in der Zwischenzeit tun? Wenn Sie sich entscheiden, die Beziehung zu beenden: Sind Sie sicher, dass Sie ihr Verhalten richtig interpretiert haben? Vielleicht ist sie angesichts einer so bedeutenden Entscheidung nur vorsichtig, selbst wenn sie von Ihnen als Person begeistert ist. Wenn Sie Schluss machen, könnten Sie eine großartige Chance wegwerfen, die nicht wiederkommt.

Sie glauben, sie gut zu kennen, und deshalb sind Sie sehr zuversichtlich, dass sie entweder »ja« oder »nein« sagen wird, aber niemals »vielleicht«. Deshalb werden Sie den Ast »vielleicht« gar nicht erst in Ihrem Entscheidungsbaum berücksichtigen. Schon wieder haben Sie vereinfacht und können nicht absolut sicher sein, dass Sie damit nicht den Ast mit der bestmöglichen Entscheidung ausgeschlossen haben. Doch Sie sind bereit, bei dieser Entscheidung Ihrem Urteilsvermögen zu vertrauen.

Nun müssen Sie die möglichen Konsequenzen für den Fall erfassen, dass sie »ja« sagt, aber auch für den Fall, dass sie »nein« sagt. Sagt sie »ja«, dann wären Kinder eine Konsequenz: Wie viele? Wann? Jungen oder Mädchen? Schlau oder dumm? Fleißig oder faul? Gesund oder kränkelnd? Aufgeschlossen oder phlegmatisch? Ehrlich oder verschlagen? Wir könnten immer weitere Fragen stellen. Eine weitere Konsequenz für den Fall einer Zusage wäre das Verhältnis untereinander: Komfortabel oder stressig? Anregend oder langweilig? Unterstützend oder ermüdend? Himmel oder Hölle?

Sie bestimmen
über Ihr Leben –
Was werden Sie tun?

Bis dass der Tod uns scheidet oder eine bittere Trennung? Und wiederum könnten wir immer weitere Fragen stellen. Sie sehen, wir kratzen hier immer nur an der Oberfläche.

Und welche Konsequenzen zieht es nach sich, wenn sie »nein« sagt? Nun, was werden Sie tun, wenn sie Ihren Antrag ablehnt? Jetzt haben Sie in Ihrem Entscheidungsbaum einen weiteren Entscheidungsbaum. Kommen Sie zu dem Entschluss, ledig zu bleiben, weil Ihre einzige große Liebe Sie verschmäht hat, dann haben Sie eine ganze Palette möglicher Konsequenzen. Bleiben Sie aber im Rennen, dann gibt es eine andere Palette sehr unterschiedlicher möglicher Konsequenzen, darunter auch, mit einer anderen Heiratskandidatin noch einmal ganz von vorn zu beginnen. Begehen Sie Selbstmord, dann sind Sie zur ultimativen Konsequenz gelangt, was Ihrem Entscheidungsbaum aber nur einen erfrischend kleinen Zweig hinzufügt.

Dieser Versuch, alle möglichen Konsequenzen aller alternativen Entscheidungen zu identifizieren, ist höchst unvollständig und funktioniert auch nicht gut, aber beißen wir uns noch ein wenig weiter durch, bevor wir aufgeben. Tun wir einmal so, als hätten Sie alle möglichen Konsequenzen aller alternativen Entscheidungen, die zu analysieren sich lohnt, identifiziert. Wie Sie sich erinnern werden, ist es Ihre nächste Aufgabe, festzustellen, mit welcher Wahrscheinlichkeit jede dieser Konsequenzen eintreffen wird. Wie hoch ist die Wahrscheinlichkeit, dass sie »ja« sagt? Für den Fall, dass sie »nein« sagt, wie hoch ist dann die Wahrscheinlichkeit, dass Sie sich umbringen? Und so weiter ... und so weiter. Woher beziehen Sie relevante Daten, um diese Wahrscheinlichkeiten zu bestimmen? Ich weiß es nicht, aber Sie müssen sie trotzdem irgendwo herbekommen. Viel Glück.

Es wird noch schlimmer. Selbst wenn Sie alle Wahrscheinlichkeiten für die Analyse gesammelt haben, sind Sie noch lange nicht fertig. Jetzt müssen Sie Ihre Präferenz (oder Ihren Nutzen) für jedes mögliche Resultat bestimmen (auch für Ihren Tod durch eigene Hand, wenn sie »nein« sagt). Können Sie das leisten? Oder sollen wir jetzt aufgeben?

Wenn Sie demnächst hören, dass jemand ein glückliches Paar kritisiert, weil es »nach einem zu emotionalen und unlogischen Entschluss« heiratet, dann könnten Sie mit ihm unser Beispiel durcharbeiten, damit er wieder ein Stück notwendiger Demut kennenlernt. Es ist ganz klar, dass viele Heiratswillige nicht die geringste Vorstellung von der Komplexität und dem Umfang der Analyse haben, die für eine logische Entscheidung über eine Heirat erforderlich ist. Dieses Argument soll keinesfalls dazu verleiten, aufgrund einer Laune oder willentlich unwissend zu handeln. Die Entscheidung, ob man eine Ehe eingehen soll, will gut überlegt sein, doch muss sie sich in erster Linie auf Urteilsvermögen, gesunden Menschenverstand,

Instinkt und, ja, auf Gefühle stützen – und erst in zweiter Linie auf eine logische Analyse. Auf alle Fälle war der Vorgang der Paarung für das Überleben und die Entwicklung der Menschheit so wichtig, dass er auch heute noch weitestgehend von den ursprünglichen Trieben bestimmt wird, die von unseren prähistorischen Ahnen an uns vererbt wurden und die nicht so schnell von einem Computerprogramm überstimmt werden können.

Weshalb habe ich Sie durch ein so schmerzhaftes Beispiel geschleppt, das eindeutig die logischen Methoden der Risikoanalyse in Frage stellt, die doch der Gegenstand dieses Buches sind? Dafür gibt es zwei Gründe.

Erstens kann die Anwendung eines nützlichen Hilfsmittels wie des Risikomanagements dadurch gehemmt werden, dass es zu oft herangezogen wird (auch in ungeeigneten Situationen). Wenn ein Risikomanagement-Modell schlecht zu einem zur Entscheidung anstehenden aktuellen Problem passt und wenn ein Risikomanager nicht bereit oder nicht in der Lage ist, seine Defizite mittels gesunden Urteilsvermögens zu überwinden, dann kommt es zu schlechten Entscheidungen, die in unfairer Weise den guten Ruf der Methoden des Risikomanagements selbst beschädigen. Die gleichen Methoden können sehr nützlich sein, wenn sie richtig und mit einem guten Urteilsvermögen angewendet werden. Viele Menschen könnten von der Anwendung der neuen Risikomanagement-Techniken in einem dafür geeigneten Rahmen profitieren. Wenn wir diese Hilfsmittel einsetzen, müssen wir uns aber auch ihrer begrenzten Möglichkeiten bewusst sein.

Der zweite Grund lautet: Selbst wenn ein formales Risikomanagement-Modell nicht realistisch genug ist, um Antworten zu geben, denen man vertrauen kann, so führt doch allein der Versuch, ein Modell zu entwerfen, oft zu besseren Einschätzungen und somit auch zu besseren Entscheidungen. Durchlaufen Sie die Routine mit dem Entscheidungsbaum, könnten Sie alternative Entscheidungen und unsichere Ereignisse entdecken, die Sie ansonsten übersehen hätten. Es könnte sein, dass Sie unerwartete Beziehungen zwischen verschiedenen Ereignissen entdecken (beispielsweise Korrelationen). Wenn Sie angestrengt über die Wahrscheinlichkeiten der Ereignisse nachdenken, ändern Sie möglicherweise Ihre Ansichten darüber, welche Ereignisse für Sie wirklich wichtig sind, welche weniger wichtig und welche absolut irrelevant sind. Sie könnten größere Klarheit über Ihre Ziele erreichen, indem Sie Ihre Präferenzen für die einzelnen Resultate spezifizieren. Auch wenn Ihr Versuch, einen einigermaßen realistischen Entscheidungsbaum zu errichten, misslingt, werden Sie mehr davon haben, als hätten Sie das ganz unterlassen. Das gilt allerdings nicht, wenn Sie im Unterholz diesem riesigen Grizzly über den Weg laufen.

Beispiel: Fett oder mager?

Möglicherweise wurde Ihr Entscheidungsbaum für den Heiratsantrag deshalb so unübersichtlich, weil wir versuchten, zu sehr in die Einzelheiten zu gehen und zu genau zu sein. Vielleicht sollte man bei solchen Entscheidungen eine etwas großzügigere Sichtweise einnehmen – den Wald sehen, und nicht die Bäume. Das versuchen wir nun bei einer anderen, ebenfalls für Ihr Leben bedeutsamen Entscheidung – ob Sie den Genuss guten Essens der Aussicht auf ein längeres Leben opfern sollten.

Nehmen wir an, Sie sind ein begeisterter Hobbykoch und lieben die Feinschmeckerküche. Sie lieben Eier, Butter, Käse, Sahne, Zucker, Salz und Fleisch, und ganz besonders lieben Sie die Art der französischen Küche, die all das in einem himmlischen Menü vereint. Allerdings machen Sie sich Sorgen, dass solch himmlische Mahlzeiten Sie tatsächlich früher in den Himmel bringen könnten, als wenn Sie weniger üppige Speisen zu sich nähmen. Sie haben sich einige medizinische Forschungsberichte angesehen und glauben, dass Ihre Schlemmereien die Lebenserwartung verkürzen, weil sie die Wahrscheinlichkeit erhöhen, dass Sie einem Herzinfarkt, einem Schlaganfall, einer Diabetes oder einer anderen ernährungsbedingten tödlichen Krankheit erliegen.

Sie müssen nun eine grundsätzliche Entscheidung treffen: Entweder Sie frönen der Schlemmerei oder Sie essen vernünftig. Diese Entscheidung ist von extremer Bedeutung, weil Ihre Wahl eine dramatische Auswirkung auf das Resultat hat, und deshalb wollen Sie so logisch wie nur möglich vorgehen. Sie beginnen einen einfachen Entscheidungsbaum zu entwerfen.

Sie stellen Ihre Annahmen zur Wahrscheinlichkeit der Lebensdauer für jeden Lebensstil fest. Sie beachten nicht nur die Durchschnittsangaben in den medizinischen Fachzeitschriften, sondern Sie korrigieren diese Zahlen nach Maßgabe Ihres Alters, Geschlechts und augenblicklichen Gesundheitszustandes. Gar nicht so schlecht für einen Amateur-Biostatistiker.

Unter sonst gleichen Umständen leben Sie lieber länger als kürzer. Aber – alles andere ist eben nicht gleich. Bei jedem Szenario legen Sie großen Wert auf Ihre *Lebensqualität*. Gutes Essen macht Ihr Leben lebenswert, ganz gleich, wie kurz es auch sein mag. Ein Leben mit Schonkost, ganz gleich wie lang, empfinden Sie als langweilig. Also sind es zwei Eigenschaften, die den Nutzen der Resultate dieser Entscheidung bestimmen: die verbleibende Lebenserwartung – lang, durchschnittlich oder kurz; und die Lebensqualität – beglückend oder einschränkend.

Nun ziehen Sie sich auf einen Berggipfel zurück und nehmen sich Zeit für eine innere Einkehr (vergessen Sie nicht, eine deftige Brotzeit mitzunehmen). Als Sie zurückkommen, haben Sie Ihre Präferenzen für alle möglichen Resultate quantifiziert und sind bereit, mir Ihren Entscheidungsbaum zu zeigen. Er entspricht den Angaben in Abbildung 8.1.

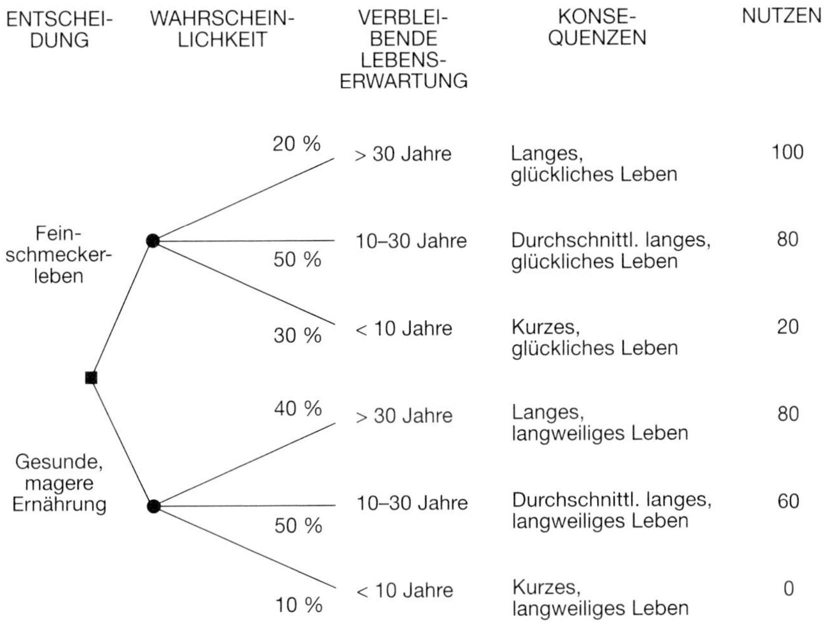

ENTSCHEI-DUNG	WAHRSCHEIN-LICHKEIT	VERBLEI-BENDE LEBENS-ERWARTUNG	KONSE-QUENZEN	NUTZEN
	20 %	> 30 Jahre	Langes, glückliches Leben	100
Fein-schmecker-leben	50 %	10–30 Jahre	Durchschnittl. langes, glückliches Leben	80
	30 %	< 10 Jahre	Kurzes, glückliches Leben	20
	40 %	> 30 Jahre	Langes, langweiliges Leben	80
Gesunde, magere Ernährung	50 %	10–30 Jahre	Durchschnittl. langes, langweiliges Leben	60
	10 %	< 10 Jahre	Kurzes, langweiliges Leben	0

Abb. 8.1 Entscheidungsbaum: Fett oder mager?

Sie sind davon überzeugt, dass ein schlanker Lebensstil Ihre Chancen verdoppelt, ein außergewöhnlich langes Leben zu führen (40 Prozent gegen 20 Prozent) und dass das Leben eines Schlemmers die Chance verdreifacht, eines frühen Todes zu sterben (30 Prozent gegen 10 Prozent). Doch auch eine schlanke Lebensweise garantiert kein langes Leben (Sie könnten auch von einem Biertransporter angefahren werden). Aber auch die Lebensweise eines Schlemmers muss nicht unbedingt zu einem kurzen Leben führen (vielleicht haben Sie besonders gute Gene oder die Forschung entdeckt, dass die Crème brûlée besonders gesund ist).

Das beste Resultat für Sie wäre ein langes und glückliches Leben, das für Sie nur mit der Lebensweise eines Gourmets vorstellbar ist. Diesem Resultat messen Sie einen Nutzen von 100 bei. Das schlechteste Resultat wäre ein kurzes und langweiliges Leben, das für Sie immer mit einer mageren

Lebensweise verbunden ist. Diesem Resultat schreiben Sie einen Nutzen von 0 zu. Es gibt Menschen, die lieber kurz und langweilig als lang und langweilig leben. Eine solche Einstellung ist aber für Sie nicht von Belang.

Die anderen Resultate verlangen von Ihnen, dass Sie die Lebensdauer gegen Ihr Lebensgefühl abwägen. Sie können sich nicht zwischen einem langen langweiligen Leben und einem durchschnittlich langen glücklichen Leben entscheiden (deshalb schreiben Sie beiden einen Nutzwert von 80 zu). Doch ziehen Sie sowohl ein durchschnittlich langes langweiliges Leben (Nutzwert 60) als auch ein langes langweiliges Leben (Nutzwert 80) einem kurzen glücklichen Leben (Nutzwert 20) vor. Schließlich sind Sie kein völlig kurzsichtiger Hedonist.

Nun sind Sie bereit, Ihre Entscheidung zu treffen. Beachten Sie, dass weder die Wahrscheinlichkeiten allein noch die Nutzwerte allein ausreichen, um Ihnen zu sagen, welche die beste Entscheidung ist. Sie müssen beides in Ihre Überlegungen einbeziehen und die Lebensweise wählen, die den erwarteten Nutzen maximiert. Der erwartete Nutzen der Lebensweise eines Gourmets ist:

$$0,20 \times 100 + 0,50 \times 80 + 0,30 \times 20 = 66$$

Der erwartete Nutzen der mageren Lebensweise ist:

$$0,40 \times 80 + 0,50 \times 60 + 0,10 \times 0 = 62$$

Sie dürfen sich nun einem Schlemmerleben hingeben, weil Sie ja eine völlig rationale Entscheidung dafür getroffen haben. Der erwartete Nutzen Schweinefleisch zu essen ist größer als der, sich künftig von Tofu zu ernähren. Selbstverständlich können Sie später noch Ihre Meinung ändern, sobald es neue Forschungsergebnisse gibt oder wenn der Sensenmann immer näher kommt. Sie könnten aber auch aufgeschreckt worden sein durch die Einfachheit dieses Denkansatzes. Haben wir zu viel unter den Teppich gekehrt? Das können nur Sie selbst entscheiden.

Eine Portfolio-Sicht Ihrer Risiken

Ebenso wie im Beispiel, als Sie CEO der ABC-Bank waren, würden wir gern das gesamte Panorama aller Risiken sehen, die Sie im Verlauf Ihres Lebens eingehen. Wir möchten die Größe der Risiken sehen und herausfinden, in welcher Beziehung zueinander sie stehen. Wir möchten die Wahrscheinlichkeit, dass Sie ein wichtiges Risiko oder eine wichtige Chance übersehen, reduzieren. Wir möchten die Wahrscheinlichkeit erhöhen, dass Sie

Möglichkeiten finden, ein Risiko gegen ein anderes auszutauschen, oder ein Risiko zu eliminieren oder ein anderes zu erwerben, wodurch die gesamten Risiken und die potenziellen Vorteile in Ihrer gesamten Risikosituation ausgewogener werden.

Ich kenne keine anerkannte Möglichkeit, wie dies für die Risikoposition eines menschlichen Wesens getan werden könnte. Es gibt eine Reihe von Modellen zur Finanzplanung, doch sie decken nur einen Teil der finanziellen Dimension von Risiko ab. Wir jedoch wollen eine umfassendere Sicht. Letztlich aber wird es uns nicht gelingen, hinreichend realistisch zu sein, weil das menschliche Leben zu komplex und zu ungewiss ist. Erinnern Sie sich an das Beispiel mit dem Heiratsantrag, wo wir aufgeben mussten, noch bevor wir eine Möglichkeit fanden, ganz realistisch nur eine sehr wichtige Entscheidungssituation im Leben zu erfassen. Oder das Beispiel »Schlemmer oder Asket«, wo wir zwar einen Entscheidungsbaum entwerfen konnten, der allerdings zu stark vereinfacht wurde. Doch unsere Bemühungen um Realismus und Systematik sind wertvoll, weil wir daraus etwas lernen sollten, das uns zu besseren Entscheidungen im wirklichen Leben verhilft.

Wenn wir vergeblich hoffen, Ihre persönlichen Risiken mit der Hilfe eines riesigen Entscheidungsbaums steuern zu können, was sollen wir dann tun? Ein Ansatz zu einem umfassenden Risikomanagement-System für Ihr Privatleben könnte sein, so zu verfahren, als seien Sie ein Unternehmen. Wir kennen bereits Risikomanagement-Systeme, die es Managern ermöglichen, bessere Entscheidungen zu treffen, als wenn sie sich ausschließlich auf ihr Gefühl und auf Faustregeln verlassen würden. Vielleicht schaffen wir es, dass ähnliche Methoden auch für Ihr Privatleben funktionieren. Leider wird uns auch hier kein Erfolg beschieden sein, doch könnten wir aus dem Versuch etwas lernen.

Obwohl wir wissen, dass wir einen Fehlschlag erleben werden, fangen wir an, Ihre persönliche Bilanz aufzuzeichnen, die Ihnen sagen soll, wo Sie zu einem bestimmten Zeitpunkt stehen. Die Unternehmensbilanz finden Sie unter Abbildung 8.2.

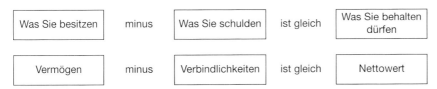

Abb. 8.2 Bilanz

Nehmen wir an, das gleiche Prinzip gilt auch für Ihre persönliche Bilanz (siehe Abbildung 8.3), selbst wenn wir finanzielle wie auch nichtfinanzielle Punkte berücksichtigen. (Vergessen Sie diese Annahme nicht.) Um diese umfassendere Sicht beschreiben zu können, benutzen wir den Begriff »Wohlbefinden« und nicht Nettowert. Wie wir Philosophen sagen: Der finanzielle Nettowert ist nur ein Teil des Wohlbefindens.

Zu Ihrem persönlichen Vermögen gehört alles, was Sie besitzen und was Ihnen jetzt und in der Zukunft Befriedigung verschafft (oder einen Nutzen bringt), so wie

- *finanzielles Vermögen*: Bargeld, Girokonten, Sparkonten, Aktien, Anleihen, Fondsanteile, private Rentenversicherungen, kapitalbildende Lebensversicherungen, Lottoscheine, Schuldscheine von Onkel Erwin ...
- *materielles Vermögen*: Häuser, Autos, Yachten, Möbel und Wohnungseinrichtung, Bekleidung, Kunstgegenstände, Briefmarkensammlungen, Familienfotos, Souvenirs, Lockenwickler ...
- *intellektuelles Vermögen*: Wissen, Können, Talent, Intelligenz, Erfindungen, Ideen, Kreativität, Ansehen, Berufsausbildungen, Zeugnisse, Geschäftsbeziehungen ...
- *emotionales Vermögen*: gute körperliche und geistige Verfassung, befriedigende Beziehungen zu Familie und Freunden, Freizeit, Zugang zu unterhaltenden und anregenden Aktivitäten, die Fähigkeit, Freunde zu gewinnen und Menschen zu beeinflussen, innerer Friede (wie auch immer man ihn gewinnen kann) ...

Abb. 8.3 Persönliche Bilanz

Zu Ihren persönlichen Verbindlichkeiten zählt alles, was erfordern könnte, dass Sie jetzt oder in der Zukunft Zufriedenheit aufgeben müssten. Dazu gehören

- *finanzielle Verbindlichkeiten*: Hypotheken, Autokredite, Kreditkartenschulden, Darlehen für das Studium, offene Rechnungen, noch nicht gezahlte Steuern, Alimente, Spielschulden ...
- *materielle Verbindlichkeiten*: Geliehene Rasenmäher ...

- *intellektuelle Verbindlichkeiten*: Die Notwendigkeit, eine bestimmte Zeit lang zu arbeiten oder Dienste zu leisten oder Zeit, in der man neue Fertigkeiten erlernt und Wissen erwirbt
- *emotionale Verbindlichkeiten*: Notwendigkeit, körperliche Schmerzen oder emotionale Ängste durchzustehen, Verpflichtungen, die Zeit mit langweiligen, schwierigen oder anderweitig unangenehmen Menschen zu verbringen.

Nun haben wir alles, was wir benötigen, um den gesamten Wert Ihres Lebens in einer Zahl zusammenzufassen: Wohlbefinden, das aus der Differenz von persönlichem Vermögen und persönlichen Verbindlichkeiten besteht. Wir könnten eine spezielle quantifizierbare Definition des persönlichen Risikos übernehmen: die Minderung des Wohlbefindens, die mit einer bestimmten Wahrscheinlichkeit in einem bestimmten Zeitabschnitt auftritt. Persönliches Risiko entspricht dem Value at Risk (VaR), das von Unternehmen angewendet wird. Mit der Feststellung der möglichen Veränderungen im Wert Ihres persönlichen Vermögens und Ihrer persönlichen Verbindlichkeiten könnten wir die Risiken und Chancen der unterschiedlichen Entscheidungen und Szenarien Ihres Lebens bestimmen. Zu diesen Szenarien würden die Verbindungen (oder Korrelationen) zwischen Veränderungen im Wert jedes persönlichen Vermögensteils oder einer jeden persönlichen Verbindlichkeit und allen übrigen Veränderungen im Wert persönlichen Vermögens oder persönlicher Verbindlichkeiten gehören. Sie könnten das gesamte Panorama der Risiken, denen Sie als menschliches Wesen ausgesetzt sind, betrachten. Sie könnten Ihr Risikoprofil verbessern, wenn Sie persönliches Vermögen oder persönliche Verbindlichkeiten abgeben oder zukaufen. Sie könnten Ihr Leben wie ein gut geführtes Unternehmen gestalten. Sie könnten sogar eine Jahreshauptversammlung abhalten.

Halt, das war nur ein Spaß. Ich bin weit über das hinausgegangen, was im Augenblick möglich oder angemessen ist. Sie werden beispielsweise bemerkt haben, dass ich den ziemlich wichtigen Schritt ausgelassen habe, Ihr persönliches Vermögen und die Verbindlichkeiten zu *quantifizieren*. Wäre mir das gelungen, läge ich im Rennen um den Preis als größter Philosoph aller Zeiten weit vorn. Finanzielles Vermögen und finanzielle Verbindlichkeiten sind mit *monetären Größen* relativ einfach zu bewerten. Sie können den Wert Ihrer Aktien per Internet im nächstbesten Finanzportal abrufen. Materielles Vermögen und materielle Verbindlichkeiten sind schwieriger zu bewerten, aber das kann noch mit einiger Genauigkeit geleistet werden. Nehmen Sie Ihre alte Lampe zum nächsten Antikmarkt mit. Intellektuelles Vermögen und intellektuelle Verbindlichkeiten sind wesentlich schwieriger zu bewerten, aber unmöglich ist es nicht, weil sie letztendlich mit Geldströmen enden, die ungefähr eingeschätzt werden können. Es gibt Spezialisten, die das lebenslange Einkommenspotenzial im Fall von Körperversehrten bestimmen können. Natürlich erbringt intellektuelles Vermögen nicht nur Geld. Es vermittelt Befriedigung, auch wenn zunächst noch kein Geld fließt. Lesen Sie ein gutes Buch. Der Wert des möglichen Geldflusses, der durch intellektuelles Vermögen erzeugt wird, ist eine Näherungsgröße zur Bestimmung seines Gesamtwerts. Diese Methode zahlt sich für Bill Gates besser aus als für den Dalai Lama.

Kommen wir zu den emotionalen Vermögensteilen und Verbindlichkeiten, dann haben wir ernsthafte Probleme, diese zu quantifizieren, um es ganz vorsichtig auszudrücken. Beispielsweise schrecken die meisten Menschen davor zurück, wenn Sie nur daran denken, den Wert Ihrer Beziehungen zu Freunden und Familienmitgliedern in Geldeinheiten ausdrücken zu sollen. Bedrängt man Sie, dann werden Sie sagen »unbezahlbar" oder vielleicht »wertlos". Natürlich bewerten Sie diese Beziehungen dennoch stillschweigend, wenn Sie nicht bei Ihren Freunden und Ihrer Familie sind, um beispielsweise statt dessen Geld zu verdienen, was nicht dazu beiträgt, die Beziehungen zu ihnen zu verbessern.

Richtig schwierig wird es, wenn man Menschen fragt, wie viel es wert ist, einem Menschen das Leben zu retten. Ist es ein Familienmitglied, dann würden sie alles aufgeben, um dieses Leben zu retten, oft würden sie ihr eigenes Leben opfern. Wenn allerdings die Beziehung eher weitläufig ist, dann lässt die Bereitschaft deutlich nach, für das Leben eines anderen aus der eigenen Tasche zu bezahlen. Betrachtet man die Gesellschaft als Ganzes, dann ist die Bereitschaft zur Rettung eines einzelnen Lebens nicht sehr groß, und sie hängt von Faktoren ab, die wenig oder nichts mit dem intrinsischen Wert des Lebens zu tun haben, das zur Debatte steht. Die offensichtliche und unmittelbare Bedrohung einer identifizierbaren Person wird wahrscheinlich mehr Aufmerksamkeit und Geld aktivieren als eine unklare oder entfernte Bedrohung vieler Menschen. Der Seerettungsdienst gibt Tausende aus, um eine Person aus einem sinkenden Segelboot zu retten. Doch die Bezirksregierung erhöht das Budget zur Ungeziefervernichtung nicht, auch wenn das Frühjahr wesentlich feuchter als normal ist. Die Beamten wissen, dass wahrscheinlich ein oder zwei Bürger mehr an einem Virus sterben, weil nicht genügend Gift zur Vernichtung von Ungeziefer versprüht wurde. Doch wissen sie nicht wer, sie wissen nicht wann und sie wissen nicht, ob überhaupt Leute gestorben sind; darüber hinaus ist eine Sprühaktion ohnehin nicht zu 100 Prozent wirksam. Und weil sie dabei etwas unterlassen, jedoch nichts unternehmen, werden sie von anderen wahrscheinlich weniger verurteilt und fühlen sich selbst auch weniger schuldig.

Sind diese Berechnungen richtig oder falsch? Rational oder irrational? Moralisch oder unmoralisch? Wie auch immer, die Ergebnisse dieser Art von Rechnungen hängen sehr stark vom Standpunkt der Person ab, die sie anstellt. Doch darüber sollen sich Sozialwissenschaftler und Politikwissenschaftler Gedanken machen. Da Sie aber der Risikomanager Ihres eigenen Lebens sind, gelten nur Ihre eigenen Wertmaßstäbe, wenn Sie für sich selbst Entscheidungen treffen.

So schwierig die Werte dieser Vermögensteile und Verbindlichkeiten zu bestimmen sind, eine viel grundsätzlichere Schwierigkeit bereitet die Annahme, dass Einheiten des Wohlergehens in Geldwerten ausgedrückt werden können, dass man diese addieren und subtrahieren kann, um ein Netto-Wohlergehen für ein Szenario oder eine Entscheidung zu erhalten. Denken Sie daran, dass wir bereits wissen, wie wir unser Problem auf völlig rationale Weise lösen können. Wir müssen einen riesigen Entscheidungsbaum errichten, mit allen Entscheidungen und allen Wahrscheinlichkeiten, Resultaten und Nutzenwerten aller unsicheren Ereignisse, die sich aus diesen Entscheidungen ergeben. Dann rechnen wir, um die Entscheidungen herauszufinden, die den höchsten erwarteten Nutzen haben. Die Rechnungen für unsere persönliche Bilanz werden uns kaum die gleichen Antworten geben wie der Entscheidungsbaum. Doch wissen wir auch, dass der riesige Entscheidungsbaum höchst unpraktisch ist. Deshalb haben wir versucht, Risikomanagement-Methoden aus dem wirtschaftlichen Bereich auf Ihre persönlichen Risiken zu übertragen.

Doch das Modell für Unternehmen versagt auf der persönlichen Ebene, weil es davon ausgeht, dass nur monetäre Werte zählen. Für ein Unternehmen sind monetäre Werte austauschbar; sie können addiert, subtrahiert und gegeneinander ausgetauscht werden, völlig gleichgültig, woher sie kommen. Diese Annahme ist für ein Unternehmen nicht schlecht, weil es eine wirtschaftliche Einheit ist, deren einziger Zweck es ist, Geld zu verdienen. Diese Annahme ist aber schlecht für ein menschliches Wesen, weil rationale menschliche Wesen sich um einen Nutzen kümmern, nicht um Geld an und für sich. Geld kann einen Nutzen bieten, das Gleiche gilt aber auch für saubere Luft, ein Konzert von Mozart und den verführerischen Augenaufschlag einer attraktiven Partnerin beim Dinner.

Wo stehen wir also? Wir haben keine praktische und angemessene Methode, um Ihr gesamtes persönliches Risikoportfolio zu analysieren, damit wir Ihnen sagen können, welche Entscheidungen für Sie am besten sind. Die riesigen Entscheidungsbäume sind rigoros und rational, doch unpraktisch. Techniken, die in Unternehmen für das Risikomanagement eingesetzt werden, sind praktisch, jedoch konzentrieren sie sich bei menschlichen Wesen auf die falschen Ziele.

Doch glücklicherweise ist noch nicht alles verloren. Sie werden sich mit Teillösungen begnügen müssen, mit Näherungswerten, Vermutungen und wohl am häufigsten mit gutem Urteilsvermögen. Sie werden ein riesiges Problem in kleinere Probleme zerlegen, bei denen die Entscheidungsbäume oder andere Risikomanagement-Techniken tatsächlich praktische Hilfe bieten können. Sie werden die Ergebnisse dieser Modelle als Teil der Lösung, als Schritt hin zur Lösung benutzen, aber auch als Hilfsmittel, um ein Problem klarer überdenken zu können. Dann werden Sie ein Urteil fällen und Ihre Entscheidung treffen. Natürlich werden Sie das Resultat dieser Modelle nicht als letzte Antwort akzeptieren, die ohne weiteres Nachdenken Ihr Handeln bestimmt.

Der Wert des Risikomanagements liegt nicht darin, dass es Ihnen einfache Antworten auf schwierige Probleme gibt, sondern dass es Ihnen hilft, klarer zu denken und somit bessere Entscheidungen zu treffen, als Sie es sonst tun würden. Viele Menschen versuchen, Ihnen einfache Antworten auf schwierige Probleme zu geben: Essen Sie, was Sie wollen, und nehmen Sie 30 Pfund ab! Reich werden in 30 Tagen, arbeiten Sie von zu Hause aus! Finden Sie den Mann Ihrer Träume, indem Sie Ihren Atem verbessern! Solchen Leuten sollten Sie keinen Glauben schenken. Und glauben Sie niemandem mit einem Risikomanagement-Modell oder Regeln, die vorgeben, für Sie die richtige Wahl für wichtige Entscheidungen in Ihrem Leben zu treffen, ohne dass dieser Jemand Ihr Leben kennt. Sie sind der Risikomanager Ihres Lebens und Sie müssen Ihr eigenes Urteilsvermögen benutzen, wenn Sie Ratschläge und Informationen anderer verwenden, ganz gleich, wie qualifiziert sie sein mögen. Kein Versicherungsagent, kein Rechtsanwalt, kein Steuerberater, kein Aktienbroker, kein Finanzplaner, kein Arzt und kein Guru hat eine vorgefertigte Lösung, die für Sie völlig richtig ist. Verstehen die Berater Ihre Präferenzen für verschiedene Resultate? Kennen sie Ihre Überzeugungen zu Wahrscheinlichkeiten bei unsicheren Ereignissen? Ziehen Sie deren Ratschläge in Betracht, wenn Sie ihrer Kompetenz und ihrer Ehrlichkeit vertrauen, doch sehen Sie das nur als nützliche Zugabe an, nicht als letztgültige Antwort. Die letztgültige Antwort können nur Sie selbst geben. Die Beispiele, die wir eben durchgearbeitet haben, sollten Sie davon überzeugt haben, dass einfache Antworten auf schwierige Probleme meist falsch sind.

Selbst wenn wir jetzt den grandiosen Traum eines Risikomanagement-Modells für Ihr Leben aufgeben müssen, können wir einige Beispiele prüfen, in denen Risikomanagement-Techniken für Entscheidungen im Leben angewendet werden. Wir wissen, dass unsere Modelle bestenfalls unvollständig sind, aber sie können Ihnen helfen, klarer über Ihre Probleme nachzudenken.

Beispiel: Gebäudeversicherung

Sie besitzen ein Haus mit einem Marktwert von 400 000 Euro. Um dieses Haus auf dem gleichen Grundstück neu zu errichten, müssten Sie 325 000 Euro bezahlen. Der Inhalt des Hauses (Möbel und andere Besitztümer) könnte für 100 000 Euro neu beschafft werden. Wie viele andere Menschen machen auch Sie sich Sorgen, dass Ihr Haus und Ihr Besitz durch Feuer, Überflutung, Sturm oder andere Gefahren beschädigt oder vernichtet werden könnten, und deshalb wollen Sie zum Schutz eine Versicherung abschließen. Ihr Versicherungsagent sagt Ihnen, er könne Ihr Haus inklusive der sich darin befindlichen Besitztümer bis zu einer Schadensumme von 425 000 Euro für eine Jahresprämie von 2 000 Euro versichern. Die Police übernimmt 90 Prozent aller Schäden bis zum Höchstbetrag von 425 000 Euro bei einem kumulativen jährlichen Abzugsbetrag von 5 000 Euro.

Sollten Sie aber diese Versicherung überhaupt abschließen? Ist sie die Prämie wert, die Sie bezahlen müssen? Die meisten Menschen bekommen zumindest ein wenig Kopfschmerzen, wenn Sie versuchen, über diese Art von Entscheidungen logisch nachzudenken. Es kann auch sehr verwirrend sein. Die einfachste Möglichkeit einer Lösung ist es, mehrere Angebote von angesehenen Versicherungsgesellschaften einzuholen und die preisgünstigste Police zu wählen, die Ihnen die Deckung gewährt, mit der Sie sich noch sicher fühlen. Wenn Sie in einem Gebiet wohnen, in dem viele Versicherungen konkurrieren, ist diese Möglichkeit wahrscheinlich nicht die schlechteste, um zu einer Entscheidung zu kommen (wenn Sie nicht einfach entscheiden, dass Sie überhaupt keine Versicherung brauchen). Wahrscheinlich werden Sie für die Deckungssumme, die Sie benötigen, einen ordentlichen Preis zahlen müssen. Es ist nicht sicher, dass eine intensive Analyse den ganzen Aufwand lohnt. Wenn Sie jedoch so rational wie möglich vorgehen wollen, dann sollten Sie einen Entscheidungsbaum aufzeichnen, der Ihre Überzeugungen zur Wahrscheinlichkeit von Beschädigung und Verlust und auch Ihre Präferenzen (oder Nutzenwerte) bei verschiedenen Stufen des Verlustes enthält.

Gehen wir noch einmal Ihren Entscheidungsbaum durch. Zunächst stellen Sie Ihre Überzeugungen zu Wahrscheinlichkeiten fest. Sie surfen im

Internet und suchen nach Ereignissen, bei denen auf Grundstücken wie dem Ihren Immobilien zerstört wurden. Grund für die Verluste sind in der Hauptsache Feuer, Überflutungen, Erdbeben, Wirbelstürme, Regenstürme und Diebstahl. Glücklicherweise würde Ihre Police all diese Fälle abdecken (was nicht immer der Fall ist). Es ist schwierig, Daten zu finden, die auf ihr spezielles Objekt anwendbar sind, doch Sie nehmen, was Sie finden und nutzen *Ihr Urteilsvermögen*. So kommen Sie zu *Ihren eigenen Überzeugungen* zu Höhe und Wahrscheinlichkeit verschiedener Verlustmöglichkeiten innerhalb eines Jahres. Das ist nicht ganz einfach, wenn Sie nicht gerade Versicherungsmathematiker sind. Sie müssen es einfach versuchen, wenn Sie rational vorgehen wollen.

Nachdem Sie angestrengt nachgedacht haben, glauben Sie, dass eine Wahrscheinlichkeit von 99 Prozent besteht, dass Sie innerhalb des nächsten Jahres keinen Schaden oder Verlust hinnehmen müssen. Einem Schaden von 75 000 Euro geben Sie eine Wahrscheinlichkeit von 0,8 Prozent und ein Desaster mit einem Totalschaden von 425 000 Euro erwarten Sie im nächsten Jahr nur mit einer Wahrscheinlichkeit von 0,2 Prozent.

Danach müssen Sie die Konsequenzen aller möglichen Szenarien berechnen. Wenn Sie keine Versicherung abschließen und ein Schaden eintritt, dann müssen Sie den gesamten Verlust tragen, tritt jedoch kein Schaden ein, dann haben Sie überhaupt keinen Verlust (auch keine verlorene Prämie).

Schließen Sie eine Versicherung ab und es tritt kein Schaden ein, dann beträgt Ihr Nettoverlust 2 000 Euro, nämlich die Versicherungsprämie. Wenn jedoch ein Schaden eintritt, dann beläuft sich Ihr Nettoverlust auf die Versicherungsprämie und den Schaden abzüglich der Ansprüche an die Versicherung, das sind 90 Prozent des Schadens bis zu 425 000 Euro, bereinigt um den Abzugsbetrag. Wenn der Schaden sich also auf 425 000 Euro beläuft, dann haben Sie einen Nettoverlust von 2 000 Euro plus 425 000 Euro minus 0,90 x 425 000 Euro minus 5 000 Euro = 49 500 Euro.

Schließlich müssen Sie Ihre Präferenzen (oder Nutzenwerte) für alle möglichen Konsequenzen festlegen. Das haben wir schon einmal getan, und um Ihnen zu helfen, Ihre Nutzenkurve zu zeichnen, stelle ich Ihnen in die folgende Frage:

Nehmen Sie an, ich biete Ihnen die folgende Wette an: Ich werfe eine Münze, und wenn das Wappen zu sehen ist, dann gewinnen Sie 100 000 Euro. Ist jedoch die Zahl zu sehen, dann verlieren Sie 50 000 Euro. Mit anderen Worten: Ihre Chance, die 100 000 Euro zu gewinnen, ist 50 Prozent, und die Chance, 50 000 Euro zu verlieren, ist ebenfalls 50 Prozent. Wieviel würden Sie mir bezahlen, damit ich dieses Spiel mit Ihnen spiele?

Diese Wette hat einen positiven erwarteten Wert von 25 000 Euro [0,50 x 100 + 0,50 x (–50)]. Könnten Sie dieses Spiel hundertmal hintereinander spielen, dann würden Sie höchstwahrscheinlich etwa 2,5 Millionen Euro gewinnen (100 x 25 000). Diese Wette ist wesentlich besser als jede andere Wette, die Sie in Las Vegas oder im Lotto bekommen. Wenn Sie in Las Vegas oder im Lotto immer wieder setzen, dann werden Sie höchstwahrscheinlich Geld verlieren, weil solche Wetten einen *negativen* erwarteten Wert haben.

Überlegen Sie nun genau, wie Sie sich bei einem Gewinn von 100 000 Euro und bei einem Verlust von 50 000 Euro fühlen würden. Dann sagen Sie: »Ich würde für diese Wette 20 000 Euro bezahlen.«

Anscheinend ist es ziemlich abenteuerlich, das Risiko einzugehen, einen Nettoverlust von 70 000 Euro hinnehmen zu müssen um eine Chance von 50 : 50 zu erhalten, einen Nettogewinn von 80 000 Euro erzielen zu können, doch sind Sie immer noch risikoscheu. Stehen Sie dem Risiko eher indifferent gegenüber, wären Sie bereit, mir bis zu 25 000 Euro zu zahlen, um mit mir dieses Spiel zu spielen.

Weil Sie aber risikoscheu sind, werden Sie oft bereit sein, einen Vorteil aufzugeben, nur um einen Nachteil zu minimieren. Der Schmerz, 10 000 Euro zu verlieren, ist größer als die Freude über einen Gewinn von 10 000 Euro. Sie sind bereit, für Ihren Seelenfrieden zu bezahlen, selbst wenn es Sie einige Vorteile kostet. Sie sind ein hervorragendes Opfer für einen Versicherungsvertreter. Doch sollten Sie wegen Ihrer Ängstlichkeit nicht verlegen werden. Ich würde für diese Wette keine 20 000 Euro bezahlen, denn ich bin noch risikoscheuer als Sie. Ihr Image als aggressiver Draufgänger ist also nicht in Gefahr.

Um Ihre Nutzengleichung zu vervollständigen, zeige ich Ihnen einige weitere Wetten mit unterschiedlichen Gewinn- und Verlustmöglichkeiten und werde Sie bitten, mir zu sagen, wie viel Sie mir jeweils zahlen würden. Entsprechend Ihren Antworten kann ich die Nutzenkurve zeichnen, die Ihrer augenblicklichen Situation entspricht. Jedem Resultat auf Ihrem Entscheidungsbaum können wir einen Nutzenwert zuweisen.

Nun haben Sie alles, was Sie benötigen, um Ihren Entscheidungsbaum zu vervollständigen (Abbildung 8.4).

Wenn wir den Entscheidungsbaum betrachten, dann sehen wir, dass Sie glauben, es gebe eine Wahrscheinlichkeit von 1 Prozent (0,8 Prozent + 0,2 Prozent) dass innerhalb eines Jahres ein deutlicher Schaden oder Verlust (75 000 oder 425 000 Euro) eintreten könnte, und eine Wahrscheinlichkeit von 99 Prozent, dass kein Schaden oder Verlust eintritt. Die Chance eines Schadens ist sehr gering, doch wenn ein Schaden eintritt, wird es ungemütlich (75 000 Euro) oder es kommt zu einem Desaster (425 000 Euro). Schlie-

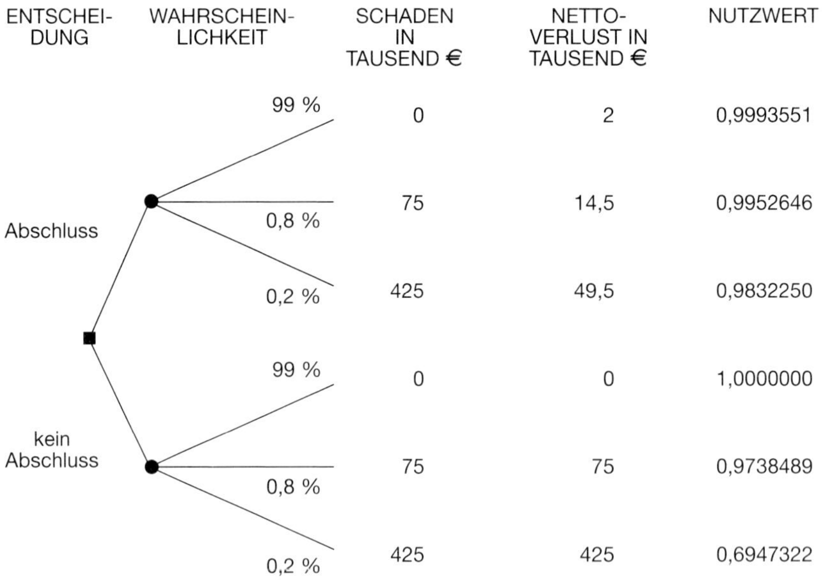

ENTSCHEI-DUNG	WAHRSCHEIN-LICHKEIT	SCHADEN IN TAUSEND €	NETTO-VERLUST IN TAUSEND €	NUTZWERT
	99 %	0	2	0,9993551
Abschluss	0,8 %	75	14,5	0,9952646
	0,2 %	425	49,5	0,9832250
	99 %	0	0	1,0000000
kein Abschluss	0,8 %	75	75	0,9738489
	0,2 %	425	425	0,6947322

Abb. 8.4   Entscheidungsbaum für den Abschluss einer Gebäudeversicherung

ßen Sie den Versicherungsvertrag ab, dann verlieren Sie im schlimmsten Fall 49 500 Euro einschließlich der 2 000 Euro Versicherungsprämie. Für bekannte Kosten in der Höhe von 2 000 Euro, die im Voraus zu zahlen sind, reduzieren Sie die Gefahr des höchstmöglichen Verlustes von 425 000 Euro auf 49 500 Euro, wenn Sie den Versicherungsvertrag abschließen.

Beachten Sie, dass Ihr Entscheidungsbaum aussagt, dass die Wahrscheinlichkeiten und der Umfang eines potenziellen Schadens gleich groß sind, ob Sie nun die Versicherung abschließen oder nicht. Dies ist der Beweis für Ihre Ehrlichkeit und Ihre Sorgfalt. Die Versicherungsgesellschaft wäre höchst verärgert, wenn sie entdeckte, dass Sie davon ausgehen, dass Ihre Ansprüche wesentlich wahrscheinlicher oder höher sind, sobald Sie einen Vertrag unterzeichnet haben. Sie könnte vermuten, dass Sie beabsichtigten, Ihre Brandschutzmaßnahmen zu vernachlässigen oder einen Einbruch vorzutäuschen. Versicherungsgesellschaften betrachten solch ein Verhalten als so schlimm, dass es dafür ein Schlagwort gibt: moralisches Wagnis. Sie unternehmen sehr viel, um solche Situationen zu vermeiden, in denen ein Versicherungsnehmer in der Lage ist und auch die Motivation hat, die Schadenssumme oder die Wahrscheinlichkeit des Schadenseintritts entweder durch Betrug oder durch mangelnde Sorgfalt zu erhöhen. Eine Möglichkeit, mangelnde Sorgfalt zu verhindern, ist die Selbstbeteiligung bei einem Versicherungsanspruch. Eine Möglichkeit, von Versicherungsbetrug abzuschrecken, ist der Einsatz von Gutachtern, die die wirkliche Schadens-höhe und die Schadensursache feststellen müssen. So können Versicherungsbetrüger vor den Kadi gebracht und verurteilt werden.

Außerdem sind Sie davon überzeugt, dass eine Chance von 99 Prozent besteht, dass Sie Ihre Versicherung nicht in Anspruch nehmen müssen, weil während des Jahres kein Schaden oder Verlust auftreten wird. Haben Sie 2 000 Euro verschwendet, wenn dies der Fall ist? Nicht unbedingt, weil Sie ein Jahr lang Ihren Seelenfrieden haben und beruhigt schlafen können, was Ihnen durchaus 2 000 Euro oder sogar mehr wert sein kann. Und darum geht es den Versicherungsgesellschaften eigentlich: Wie viel sind Sie bereit, für Ihren Seelenfrieden zu bezahlen?

Ich möchte Ihnen helfen, über den Wert eines Versicherungsabschlusses nachzudenken. Deshalb berechnen wir den erwarteten Wert des Verlustes unter der Voraussetzung, dass Sie keine Versicherung abschließen:

$$0,99 \text{ x } 0 \text{ €} + 0,008 \text{ x } 75\,000 \text{ €} + 0,002 \text{ x } 425\,000 \text{ €} = -1\,450 \text{ €}$$

Berechnen wir Ihren erwarteten Verlust bei Abschluss einer Versicherung, dann sieht das so aus:

$$0,99 \text{ x } 2\,000 \text{ €} + 0,008 \text{ x } 14\,500 \text{ €} + 0,002 \text{ x } 49\,500 \text{ €} = -2\,195 \text{ €}$$

Einen Moment noch! Ihr erwarteter Verlustwert ist bei Abschluss einer Versicherung höher als bei Nichtabschluss. Weshalb sollten Sie dann überhaupt eine Versicherung abschließen? Weil die Nutzenkurve, die Sie für Ihren Entscheidungsbaum verwendet haben, besagt, dass Sie risikoscheu sind und dass Sie Wetten mit dem gleichen erwarteten Wert, aber unterschiedlichen Nachteilen nicht gleichgültig gegenüber stehen. Sie meiden die Wette mit dem höheren Nachteil und sind bereit, dafür auf einen erwarteten Wert zu verzichten. Deshalb wählen Sie die Strategie mit dem höchsten erwarteten Nutzen.

Der erwartete Nutzen beim Abschluss einer Versicherung ist:
$$0,99 \text{ x } (0,9993551) + 0,008 \text{ x } (0,9952646) + 0,002 \text{ x } (0,9832250) = 0,9992901$$

Der erwartete Nutzen ohne Versicherungsabschluss ist:
$$0,99 \text{ x } (1,0) + 0,008 \text{ x } (0,9738489) + 0,002 \text{ x } (0,6947322) = 0,9991803$$

Der potenzielle Schmerz, 425 000 Euro zu verlieren, ist für Sie so groß, selbst wenn es höchst unwahrscheinlich ist, dass dieser Fall eintritt, dass der

Abschluss einer Versicherung eine bessere Entscheidung ist, als keine Versicherung abzuschließen. Die Antwort könnte anders ausfallen, hätte Ihr Wahrscheinlichkeitsurteil geringere potenzielle Verluste nahe gelegt, wären Sie weniger risikoscheu oder wäre die Versicherungsprämie viel höher.

Wären Sie beispielsweise bereit gewesen, mir für die erste Wette, die ich Ihnen angeboten habe, fast 25 000 Euro zu bezahlen, wären Sie weniger risikoscheu und der erwartete Nutzen des Abschlusses einer Versicherung wäre geringer als Ihr erwarteter Nutzen aus dem Abschluss der Versicherung. Dann hätten Sie die Versicherung auch nicht abgeschlossen. Auch wenn der Versicherungsbeitrag 3 000 statt 2 000 Euro betragen hätte, wäre der Wert des Seelenfriedens, der von der Versicherungspolice ausgeht, nicht hoch genug, um einen Abschluss zu rechtfertigen.

Beachten Sie bitte, dass die Versicherungsgesellschaft Ihnen vorschlägt, für eine Police 2 000 Euro zu bezahlen, die einen erwarteten Verlust von 1 450 Euro hat (entsprechend Ihren Annahmen). Ist das fair? Sie wissen genau, dass die Versicherung Tausende solcher Verträge abschließt. Wenn die Ansprüche aus diesen Verträgen in keiner Beziehung zueinander stehen (wenn sie nicht korrelieren), dann ist das Anspruchsportfolio der Versicherung höchst diversifiziert und der größte Teil der Unsicherheit über die Verluste des Portfolios wird eliminiert – der tatsächliche Verlust wird dem erwarteten Verlust nahezu entsprechen. Schließt die Gesellschaft 100 000 Verträge wie den Ihrigen ab, beliefen sich die Verluste auf 145 Millionen Euro (1 450 Euro x 100 000). Hat die Gesellschaft die Wahrscheinlichkeit der Verluste aus jeder Police gut geschätzt, wäre es ziemlich unwahrscheinlich, dass sie wesentlich mehr als diesen Betrag verliert. Wenn die Versicherungsgesellschaft die Prämienhöhe so ansetzt, dass sie mindestens 145 Millionen Euro einnimmt, dann wird sie mit diesen Verträgen höchstwahrscheinlich den Break-even-Punkt erreichen. Allerdings müssen auch noch Verwaltungskosten und Akquisitionskosten sowie ein Gewinn für die Aktionäre eingerechnet werden. Ein Gewinn für die Versicherungsgesellschaft setzt voraus, dass Sie Prämien erwarten dürfen, die höher sind als die Beträge, die die *Versicherungsgesellschaft* erwartet, an Sie auszahlen zu müssen. Bis zu einem gewissen Punkt sind Sie bereit, mehr als den erwarteten Verlust zu bezahlen, weil Sie risikoscheu sind und weil es für Sie keine andere Möglichkeit gibt, sich des Risikos zu entledigen. Die Versicherungsgesellschaft hat eine Methode zur Reduzierung ihres Risikos, die Sie nicht haben, und Sie sind bereit zu bezahlen, um diese Methode zu Ihrem Vorteil nutzen zu können.

Kann die Versicherungsgesellschaft kein diversifiziertes Portfolio einrichten oder schätzt sie die Risiken vieler einzelner Policen falsch ein, so verdient sie kein Geld oder verliert sogar welches. Tatsächlich sind Verluste aus Immobilien oder Unfällen nur sehr schwierig genau zu schätzen, und Versicherungsgesellschaften, die sich in diesem Bereich engagieren, mussten in einigen Jahren überraschend hohe Verluste bekanntgeben (beispielsweise wegen des Wirbelsturms Andrew).

Das ist nur ein Beispiel dafür, wie Methoden des Risikomanagements in Ihrem Privatleben eingesetzt werden können, um Ihnen zu helfen, bessere Entscheidungen zu treffen. Ausdrückliches Risikomanagement kann bei Entscheidungen, in denen der finanzielle Aspekt dominiert, wie der Kapitalanlage in Aktien, besonders hilfreich sein. Erfahrene Finanzplaner verwenden detaillierte Simulationen der Konsequenzen verschiedener Investmentprogramme unter verschiedenen Börsenszenarien. Sie verbessern auch ihre Fähigkeit, die speziellen Risikopräferenzen der Kunden zu erfassen und zu nutzen, wenn sie entscheiden, wie sie das Geld ihrer Kunden anlegen.

Eine der aufregendsten Entwicklungen ist die Anwendung der Entscheidungstheorie bei medizinischen Entscheidungen: ob operiert werden soll, ob die Strahlentherapie angewendet werden soll oder ob ein Medikament verschrieben werden soll. Es gibt sehr viele gespeicherte Daten über die Häufigkeit verschiedener medizinischer Fälle unter verschiedenen Umständen, die als Ausgangspunkt für einen Entscheidungsbaum mit Wahrscheinlichkeiten dienen könnten.

Wie wir schon gesehen haben, ist es schon wesentlich schwieriger, Präferenzen (Nutzenwerte) für die einzelnen Fälle zu spezifizieren. Wessen Präferenzen? Die des Patienten? Die des Arztes? Die der Gesundheitsbehörden? Die der Regierung? Wer ist der Entscheidungsträger, wenn so viele beteiligt sind und wenn so viele legitimiert sind, jedoch konkurrierende Interessen auf dem Spiel stehen? Wenn Sie gerade in den Operationssaal gefahren werden, ist es ganz normal, dass Sie Ihre persönlichen Interessen an erster Stelle sehen. Und das sollten Sie auch tun, wenn Sie eine Entscheidung über Ihre medizinische Behandlung treffen müssen. Doch die Entscheidungen werden nicht von Ihnen getroffen. In Wirklichkeit werden die wichtigsten Entscheidungen von anderen getroffen. Werden sie Ihre Präferenzen und Ihre Überzeugungen berücksichtigen, wenn sie entscheiden, was für Sie getan wird und was nicht?

Am schwierigsten ist es wohl, dem Leben oder dem Tod einen Nutzen zuzuweisen. Wir tun es eigentlich jeden Tag, wenn wir Entscheidungen treffen, die die Wahrscheinlichkeit von Leben oder Tod berühren, sei es das Ihrige oder das eines anderen. Doch diese Entscheidungen sind verborgen, oft sogar unsichtbar, sie werden nicht überprüft und man muss sie nicht verantworten, wie es bei einer offenen Entscheidung der Fall wäre. Das ist bedauerlich, weil offene und rationale Entscheidungen wahrscheinlich zu besseren Ergebnissen führen würden.

Beispiel: Nehmen Sie zwei Tabletten und rufen Sie mich morgen an

Das folgende Beispiel zur Anwendung der Entscheidungstheorie auf eine ärztliche Entscheidung beruht auf dem Beitrag »Comparison of Accelerated Tissue Plasminogen Activator with Streptokinase for Treatment of Suspected Myocardial Infarction« von J. Kellet und J. Clarke in der Zeitschrift *Medical Decision Making*, Heft 15 (1995), S. 297–310). (*Vergleich zwischen Beschleunigter Gewebeaktivierung und Streptokinase bei der Behandlung des Verdachts auf Myocardinfarkt*).

Ein Patient könnte nach einem Herzinfarkt durch die schnelle Verabreichung von Medikamenten, die die Blutgerinnung verhindern, gerettet werden. Zu diesen gehören Tissue Plasminogen Activator (TPA), Streptokinase und Aspirin. Allerdings können solche Medikamente manchmal tödliche Blutungen oder einen Hirnschlag mit Lähmungserscheinungen hervorrufen. Kellet und Clarke entwarfen einen Entscheidungsbaum (siehe Abbildung 8.5), der bei der Entscheidung helfen soll, welches Medikament zur Behandlung des Patienten eingesetzt werden sollte.

Bei den Wahrscheinlichkeiten und Nutzenwerten, die in Abbildung 8.5 festgelegt wurden, ist TPA das Mittel der Wahl, weil es trotz der möglichen Nebenwirkungen den höchsten erwarteten Nutzen hat. Doch für einen Patienten, bei dem ein Herzinfarkt weniger wahrscheinlich ist, sehen die Ergebnisse anders aus. Wenn Sie beispielsweise davon ausgehen, dass der Patient nur mit einer Wahrscheinlichkeit von 17 Prozent einen Herzinfarkt erlitten hat, dann hat die Behandlung allein mit Aspirin den höchsten erwarteten Nutzen.

Ich bin weder Arzt noch medizinischer Forscher, und deshalb kann ich mir über die in Betracht gezogenen Entscheidungen, über die möglichen Resultate oder die Wahrscheinlichkeiten der Resultate kein Urteil erlauben. Wie wir wissen, sind Nutzenwerte eine rein persönliche Angelegenheit. Sie können einem Gehirnschlag mit Lähmungserscheinungen einen Nutzen von 0,5 zuschreiben oder auch nicht, doch wenn Sie selbst in der Notaufnahme sind, dann ist es eher unwahrscheinlich, dass das medizinische Personal mit Ihnen Ihre Nutzenkurve erstellen wird. Dennoch kann eine solche Analyse sehr informativ für diejenigen sein, die für Sie die Entscheidung treffen. Sie hilft ihnen, die Informationen und die Erfahrungen, über die sie verfü-

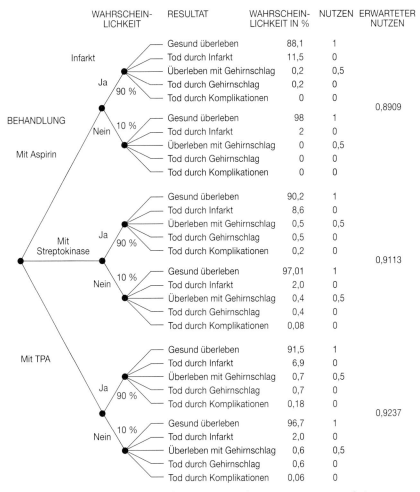

Abb. 8.5 Entscheidungsbaum bei Therapien zur Vorbeugung gegen Herzinfarkt

Quelle: Auf der Basis der Daten von J. Kellet und J. Clarke, »Comparison of Accelerated Tissue Plasminogen Activator with Streptokinase for Treatment of Suspected Myocardial Infarction«, in *Medical Decision Making*, Band 15 (1995), S. 297–310. (*Vergleich zwischen beschleunigter Gewebeaktivierung und Streptokinase bei der Behandlung des Verdachts auf Myocardinfarkt*).

gen, besser zu nutzen, was zu wirksameren Behandlungen führen sollte. In anderen Situationen, beispielsweise bei fakultativer Chirurgie, könnte das Durcharbeiten eines Entscheidungsbaums dazu beitragen, eine begründetere Entscheidung für Sie selbst zu finden.

Die Anwendung strikter Risikomanagement-Techniken bei wichtigen Entscheidungen im Privatleben steckt noch in den Kinderschuhen. Einige Entscheidungen können und sollten mit diesen Methoden nicht vorbereitet werden, insbesondere solche nicht – wie Beziehungen in der Ehe und Familie –, die untrennbar mit instinktivem Verhalten und Emotionen in Verbindung stehen. Doch immer, wenn wir von besseren Informationen und gesunder Logik profitieren können, dann sind die Techniken des Risikomanagements starke Hilfsmittel für eine Entscheidung darüber, was zu tun ist.

Kapitel 9
Risiken und Chancen

Ich hoffe, dass Sie mir inzwischen zustimmen, wenn ich sage, dass es vielleicht eine bessere Möglichkeit gibt, wichtige Entscheidungen zu treffen, wenn Risiko im Spiel ist, als sich nur auf Instinkte, Intuition, Gewohnheiten, Faustregeln zu verlassen oder darauf, wie es schon immer gemacht wurde. Der Versuch alternative Entscheidungen, unsichere Ereignisse, Überzeugungen zu Wahrscheinlichkeiten und Präferenzen strikt logisch zu betrachten, kann Ihre Ziele verdeutlichen, ebenso wie Ihr Verständnis für Risiken und für die Chancen, die sich Ihnen bieten. In vielen Fällen führt die Anwendung der Techniken des Risikomanagements dazu, dass wesentlich bessere Entscheidungen getroffen werden, als es sonst der Fall wäre.

Ich hoffe, dass Sie inzwischen auch der Meinung sind, dass die Risikomanagement-Techniken, so wirksam sie auch sein mögen, mit gutem Urteilsvermögen genutzt werden müssen – mit einem Urteilsvermögen, das die Grenzen des Risikomanagements unter bestimmten Bedingungen anerkennt. Gutes Risikomanagement ist keine Zweigstelle der künstlichen Intelligenz und kein Expertensystem, denn das Ziel ist es nicht, das menschliche Gehirn zu ersetzen, sondern seine Reichweite und seine Kraft zu vergrößern.

In diesem Buch habe ich versucht, Sie in die Rolle des Entscheidungsträgers zu versetzen, sodass Sie die potenzielle Kraft des Risikomanagements aus dieser Sicht schätzen lernen konnten. *Tatsächlich wurde das Risikomanagement ausdrücklich für Entscheidungsträger entworfen* – für Menschen, die entscheiden, was in unsicheren Situationen zu tun ist, wenn die Zeit knapp ist und die Informationen unvollständig sind, für Menschen, deren Entscheidungen reale Konsequenzen verspüren.

Geschäftsführer, Ärzte, Banker, Kapitalanleger, Eigentümer von Kleinbetrieben, Präsidenten, Könige, Generäle, Piloten und Mediziner arbeiten in Berufen, die wichtige Entscheidungen in unsicheren Situationen erfordern. Alle können von einem besseren Risikomanagement profitieren. Selbst wenn Sie in Ihrem Beruf kein Entscheidungsträger sind, müssen Sie in Ihrem Privatleben viele wichtige Entscheidungen treffen. Auch Sie können von einem besseren Risikomanagement profitieren.

Die Rolle des Entscheidungsträgers ist etwas Besonderes. Ein Wissenschaftler forscht, spekuliert und schiebt sein abschließendes Urteil auf, um auf bessere Theorien und bessere Daten zu warten. Dieser Vorgang ist völlig angebracht, wenn es das Ziel ist, nach der Wahrheit zu suchen. Ein Entscheidungsträger hingegen kann seine Entscheidung nicht aufschieben (außer, er *entscheidet bewusst*, abzuwarten). Ein Berater stellt Informationen zur Verfügung und kann mögliche Entscheidungen und Szenarien vorschlagen, doch er muss nicht daraus auswählen und er wird nicht die vollen Konsequenzen daraus tragen müssen.

Die Notwendigkeit zu handeln konzentriert beim Entscheidungsträger den Verstand und weckt seine Energien auf eine Art und Weise, wie es bei der Beratung und bei der Suche nach Fakten nicht der Fall ist. Erinnern Sie sich an den Grizzly in den Wäldern? Ein Entscheidungsträger steht in der Verantwortung und muss sich der Mehrdeutigkeit stellen und sie, so gut er kann, in der zur Verfügung stehenden Zeit bewältigen. Entscheidungen zu fällen ist sehr belastend. Um diesen Stress zu vermeiden, können wir mit der Entscheidung nichts zu tun haben wollen, aufgeben, verschieben, die Entscheidung weiterreichen oder einer höheren Instanz überlassen. Wir können auch nach Gewohnheit, nach Brauch oder gemäß von Regeln entscheiden. Ein verantwortungsbewusster Entscheidungsträger kann sich einen solchen Ausweg nicht suchen. Das System des Risikomanagements ist das, was ein Entscheidungsträger braucht, weil es ein Hilfsmittel darstellt, mit dem man sich der Mehrdeutigkeit stellen und sie auflösen kann, indem man sie in Alternativen, Ereignisse, Überzeugungen und Präferenzen umwandelt, die logisch analysiert werden können.

Trotz des schnellen Wachstums hat das Risikomanagement bisher nur mit einem kleinen Teil seiner potenziellen Anwendungsmöglichkeiten Eingang in die Praxis gefunden. Für einen strebsamen Manager ist es nicht einfach, diese Disziplin zu erlernen, denn dazu ist eine neue Denkweise erforderlich. Es gibt nur wenige Menschen mit einem Talent für das Management von Risiken. Auch für ein Unternehmen ist es nicht einfach, ein Risikomanagement einzuführen, weil dafür mehr verlangt wird als nur Daten und Analysen. Die Art und Weise, wie in einem Unternehmen Entscheidungen getroffen werden, muss geändert werden, und manchmal müssen sich auch die Menschen ändern, die Entscheidungen fällen. Nur selten trennt man sich mit Begeisterung von lieb gewordenen Gewohnheiten.

Wandel und Veränderung verursachen Ängste, und Ängste verursachen Widerstand.

Wenn gutes Risikomanagement so schwierig ist, weshalb sollte man sich überhaupt darauf einlassen? Ein Grund ist die Selbstverteidigung. Die Welt wird immer mehr von Konkurrenz bestimmt, sie wird komplexer und die Vernetzung schreitet voran. Ereignisse scheinen unvorhersehbar zu werden und sie vollziehen sich mit größerer Wucht und höherer Geschwindigkeit. Viele der alten Sicherheitsnetze, auf die sich Unternehmen und Menschen einst verlassen konnten, sind nun verschlissen oder existieren gar nicht mehr. Die Art und das Niveau der Risiken in der Welt verändern sich ständig. Diejenigen, die keinen Zugang zu gutem Risikomanagement haben, sind gefährdeter als je zuvor.

Finanzinstitutionen haben beispielsweise viel von dem Schutz vor Konkurrenz verloren, den die Regierungen ihnen früher gewährten. Zinsen, Wechselkurse, Provisionen und die meisten anderen Geschäftsbedingungen sind nun weitestgehend ungeregelt. Die Hürden für grenzüberschreitende Finanzgeschäfte sind wesentlich niedriger. Die Unterscheidung zwischen verschiedenen Typen von Finanzdienstleistern fällt immer schwerer. Geschäftsbanken, Broker, Investmentbanken, Anlageberater und Versicherungsgesellschaften haben ihre früher scharf abgegrenzten Identitäten verloren, aber auch die früher geschützten Geschäftsbereiche. Finanzielle Konglomerate bieten heute all diese Dienstleistungen und noch mehr an. Banken sind heute in so vielen Geschäftsfeldern engagiert, dass die schiere Komplexität ihrer Risikoprofile erschreckend ist. Diejenigen, die über kein gutes Risikomanagement verfügen, verlassen sich ausschließlich auf naive Diversifikation, um sich aus ernsthaften Schwierigkeiten heraus zu halten. Vielleicht gelingt es ihnen, wahrscheinlich aber nicht. Früher oder später wird ihnen eine unerkannte Wechselbeziehung zwischen ihren verschiedenen Tätigkeiten eine böse Überraschung bereiten.

Die Finanzmärkte selbst werden zahlreicher und vernetzter als je zuvor. Schocks in einem Markt können sich schnell auf andere Märkte ausweiten. Kurse können ohne warnende Anzeichen nach oben oder nach unten ausbrechen. Liquidität könnte im unpassendsten Augenblick austrocknen. Anleger und andere, die sich auf die Märkte verlassen, können es sich nicht leisten, die Risiken nicht zu kennen, die sie eingehen, sie können nicht unvorbereitet etwas tun, um sich zu schützen.

Unternehmen stehen weltweit in härterem Wettbewerb miteinander. Regierungen haben, zugegebenermaßen sehr willkürlich, die Handelsgrenzen beseitigt, die früher die eigenen Unternehmen vor der Konkurrenz schützten. Unerwartete Veränderungen der Wechselkurse oder Lohnkosten können Waren aus Übersee konkurrenzfähiger machen und die Gewinne heimischer Unternehmen gefährden. Innovationen werden immer schneller in die Märkte gebracht. Eine neue Erfindung kann mit furchterregendem Tempo bestehende Produkte überflüssig machen. Besser informierte Verbraucher stellen höhere Anforderungen, sind preisbewusster, sodass die Markentreue nicht mehr die Kraft von früher hat. Neue Wettbewerber mit unkonventionellen Geschäftspraktiken können den traditionellen Firmen blitzschnell ihre Marktanteile rauben. Diejenigen, die sich von einem Unternehmen falsch behandelt fühlen, sind wesentlich schneller bereit, mit ihren Beschwerden vor Gericht zu ziehen. Ein Unternehmen ohne ein gutes Risikomanagement wird wahrscheinlich eher von unerwarteten Bewegungen im Markt, vom Verbraucherverhalten, von ungünstigen gesetzlichen Regelungen oder Gesetzesänderungen, operativen Fehlern oder drohender Konkurrenz in eine Sackgasse geführt.

Selbst Regierungen sind nicht immun gegen aufkommenden Druck, sich selbst besser zu führen. Die globalen Kapitalmärkte verlangen von der Wirtschaftspolitik in den souveränen Staaten viel Disziplin. Länder mit schlechtem Wirtschaftsklima, hemmenden Reglementierungen, verschwenderischer öffentlicher Hand, hohen Steuern, exzessiver Geldvermehrung oder anderen politischen Entscheidungen, die den Investoren nicht gefallen, werden feststellen, dass sie sehr schwer an überlebenswichtiges Fremdkapital kommen, das zudem mit hohen Zinsen belegt ist. Anleihentrader sind an die Stelle der Hunnen getreten, als der am meisten Angst einflößenden Bedrohung für schlecht regierte Staaten. Die Verbreitung der Demokratie in Russland, Osteuropa, Lateinamerika und anderswo verlangt nach höherem Wirtschaftswachstum, und nach einer Neuverteilung des Wohlstands, nach Verbesserungen in Ausbildung und Gesundheitswesen; sie erfordert eine verstärkte Bedeutung des privaten Sektors, mehr Verantwortlichkeit der öffentlichen Einrichtungen, größere Achtung der Menschenrechte und mehr Freiheit in der Berufsausübung sowie bei dem Bestreben, sein Leben nach eigenem Wunsch zu gestalten. Nichts davon ist für eine Regierung einfach und die Risiken eines Fehlschlags sind groß. Eine Regierung muss diese Risiken ausdrücklich erkennen und sie offen und rational gestalten.

Letztlich haben auch die Menschen ihre Sicherheitsnetze verloren, die einmal versprachen, sie vor Schaden zu bewahren. Die Sozialversicherung kann den Menschen in den Vereinigten Staaten ebenso wie in Europa im Alter kein adäquates Einkommen mehr bereitstellen. Die versprochenen Zuwendungen sind zu gering, und an der Solvenz des Systems sind Zweifel erlaubt. Altersvorsorgepläne sehen in den USA keine festgelegten Zuwendungen mehr vor, sondern sie erfordern nunmehr während der Erwerbszeit der Sparer festgelegte Beiträge und überlassen es dem Einzelnen, welche Anlageform er wählt, wobei er auch das gesamte Risiko seines Investments zu tragen hat. Der Sozialvertrag zwischen Arbeitnehmern und Unternehmen hat sich grundlegend geändert. Früher konnte ein fähiger und loyaler Arbeiter erwarten, sein Berufsleben lang für sein Unternehmen zu arbeiten. Das gibt es nicht mehr. Unternehmen erwarten von ihren Arbeitnehmern keine Loyalität und bieten auch keine lebenslange Beschäftigung. Sie können nicht einmal dafür garantieren, dass das Unternehmen auf lange Sicht noch existiert. Der Arbeitnehmer ist heute völlig frei und er wird wahrscheinlich kündigen, sobald man ihm anderweitig einen besser bezahlten Job anbietet. Das Unternehmen kann sich restrukturieren, kleiner werden, sich verschlanken oder umorganisieren, wie es will. Arbeitsplatzsicherheit ist ein Relikt aus der Vergangenheit. Ihre berufliche Laufbahn ist nicht an das Unternehmen gebunden, bei dem Sie gerade beschäftigt sind, sondern an das Wissen in Ihrem Kopf und an die Namen in Ihrem Adressenverzeichnis, das heißt an Ihr persönliches Netzwerk von Freunden und Bekannten. Außerhalb des Arbeitsplatzes ist es schwieriger geworden, als Mitglied der Gesellschaft Trost und Hilfe zu finden. Kleinstädte und gute Nachbarschaften wurden von einer sich ausbreitenden hässlichen und unpersönlichen Verstädterung hinweg gefegt. Menschen in Not haben weniger Freunde und Verwandte, die ihnen helfen könnten. Der medizinische Fortschritt ist unaufhaltsam, doch wird das Gesundheitssystem immer komplexer, immer teurer und immer unpersönlicher. Patienten werden oft als Experimente oder als potenzielle Ankläger behandelt und nicht als menschliche Wesen. In der heutigen Welt sind Menschen auf sich allein gestellt und sie müssen sich um ihre eigenen Risiken kümmern, weil es niemanden mehr gibt, der das für sie tut.

Die Motive für ein gutes Risikomanagement sind glasklar, doch übertriebene Vorsicht wäre ebenso unklug wie eine Haltung, die diese Risiken ignoriert. Unternehmen und Banken haben enormes Kapital zur Verfügung, um Risiken abzufedern, oder sie tätigen Investments, die ihre Konkurrenzfähigkeit stärken. Individuen sind möglicherweise bei der Auswahl ihrer Investments so furchtsam, dass es ihnen nicht gelingt, den Wohlstand aufzubauen, den sie zu ihrer finanziellen Sicherheit benötigen. Regierungen tätigen nicht die Investitionen, die notwendig sind, um eine gesündere Wirtschaft und ein Sozialsystem aufzubauen, oder sie behindern Innovationen durch Reglementierungen und verhindern in überfürsorglicher Weise, dass ihre Bürger und Unternehmen Risiken eingehen.

Wie wir schon sagten, ist es nicht das Ziel des Risikomanagements, Risiken zu minimieren, sondern den bestmöglichen Ausgleich zwischen Risiken und Chancen zu finden. Viele der zuvor erwähnten Bedrohungen stellen aber auch Chancen dar, wenn Sie sie ergreifen und zu Ihrem Vorteil nutzen können. Dabei kann Ihnen das Risikomanagement helfen.

Banken und Wirtschaftsunternehmen können aktives Risikomanagement nutzen, um ihre Strategien zu untermauern und Shareholder Value aufzubauen. Auf taktischer Ebene kann ein Unternehmen seine Abhängigkeit von Zinsen, Wechselkursen, Ölpreisen, Kupferpreisen, Strompreisen und vielen anderen Variablen verändern. Manchmal wird beabsichtigt, eine Abhängigkeit zu eliminieren, wenn sie mit dem Kerngeschäft nichts zu tun hat. Sie trägt nur zu einer höheren Volatilität bei, die die Ergebnisse des Kerngeschäfts verschleiert und die Aufmerksamkeit des Managements vom Kerngeschäft ablenkt. Im Extremfall kann diese Anfälligkeit zu ernsthaften Schwierigkeiten führen, die ein Unternehmen zum Scheitern bringen können. Zuweilen jedoch wird beabsichtigt, eine Abhängigkeit zu erhöhen oder zu erwerben, weil das Unternehmen glaubt, es habe einen Wettbewerbsvorteil, wenn es vorhersehen könnte, in welche Richtung sich der Markt bewegen wird. Hat das Unternehmen Recht, kann es davon profitieren, wenn es den Kauf und Verkauf dieser Art von Abhängigkeiten geschäftsmäßig betreibt.

Auf strategischer Ebene wissen wir, dass ein Unternehmen ein komplexes Portfolio geschäftlicher und finanzieller Risiken darstellt. Die Ergebnisse dieses gesamten Portfolios bestimmen den Erfolg oder Misserfolg des Unternehmens. Das Topmanagement des Unternehmens, insbesondere der CEO, kann dieses Portfolio als Gesamtheit beobachten und steuern, es kann Risiken gegeneinander austauschen und reduziert damit solche, die die langfristige Strategie nur am Rande betreffen. Es kann aber auch Risiken (oder Chancen) hinzufügen, die für diese Strategie von zentraler Bedeutung sind. Strategisches Risikomanagement kann dazu beitragen, dass eine Firma ihre wichtigsten Unternehmensziele erreicht, ohne ihre finanzielle Stabilität zu gefährden.

Stellen Sie sich beispielsweise vor, Ihre Firma hätte sich vor Jahren an einem Start-up im Hightech-Bereich beteiligt, um sich die Rechte an der Produktion und Vermarktung einer spannenden neuen Technologie zu sichern. Der Wert dieser Beteiligung ist auf über 500 Millionen Euro gestiegen. Leider ist der Aktienmarkt höchst volatil und Sie würden diese Volatilität gern abstoßen – immerhin sind Sie Industrieller und kein Aktienprofi. Sie könnten das Investment verkaufen, doch der Verkauf einer so großen Position wäre teuer und Zeit raubend. Außerdem würde ein Verkauf die guten Beziehungen zu Ihrem strategischen Partner zerstören, und möglicherweise würden Sie vom Zugang zu neuen technologischen Entwicklungen abgeschnitten, die den größten Wachstumsbereich in Ihrem Kerngeschäft darstellen. Weil Sie das Geschäft als Insider kennen, sind Sie langfristig auch zuversichtlich, was die Aktien Ihres Partners anbelangt, und wollen diesen potenziellen Gewinn nicht opfern. Was können Sie tun? Wenn Sie das strategische Risikomanagement anwenden, könnten Sie in einen langfristigen Derivatkontrakt einsteigen, der nur dann Gewinne bringt, wenn bestimmte Technologie-Aktien an Wert verlieren. Für einen festen, im Voraus zu bezahlenden Betrag können Sie Ihre Verletzlichkeit gegenüber einem Ausverkauf von Technologie-Aktien reduzieren, der die Aktien Ihres Partners in den Keller sausen lassen würde, andererseits würden Sie die Gewinne der Aktien Ihres Partners mitnehmen und die strategische Geschäftsbeziehung zu Ihrem Partner erhalten. Als CEO würden Sie darüber entscheiden, ob der strategische Vorteil die entstehenden Kosten aufwiegen kann.

Regierungen herrschen über eine eindrucksvolle Ansammlung von Risiken. Einige dieser Risiken – Aktionen zur Preisstabilität, Kreditgarantien, Ansprüche auf Gesundheitsvorsorge und Wohlfahrt, Katastrophenhilfe, Pensionszusagen, Depositenabsicherung – scheinen Futures und Optionen zu gleichen. Diese Risiken müssen ausdrücklich anerkannt und aktiv gestaltet werden; nicht nur, um große Verluste für den Steuerzahler zu verhindern, sondern auch, um die Wirksamkeit der Maßnahmen der Regierung zu verstärken. Die Fähigkeit, Risiken, die den Erfolg einer Maßnahme nicht fördern, zu vermeiden oder abzustoßen, erlaubt es, höhere Risiken dort einzugehen, wo es wirklich wichtig ist. Mehr Menschen kann zu geringeren Kosten geholfen werden. Die Regierung kann Techniken des Risikomanagements dazu benutzen, das Vertrauen der Öffentlichkeit in die Richtigkeit der Regierungspolitik zu erhöhen. Beispielsweise könnte sie Puts auf Staatsanleihen emittieren (damit können Investoren ihre Anleihen zu einem festgelegten Kurs an die Regierung zurückverkaufen) oder als Zahlungspflichtiger Swaps auf Verbraucherindizes ausgeben. So könnte die Regierung die Märkte überzeugen, dass sie es sich nicht erlauben kann, der Inflation freien Lauf zu lassen. Die US-Regierung hat einen Schritt in diese Richtung getan, als sie an die Inflationsrate gebundene Anleihen ausgab. Zunehmendes Vertrauen in die Maßnahmen der Regierung beim Kampf gegen die Inflation verringern die Prämie für das Inflationsrisiko, das in Anleihen oder anderen Wertpapieren enthalten ist, verringern die Kapitalkosten für Unternehmen und private Haushalte im gesamten Wirtschaftsraum und beschleunigen das wirtschaftliche Wachstum.

Privatpersonen sind heute mehr Risiken ausgesetzt, doch haben sie auch mehr Wahlmöglichkeiten, beispielsweise wo und wie sie ihr Erspartes investieren wollen oder welcher Krankenversicherung sie beitreten wollen. Gutes Risikomanagement kann helfen, die Vorteile neuer Gelegenheiten zu nutzen und bessere Entscheidungen zu fällen, was ihre Aussichten verbessert, so zu leben, wie sie leben wollen. Doch gibt es ein großes Problem. Nur sehr, sehr wenige Menschen haben den Wunsch und die Fähigkeit, Experte im Risikomanagement zu werden (selbst wenn sie dieses Buch gelesen haben). Alle haben tagsüber ihren Beruf. Sie müssen sich oft auf professionelle Berater und Lieferanten verlassen, die sich mit Risikomanagement auskennen. Auch dann haben Privatpersonen schlechte Karten, weil sie unter schlechter Beratung oder schadhaften Produkten am meisten zu leiden haben. Sie müssen wissen, was sie einen Berater oder Lieferanten fragen sollen, und müssen auch noch entscheiden, wem sie vertrauen können. Sie müssen sicherstellen, dass ihre persönlichen Überzeugungen und Präferenzen berücksichtigt werden. Sie müssen am Ball bleiben und wissen, was passiert, und sie müssen gegensteuern, wann immer eine Beziehung aus dem Ruder zu laufen scheint.

Das größere Bedürfnis von Privatpersonen nach einem guten Risikomanagement wird nicht erfüllt, obgleich es leicht möglich wäre. Diese Aussage gilt sogar für den finanziellen Bereich, in dem das Risikomanagement schon so weit fortgeschritten ist. Die meisten Menschen zeigen wenig Begeisterung, sich durch die verwirrende Fülle der komplexen Finanzprodukte zu wühlen, die ihnen ständig von Finanzberatern, Bankern, Brokern und Versicherungsvertretern angeboten werden. Sie wollen keine Amateurfinanziers werden; sie wollen lediglich ihre finanziellen Ziele erreichen und in ihrer Freizeit zum Angeln gehen oder Bridge spielen. Wollen Sie von A nach B reisen, dann gehen Sie zum Autohändler, der Ihnen ein fertiges Auto anbietet, mit dem Sie sofort losfahren können. Sie brauchen nicht erst zu einem Getriebeladen zu gehen, zu einem Motorenkaufhaus und zu einem Stoßstangengeschäft, um dann Ihr eigenes Auto zusammenzubasteln. Die Finanzbranche von heute erwartet aber von nicht ausgebildeten Privatleuten, dass sie ihr eigenes finanzielles Sicherheitspaket entwerfen und es aus Einzelteilen zusammenstellen – und das sogar ohne eine Bedienungsanleitung. Ein Finanzdienstleister mit guten Fähigkeiten im Risikomanagement sollte es eigentlich viel besser können. Beispielsweise könnte ein Ruhestandskonto angelegt werden, das eine lebenslängliche finanzielle Absicherung bietet, wobei Einkommensverbesserungen möglich sind. Es sollte das Minimum an Lebensqualität sichern, allerdings auch die Chance bieten, von Gewinnen aus Kapitalanlagen zu profitieren. Stellen Sie sich vor, dass Sie und Ihre Familie sicher sein könnten, zumindest einen gewissen Prozentsatz Ihrer derzeitigen Kaufkraft zur Verfügung zu haben, ganz gleichgültig, wie hoch die Zinsen sind, wie die Inflationsrate aussieht, welche Kosten für das Gesundheitswesen anfallen, ob Sie noch zu arbeiten in der Lage sind, wie es an der Börse läuft – und immer sollte noch die Möglichkeit bestehen, dass es auch ein wenig besser werden könnte. Der Finanzdienstleister könnte dieses Produkt anbieten, indem er sein Expertenwissen im Risikomanagement nutzt und eine Kombination aus Aktien, Anleihen, Lebensversicherung, Krankenversicherung, Erwerbsunfähigkeitsversicherung und auf den Klienten abgestimmten Derivaten zu einem Paket schnürt. Für Sie wäre dieses Produkt leicht zu verstehen und könnte genau auf Ihre Präferenzen hinsichtlich von Risiken und Chancen abgestimmt werden.

Die Zukunft

Auch wenn wir gerade erst versuchen, den Wandel, der sich auf der Welt ergeben hat, zu erfassen, müssen wir in die Zukunft blicken, auf die noch gravierenderen Veränderungen, die bevorstehen.

Innerhalb von wenigen Jahren werden wir in einem voll vernetzten (vielleicht auch drahtlosen) globalen Markt mit Waren, Dienstleistungen und Finanzprodukten handeln. Das Schlagwort „Transaktionen immer und überall" wird für die meisten Dinge wahr werden, die wir kaufen oder verkaufen wollen. Wir beobachten gerade im Internet, wie dieser Markt Gestalt annimmt. Kommunikation und Transaktionen werden durch eine verfeinerte Verschlüsselung sicher und geheim abgewickelt, unterstützt von geeigneten Geschäftsverträgen und Praktiken (die es heute im Internet noch nicht gibt). Sie werden eine Aktie oder eine Anleihe oder eine Bratpfanne oder 1 Prozent Zinsen auf Tiger Woods Gewinnsumme im Golf kaufen und verkaufen, und das Geschäft wird sofort ausgeführt und bestätigt. Sie werden genau wissen, wo Sie im Augenblick stehen, denn der aktuelle Wert und die Zusammenstellung Ihres gesamten Nettovermögens kann auf Ihrem Palm Pilot abgerufen werden (wenn Sie nicht den zugehörigen kleinen Stift verlieren). Ereignisse, die die Märkte bewegen, werden sie sofort bewegen, denn jeder, der darauf achtet, wird die Möglichkeit haben, sofort zu handeln. Jeder Mensch auf der Erde könnte ein potenzieller Verkäufer sein, wenn Sie etwas kaufen wollen und ein potenzieller Käufer, wenn Sie etwas verkaufen möchten. Riesige Datenbanken und menschliche Experten zu allen vorstellbaren Themen können nach Bedarf angezapft werden (das Internet hat uns einen kleinen Vorgeschmack darauf geliefert). Ausgefeilte Analysen können angestellt werden, um Ihnen behilflich zu sein, sich einen Reim auf all dies zu machen.

Die Genetik wird es ermöglichen, dass Sie Gemüse und Kinder nach Maß haben. Ein Mädchen mit blonden Haaren? Blaue Augen? Einen IQ von 180 (200 ist ein wenig zu teuer)? Gute Tennisspielerin? Trockener Humor? Kein Problem. Wie hätten Sie es denn gern?

Sie fühlen sich ein wenig abgeschlafft? Lassen Sie sich von Drugstore.com Ihren für Sie komponierten Gehirncocktail schicken, der gebraut wurde, um Ihre Neurotransmitter wieder auf Vordermann zu bringen. Und welche Laune hätten Sie gern?

Und was gibt es heute abend im Fernsehen? Alles (und trotzdem fast nichts).

All diese Chancen und Möglichkeiten werden wunderbar sein, doch denken Sie an die fürchterliche Komplexität und das Tempo. Denken Sie an die Risiken. Es gilt so viele Unsicherheiten abzuwägen. So viele Präferenzen müssen berücksichtigt werden. Unter so vielen Alternativen müssen so viele Entscheidungen getroffen werden. Und Sie haben so wenig Zeit. Wie sollen Sie das schaffen?

Sie werden ein guter Risikomanager sein.

Register

a

Aktien   39, 41 ff., 49, 55 ff., 64, 76 f., 80–84, 96 f., 99, 104, 126, 145, 167

Analysen, logische   32, 81, 135 f., 156, 160

b

Börse   7, 126, 155

Buchhaltung   101–104

c

Chancen verbessern   1 f., 5, 7, 48, 75

Chancenverteilung   28 f., 34, 53

Clarke, J.   156 f.

d

Dalai Lama   146

e

Eigenkapitalrisiko   87, 89, 94, 105

Einsicht, fehlerhafte   64

Entscheidungen
– alternative   19, 21, 31, 138, 159
– bessere, beste, bestmögliche, gute   6 ff., 11, 13, 15–18, 21, 31 f., 61, 70, 124, 126, 129, 142, 148, 159, 166
– finanzielle   73, 75

Entscheidungsbaum   9, 13, 18, 21, 31 f., 34, 47, 50 ff., 61, 112, 115, 133 f., 136–41, 143, 147 ff., 151 f., 155 ff.

Entscheidungstheorie   14

Entscheidungsträger   XI, 13 f., 22, 25 f., 29, 38, 45, 47, 71 f.,129 f., 155, 159 f.

Ergebnisse, mögliche   7, 10, 31, 35, 50, 55 f., 62 f., 70, 134

Experten   1 f., 10, 13, 15, 27, 38, 42, 46, 76, 97 f., 108 f., 119, 124, 129, 131, 134, 166 f.

f

Fanatismus   4 f., 69

Fatalist   3, 5

Finanzbereich   2 f., 38, 46, 55 f., 64, 69, 75 f., 79, 84, 116, 125, 161, 166

Finanzrisiken   74 ff., 81, 84, 86 f., 89 f., 94 f., 101, 164

Finanzwelt   s. Finanzbereich

g

Gates, Bill   146

Gebäudeversicherung   149–156

Geld   6, 12, 17, 28, 31, 42, 55 f., 58, 71, 73, 75, 87, 96, 100, 108, 116 f., 122, 127 f., 131, 146, 155

Geschäftsrisiken   73 ff., 89, 94 f., 129, 164

Gewinn   11 f., 14, 16, 18, 21, 25, 27, 37, 43, 48 f., 54, 56 f., 73 f., 77, 80–83, 85 f., 91, 93, 96 f., 99, 102, 105, 112, 114, 118, 122, 125 f., 130, 151, 162, 165

Gewinnchancen   2, 8, 14, 25, 27–29, 56

Gewohnheit, unbewusste   64 f., 71, 135, 159 f.

Glockenkurve   77 f.

Greenspan, Alan   108

h

Haftungsbeschränkung   56

i

Information   22, 26, 38, 47, 62, 66, 69, 79, 107, 120, 128 f., 135, 148, 156, 159 f.

Instinkt   134 f.

Institution   85

Internet   145, 167

k

Kellet, J.   156 f.

Konsequenz   14 f., 19, 21, 35

Korrelation   31, 39–43, 47, 81–84, 119 f., 139, 145

Kreditrisiko   87 f., 93 f., 104, 116

Kunst   31 ff.
Kurzsichtigkeit   65 f.

l

Liquiditätsrisiko   87, 90–94, 105, 116, 161
Logik   5, 11, 17, 19, 21, 31, 61, 134, 137, 158

m

Markowitz, H.   81, 83 f., 93
Marx, Karl   86
Menschenverstand, gesunder   10, 15, 32, 138
Morgan, J. P.   32
Muster   64

n

Nelson (Admiral)   32
Nettowert   100 f., 103 f., 108, 110–113, 115, 118 f., 121, 123–126, 131 f., 143 f.
Normalverteilung   77–81, 84
Nutzen   XI, 12 ff., 21, 47, 52, 71, 141 f., 157
   – erwarteter   14–17, 21, 31, 51 ff., 142, 147, 157
Nutzeneinheit   13–16
Nutzenfunktion   76, 124
Nutzenkurve   12 ff., 17, 27, 29, 51, 79, 150 f., 153, 156
Nutzwert   12, 14 ff., 142, 149 ff., 152, 155 f.

o

Operatives Risiko   87, 89, 94, 106, 116
Optimismus, übertriebener   63 f., 67
Optionen   80, 85 f., 99, 136, 165

p

Portfolio   39, 41 ff., 49, 53, 56 f., 59, 76–84, 96, 98, 125 ff., 130 f., 142, 147, 154
Präferenzen   8, 10–19, 21, 27, 29, 31, 51, 61, 70 ff., 91, 124 ff., 134, 139, 148, 150, 155, 159, 166 ff.

r

Resultat
   – mögliches   31, 34   s. auch Ergebnisse, mögliche
   – negatives   2, 5 ff., 18, 22, 46, 58, 63, 75
Risiken
   – absichern   45, 54 f., 59
   – diversifizieren   45, 49, 51, 53, 58 f., 82 f.
   – hebeln   45, 55 ff., 59
   – identifizieren   45–48, 59, 86

   – kaufen, erwerben   45, 49, 59, 96
   – konzentrieren   45, 53, 59
   – minimieren   49, 74, 82, 163
   – quantifizieren   35, 45, 47 f., 59, 93, 95, 135
   – schaffen (wünschenswerte)   45, 48 f.
   – steuern   46, 49, 130
   – verhindern (unerwünschte)   45, 48 f., 55, 59
   – verkaufen   45, 49, 54 f., 59
   – versichern   45, 58 f.
Risiko
   – finanzielles   s. Finanzrisiken
   – geschäftliches   s. Geschäftsrisiken
Risikoanalyse   33, 38, 61, 77, 106, 113, 120, 122, 126, 132, 139
Risikoaversion   13, 26–29, 51, 76 f., 151, 153 f.
Risikoentscheidung   2, 8, 11, 18, 22, 27, 38, 41, 50, 65, 70, 84, 103, 131
Risikokategorien   46 f.
Risikomanagement   XI, 1 f., 8 f., 11, 14, 18 f., 21, 27, 29, 31 ff., 35, 38, 48, 55, 58 f., 61, 70, 73–77, 80, 84 f., 97 f., 101, 126–129, 131 ff., 139, 148, 155, 158 f., 161–167
   – Grundregeln   XI, 2 f., 79, 93
Risikomanager   1 f., 5, 19, 21, 27, 33, 35, 42, 46, 54, 69, 73, 75, 81, 85, 103 f., 120, 128, 139, 147, 168
Risikoproblem   9, 18, 23, 34, 59
Risikoprofil   48, 74 f., 98, 130, 145, 161
Risikoscheu   s. Risikoaversion
Russel, Bertrand   70

s

Sachwertrisiko   87 f., 94, 105, 116
Sanford, Ch.   128, 131
Savage, John   14 f.
Schätzung   61 f.
Selbstüberschätzung   s. Selbstvertrauen, übersteigertes
Selbstvertrauen
   – mangelndes   70
   – übersteigertes   62 ff.
Selbstzufriedenheit   67, 69
Shareholder Value   164
Smith, Adam   70, 86
Soros, George   108
Sozialvertrag   163
Standardabweichung   78, 81–84
Statistik   38 ff., 42, 46

Strategie des Risikomanagements, grundlegende   45, 59

t
Trägheit   66, 69 f.
Truman, H. S.   32

u
Überkompensation   65, 69
Überschätzung   69
Überzeugung   5, 8, 10, 13, 15–18, 21 f.,
26–29, 31, 42 f., 47, 61, 70 ff., 77, 79, 84 f.,
91, 112, 119, 121 ff., 126, 148 ff., 166
Ungewissheit   4 f., 8, 10, 24 f., 35, 78, 88 ff.,
101, 120, 154
Unvoreingenommenheit   4 f.
Urteilsvermögen   32 f., 35, 38, 41, 47, 70,
77, 122, 137 ff., 148, 150, 159
Utilitarismus   18

v
Value at Risk (VaR)   76–79, 81 f., 84, 93 f.,
101, 109, 121, 124, 145
Verbindlichkeiten   100–104, 110 f., 113 f.,
118, 131 f., 143 ff., 147
– emotionale   145 f.
– immaterielle   100
Verlust   11, 21, 27, 28, 34 f., 37, 39, 55 f.,
58 f., 70, 75 ff., 85 f., 89, 91 f., 97, 102, 115,
118, 121, 127, 130, 149 ff., 153 f.

Vermögen   98, 100–104, 110 f., 113 f., 118,
122, 127, 131 f., 143, 145, 147
– emotionales   144, 146
– intellektuelles   144 ff.
– persönliches   144
Volatilität   34–39, 41 ff., 47, 49, 74, 81, 108,
111, 126, 130, 164
Vorstandsvorsitzende (CEOs)   6, 73 f., 88,
90, 95–100, 103 f., 109 f., 112, 122, 125,
131 f., 142, 164 f.

w
Währungsrisiko   87 f., 91–94, 105, 116
Wahlmöglichkeit   15, 165
Wahrscheinlichkeit   10, 13, 15 ff., 21–28, 31,
34, 47, 50–53, 56 f., 59, 61–65, 67, 70,
76–79, 89, 94, 101, 105, 109, 112, 115 f.,
118–124, 138–142, 145, 147–152, 154–157,
159
Wechselkursrisiko   93
Wertsteigerung   57
Wissenschaft   4 f., 10, 25 f., 31 ff., 37, 66, 68,
120, 160

z
Zeit   71, 91, 129, 135, 168
Zinsrisiko   87 f., 92, 94, 106 f., 116
Zufriedenheit   13 ff., 17, 47, 66, 133, 144
Zukunft   3 ff., 15, 18, 37 f., 42, 65 f., 91, 121,
144, 167